갈림길에서 듣는
시골 수업

한 번쯤
귀촌을 꿈꾼 당신에게

갈림길에서 듣는

시골 수업

박승오·김도윤 엮음

풀빛

차례

프롤로그   시골의 인생 고수들과 나눈 대화 —————————— 6

01 모색 ———————————————————————— 13

마음 편히 떠나는 '시골 탐색'의 시간

"귀촌? 진짜 자신을 찾는 또 다른 여행이죠"

박용범   전북 완주, 전환기술사회적협동조합

02 재능 ———————————————————————— 47

별것 아닌 내 재능, 시골에서는 보석

"누가 그래요? 시골에서는 농사만 짓는다고"

박형채   충북 단양, 소백산영농조합

03 취미 ———————————————————————— 77

시골에서라면 취미도 마음껏 직업으로

"좋아하는 일을 하면서 영혼을 팔지 않을 수 있어요"

용형준 · 임주현   강원 원주, 목공 작업실 후가(hugga)

04 사업 ——————————————————————— 123

평범한 주부의 일로 시골에서 사업하기

"첫 마음만 잃지 않으면 성공할 수 있어요"

송남이   경남 밀양, 밀양 구배기 된장

05 자급자족 ———————————————————— 159

적은 돈으로 풍성하게 일상 가꾸기

"시골에선 굶어 죽게 내버려 두지 않아요"

👤 정청라 전남 화순, 〈할머니 탐구 생활〉 저자

06 자녀 교육 ———————————————————— 199

홈스쿨, 학교 밖 시골에서 꿈꾸는 아이들

"학교요? 가정이 교실이고 자연이 스승이죠"

👥 김형태 · 박미영 경남 합천, 북카페 토기장이의 집

07 관계 ———————————————————— 255

마을 공동체에서 함께 살아가기

"사심 없이, 한 발짝씩 천천히 다가가세요"

👤 김명진 강원 원주, 카페 들꽃이야기

08 내 집 마련 ———————————————————— 301

따뜻한 삶을 위한 내 공간 만들기

"함께 지으면 집도 따뜻해지고 관계도 따뜻해져요"

👥 김석균 · 이민선 전북 순창, 흙건축연구소 살림

에필로그 삶은 지금 여기에 ———————————————————— 344

시골의 인생 고수들과
나눈 대화

사십 대가 되면 다를 줄 알았다. 방황과 고뇌로 이어진 삼십 대의 터널을 지나면 곧은 도로를 조금은 여유롭게 달릴 수 있으리라 기대했다. 현실은 달랐다. 터널 끝을 간신히 빠져나오니 다시, 러시아워의 꽉 막힌 도로가 펼쳐졌다.

10년째 멈칫거리며 달리는 이 길은 '안정된 직장인'으로 향하고 있었다. 꾸준히 통장에 꽂히는 월급, 적당한 야근과 휴식, 악마는 아닌 상사, 운이 좋으면 피라미드의 전망 좋은 곳까지 오를 수 있는 기회… 그럭저럭 만족스러운 길이었다. 그러나 끝이 보이는 뻔한 인생이었다. 사십 대에 40평 아파트에 살지 못하면 뒤처진 인생처럼 취급받는 긴 대열에서, 과연 진정한 나를 찾을 수 있을까? 절레절레 고개를 흔들었다.

그럴 때면 풀이 무성하고 발길을 부르는 듯한 반대쪽의 길을 흘깃거리곤 했다. 시골로 향한 그 길엔 막연한 동경과 두려움이 서려 있었다. TV 속 시골의 삶은 너무 고달파 보이거나 반대로 과장되게 행복해 보였다. 〈삼시세끼〉나 〈나는 자연인이다〉 같은 리얼리티 프로그램을 '리얼'로 받아들일 정도로 순진하진 않았다. 그곳엔 분명 자유가 있겠지만 배고픔과 외로움도 공존할 것이었다. 가족 없이 나 혼자 굶는 것이라면 망설이지 않으련만…, 한숨이 흘렀다.

답답함에 자연주의자들의 책을 읽었다. 특히 헨리 데이비드 소로, 스콧과 헬렌 니어링, 법정, 폴 고갱 등의 이야기에 빠져들었다. 모두 도시를 떠나 시골에서 자신만의 작은 세계를 일구며 자유롭게 지낸 이들이었다. 그들의 삶을 읽고 있노

라니 마음이 맑아지고 넉넉해졌다. 나는 한동안 고무되어 입만 열면 '시골'을 중얼거렸다. 진짜 삶이 그곳에 있을 것만 같았다.

그러나 자연 속 삶이라는 '이상'을 드높일수록 내면적으로는 되레 움츠러들었다. 도무지 그들처럼 생태적으로 살아갈 자신이 없었던 것이다. 최소한만 먹고 최소한만 가지는 '무소유의 삶'이 도시의 삶에 익숙한 내게 가당키나 한 일인가? 감탄하던 그들의 이야기는 시간이 흐를수록 외면하고픈 대상이 되었다. 그들의 빛나는 삶이 내 초라한 그림자만 더욱 짙게 했기 때문이다.

삶은 엄연히 현실이었다. 보다 '현실'적인 대안을 찾으려 정부가 주최한 귀농 교육을 들었다. 여러 지원정책을 알려 주는 수업을 시작으로 작목 선택, 농장 디자인, 농산물 유통 등의 강의를 듣자니 오히려 마음은 착잡해졌다. 상상했던 시골살이와 너무나 달랐다. 교육 내용은 주로 농업으로 성공하는 법에 대한 것이었는데, 뒤처지지 않으려 아등바등 달려가는 도시의 삶과 별다를 것 없어 보였다. 그럴 바에야 군이 왜 시골에서 사는지… 결국 귀농 교육은 내가 '원하지 않는 모습'만 확인해 준 채 끝났다.

나는 갈림길에서 방황했다. 자연주의자의 삶은 너무 이상적이었고, 귀농인의 현실은 도시만큼 팍팍해 보였다. 그렇다고 맞지 않는 옷을 걸친 듯한 직장인으로 계속 살아갈 수는 없었다. 그렇게 정처 없이 표류하던 중 우연히 한 귀촌인과 이야기를 나누게 되었다. 지인들과 치악산 자락의 카페를 들렀는데, 고즈넉한 돌담과 야생화 정원의 아름다움에 매료되어서 카페 주인에게 말을 붙였던 것이다.

그는 직접 카페를 짓고 정원을 가꾸었다고 했다. 전공이 그쪽이었냐고 물으니, 건축이나 목공, 조경은 전혀 몰랐단다. "하나하나 하다 보니 절로 터득하게 됩디다" 하는 담백한 그의 답이 좋았다. 귀농 교육에서는 맛볼 수 없었던 시골의 생명력이 느껴졌다.

그는 왜 도시인들이 시골 와서 농사를 지으려 하는지 모르겠다고 했다. '도시의 재능'을 살려서 할 수 있는 일이 얼마든지 있다면서, 자신도 도시에서 애니메이션을 그렸던 감각으로 시골에서 카페를 할 수 있었다고. 시골은 생활비가 적게 드니 부담 없이 "여행하듯 몇 달 살아 봐도 괜찮다"는 말도 덧붙였다. 그의 말을 듣는 순간, 이상과 현실이라는 닿지 않을 듯했던 두 갈림길의 간격이 좁혀졌다. 하고 싶은 일을 하면서도 자유로울 수 있는 새로운 오솔길 하나를 알아낸 것 같았다.

그런 오솔길을 걷고 있는 사람들을 더 만나고 싶었다. 틀에 박힌 귀농이나 귀촌 방식을 따르지 않고도 시골에서 의미 있게 살아가는 사람들. 그들의 삶은 자연주의자들의 책이나 귀농 교육에서 듣지 못한 새롭고 대안적인 이야기를 들려줄 것 같았다. 그렇게 현실과 이상의 양극단을 피할 '중간의 대안'에 대한 호기심으로 사람들을 찾아다니기 시작했다.

소개가 이어져 여러 귀촌인들을 만났다. 처음엔 아주 가벼운 마음이었다. 농사를 짓지 않고 시골에서 '행복하게 밥벌이'하는 법을 집중적으로 캐낼 요량이었다. 그런데 막상 이야기를 들어 보니 그저 밥벌이 방법만 조명하기에는 이들의 삶이 너무나 아름답고 값진 장면으로 가득하다는 것을 알게 되었다. 이들은 거창한 신념도 그렇다고 닳고 닳은 욕망도 없었으며, 단지 소박한 마음으로 삶을 긍정하고 자족하는 사람들이었다. 대단한 목표나 이념에 물들지 않고 자연의 리듬에 따라 자유자재로 살아가는 이들이야말로 진짜 '고수'라는 생각이 들었다.

이 인생 고수들에게서 이상과 현실이라는 대극을 넘어선 '삶'을 보았다. 두 갈래길 사이의 길이 아닌, 두 길을 뛰어넘는 한층 높은 차원의 길을 발견한 것이다. 이런 중도(中道)의 초월적 시선이야말로 현대인에게 절실한 지혜가 아닐까. 적어도 내겐 그랬다. 인터뷰 중에 이들은 종종 나의 질문에 반문하곤 했는데, 도무지 쉽게 대답할 수가 없었다. 삶을 완전히 새롭게 바라보게 하는 '높은 질문'이었기 때문이다. 집에 돌아와 질문을 곱씹을수록 그들의 지혜에 감탄하며 점점 더 멀리, 더 높게 삶을 조망하게 되었다. 예기치 않게 시작된 인터뷰 여행이, 고수들과의 선문답을 통해 새롭게 거듭나는 일종의 '순례'가 된 셈이다.

여덟 분의 시골 선생님들이 가르쳐 준 것은, 역설적이게도 귀촌은 공간이 아닌 '마음'의 문제라는 것이다. 모든 위대한 변화는 내면에서 시작한다. 아무리 굳은 각오로 내려가도 마음이 바뀌지 않으면 시골에서도 절절매며 각박하게 살게 된다. 반면 마음을 다르게 갖는다면 도시에서도 맑고 향기롭게 살 수 있다. 요컨대 진정한 '시골'은 물리적 공간이 아닌 마음속 공간인 것이다.

인터뷰가 끝나고 여전히 나는 도시에서 살고 있다. 그러나 마음은 전보다 한결 가볍고 행복하다. 쫓기는 듯한 조급함과 타인의 시선에서도 자유로워졌다. 몇 년 뒤 시골로 내려가더라도 지금처럼 여유와 기쁨으로 살아갈 것이다. 사는 장소보다 살아가는 마음이 더 중요하다는 깨달음은 나의 일상을 한껏 높이 도약시켰다.

절실하게 귀촌을 꿈꾸는 사람들은 이 책으로부터 많은 도움을 받을 수 있을 것이다. 직장과 도시에서 쌓은 재능을 살려 시골에서 행복하게 먹고살 수 있는 실제적인 방법이 담겨 있기 때문이다. 이 책에 등장하는 여덟 고수들의 삶이야말로 진짜 리얼리티이자 검증된 방법론이다.

그러나 또한 이 책은 '도시 퇴사'를 꿈꾸지만 당장은 떠날 수 없는 사람들에게도 큰 울림을 줄 것이다. 공간을 바꿀 수는 없어도 마음은 바꿀 수 있기 때문이다. 마음가짐을 바꾸면 지금 내가 살고 있는 이 자리를 '살기 딱 좋은 곳'으로 가꿔 나갈 수 있다. 팍팍한 삶에 지친 이들은 이 책을 읽으며 도시에서 찾기 어려운 가치들-소박함, 단순한 생활, 창조성, 이웃 간의 정, 자연 친화적 자녀 교육 등-을 도시 안에서도 구현할 수 있는 통찰을 얻을 수 있을 것이다.

인터뷰를 하면서 여덟 분의 선생님들 대부분이 이전에 많은 인터뷰들을 고사해 왔음을 알게 되었다. 열정뿐인 무명의 작가들을 기꺼이 삶의 테두리에 들여 주고 일상의 민낯까지 공개해 주신 것에 존경과 감사를 표한다. 또한 부족한 기획서만 보고도 선뜻 출판을 지원해 주신 풀빛출판사에, 특히 깊은 애정으로 원고를 살펴 주신 김재실 팀장님께 진심으로 감사드린다. 더불어 기꺼이 운전을 도와주고 빠진 사진들을 채워 넣어 준 책의 숨은 저자 이동완 군에게도 감사와 사랑을 전한다.

이 책을 집어 든 당신에게 바라는 것은 위대하고 단호한 결단이 아니다. 단지 살아가는 데는 여러 갈래의 길이 있으며, 때로는 걸어감으로써 자연스레 만들어지는 길도 있다는 것을 알려 주고 싶을 따름이다. 선택할 수 있는 다양한 삶의 방식이 있다는 것, 어느 길을 선택하건 삶은 길섶마다 갖은 선물을 감추고 있음을 아는 것만으로도 우리의 인생은 한층 더 여유롭고 그윽해질 것이다. 부디 이 책이 당신에게 다른 이들의 삶을 먼발치서 바라보는 창문에 그치지 않고 '지금, 여기'의 삶 속으로 훌쩍 뛰어드는 문이 되기를, 진심으로 기원한다.

2017년 4월 고운 봄날
박승오

마음 편히 떠나는
'시골 탐색'의 시간

박용범　　전북 완주, 전환기술사회적협동조합

"귀촌?
진짜 자신을 찾는 또 다른 여행이죠"

귀동냥을 위해 귀농·귀촌 수업을 듣기 시작
하면서부터 내 머릿속은 조금씩 복잡해졌다. 정부가 주도하는 귀농·귀촌 교
육의 커리큘럼은 어떻게 농사에서 실패하지 않고 연착륙하여 경쟁력 있는 농
부로 거듭날지에 초점이 맞춰져 있었다. 수업의 참가자들 중 상당수가 귀농
자금을 저리에 대출받기 위한 최소 수업 일수를 채우러 오기도 했다.

기대했던 것과는 전혀 다른 교육 방향에 조금씩 괴리감을 느끼던 때에,
"옆집에 마실 가듯 시골에 가서 살아 보라"는 이야기를 하는 박용범 선생님을
만났다. '고수익 농사 전략', '돈 되는 농지 투자 비법' 등의 솔깃한 말을 남발하
는 다른 강사들과 달리, 그는 성공이나 소득은 도시에나 어울리는 말이며, 시
골로 간다는 건 커다란 성취가 아닌 '일상의 행복'을 찾아가는 것이라 말했다.
왠지 속이 후련했다.

그렇다고 그가 귀촌에 대해 마냥 장밋빛 전망을 펼쳐 보인 건 아니었다.
도리어 "도시에서의 삶이 본인과 맞지 않는다고 해서 시골에서 성공하리라는
보장도 없다"고 잘라 말했다. 그렇기에 시골에서의 삶이 자신과 맞는지 실험
해 보기 위해서라도 한 2~3년은 쉬면서 그곳에서 자신의 길을 찾아보라고 역
설했다. 시골은 생활비가 적게 들어 부담이 적은 편이니, 처음 몇 년은 억지로
무언가를 하려 하지 말고 사람들을 만나면서 천천히 자신의 역할을 탐색해
보라는 조언이었다. 다소 파격적인 주장이라 쉽게 수긍할 수 없으면서도 한
편으로는 호기심이 일었다.

그는 특이한 경력의 소유자였다. 무엇보다 그 또한 약 12년간 다른 귀농

강사들처럼 도시에 살면서 귀농을 가르치는 '반쯤 걸친' 전문가였다. 그동안 그는 전국귀농운동본부에서 사무처장으로 일하면서 많은 이들의 귀농·귀촌을 도왔지만, 정작 본인은 '너무 많이 알고 있어서' 시골로 내려오지 못했다. 마흔 중반이 되어서야 뒤늦게 결단하고 전북 완주로 내려왔다. 그는 완주군의 〈전환기술사회적협동조합〉을 설립하는 과정을 주도하고, 전환기술을 연구하고 보급하는 일을 하게 되었다.

그러다가 조합의 내부 사정으로 본의 아니게 하던 일을 그만두고 1년여간 집에서 쉬게 되었다. 자의 반, 타의 반으로 백수이자 농부가 된 그는 드디어 자신이 오랫동안 꿈꾸었던 온전한 시골의 삶을 경험하게 된다. 땅을 빌려 농사를 짓고, 텃밭을 일구고, 미뤄 왔던 집수리도 하고, 여러 가지 기술을 배우면서 생각지 못했던 보람과 행복이 일상에 찾아왔다. 쉼 없이 타고 가던 열차에서 내려 삶의 속도를 늦추니 그제야 자신의 터전이 보이고, 시골이 보이고, 자신의 삶 또한 찬찬히 들여다볼 수 있게 되었다. 그러면서 자신의 재능을 발견하고 '대장장이'라는 인생 후반부의 꿈을 갖게 되었다고. '2~3년의 탐색기를 가져라'라는 그의 다소 엉뚱한 주장이 자신의 경험에서 비롯된 말임을 알고는 그제야 고개가 끄덕여졌다.

2015년부터 조합이 어려워지는 바람에 현재는 다시 전환기술사회적협동조합으로 돌아와 상임이사로 재직 중이지만, 머지않아 '농사짓는 대장장이'로서 제2의 삶을 시작하려 한다는 그의 말이 인상적이었다. 궁금했다. 12년간 귀농본부에서 사람들의 귀농·귀촌을 돕고 조언한 사람의 실제 귀촌 현장은 어떨까? 사람들을 가르치며 쌓았던 많은 지식과 실제 시골의 현실은 얼마나 비슷했고 또 달랐을까? 무엇보다 마음 편히 시골을 탐색하라니, 그게 실제로 가능한 일일까? 이 인터뷰는 그런 솟아나는 호기심들과 함께 시작되었다.

2~3년은 놀면서, 배우면서

지난 수업 중에 "도시의 삶이 힘들다고 해서 시골의 삶이 자신에게 잘 맞으리라는 착각은 하지 마라. 처음 시골에 내려와서는 한 2~3년은 탐색하는 시간이 필요하다"라고 말씀하셨지요. 어떤 의미인가요?

귀농·귀촌은 단순히 삶의 장소만 옮기는 게 아니라 삶의 방식을 통째로 바꾸는 일입니다. 그만큼 어려운 일이죠. 그러니 적응기간이 필요합니다. "한 2년, 길면 3년은 놀았으면 좋겠다"고 한 건 삶의 방식이나 태도가 바뀌는 데 시간이 필요하기 때문입니다. 그동안 도시에서 복작복작 사느라 힘들기도 했고 또 일도 많이 했으니까 회복을 위해서 쉴 필요도 있고요. 시골의 장점은 한 2~3년 놀아도 돈을 많이 안 쓸 수 있다는 거예요. 생활비가 적게 들죠. 그리고 논다고 해서 마냥 놀고 있지만도 않게 되고요. 빈둥거리고 있으면 어디 품 팔러 나갈 일이 생기고, 나가면 용돈도 들어오고 하거든요. 뭔가 크게 사업을 벌이지만 않으면 생각보다 돈이 많이 안 들어가요. 그렇게 2~3년 편안한 마음으로 사람들을 만나다 보면 시골이 눈에 들어오죠. 자연스레 삶의 방식도 바뀌게 되고요.

그런데 도시에서 하던 것처럼 시골에서도 성공해 보겠다고 어딘가에 '올인'을 하면 아무것도 안 보여요. "3년 안에 내 과수원에서 우리나라 최고의 사과를 만들어 내겠어" 하고 목표를 정하면, 다른 건 고려하지 못하고 오로지 과수원만 보면서 달려야 하는 상황이 돼요. 싫든 좋든요. 정작 시골에 내려온 중요한 이유를 놓치는 실수를 범하게 되죠. 물론 과수원 농사가 자신에게 잘 맞고, 또 그 지역이 과수로 승부를 걸 수 있는 곳이라면 좋은 결과가 나올 수도 있겠죠. 그런데 보통은 그렇지 않아요. 그래서 2~3년간은 내가 뭘 해야 할지는 조금 유보해 놓고 이것도 해 보고 저것도 해 보는 탐색 기간을 가져 보자는 거예요. 그래야 느긋하게 전체를 볼 수 있어요. 남의 얘기도 들어오고 이것저

18

것 조금씩 보이기 시작하는 여유가 생기죠. 보려고 보는 것이 아니라 저절로 보이는 그런 여유요.

시골이 저절로 눈에 들어오는 여유라…. 그건 귀촌 전 준비 기간에는 보이지 않는 것들인가요? 통계로 보면 귀농을 위해 평균적으로 2년 가까이 준비를 하던데, 이런 분들은 대개 오자마자 농사로 큰 소득을 얻으려 한다는 얘길 들은 적이 있어요.

그렇겠죠. 준비를 많이 할수록 기대가 커지니까요. 귀농 준비 기간은 사람마다 다를 수 있지만 저는 조금 빨리 가는 게 좋다고 생각해요. 실제로 귀농학교를 졸업하자마자 트럭 몰고 오는 사람도 있었어요. 짐 싣고 내려간다고 수료증 빨리 달라고 하는 사람.(웃음) 그렇게 최소한의 준비만 하고 바로 시골로 내려가면 어떨 것 같아요? 생고생합니다! 똥인지 된장인지 직접 먹어 봐 가면서 고생하게 돼요. 그렇지만 그렇게 몸으로 한 고생은 빨리 훈련이 되고 경험으로 남아요. 반대로 '갈까 말까?' 머리로 재기 시작하면 하세월이고요. 또 선택지가 많으면 많을수록 선택을 못해요. 장고 끝에 악수를 두기도 하고.

머리로만 준비하지 말고 직접 몸으로 겪어 보며 준비를 하라는 말씀이시군요. 2년 정도의 탐색기 동안 뭘 할 수 있을까요?

저처럼 자기 텃밭을 가꾸면 되지요. 아무리 농사 경험이 없어도 자기 먹을 걸 건사하는 텃밭 정도는 할 수 있거든요. 급하게 돈이 좀 필요하면, 동네 사람들에게 "제가 지금 내려온 지 얼마 안 됐으니까 돈을 좀 벌어야 해요" 하고 소문을 내세요. 그럼 소소한 일거리를 소개해 줘요. "방과후 아동을 봐주면 얼마 준대" 뭐 그런 얘기가 나와요. 그렇게 소소한 벌이의 일거리들은 제법 있어요. 탐색 기간 동안 그런 것들을 할 수가 있죠.

돈이 급한 게 아니라면 뭔가를 배우러 다녀도 좋아요. 진짜 시골로 내려

"1년 쉬는 동안 너무 좋았어요.
집수리도 내가 혼자 다 하고, 농사 체험도 하고,
벽돌 조적이니 목공이니 용접이니
다 배워서 스스로 해 보고,
매일매일 혼자 일하는데도
너무 행복했어요."

왔을 때 정말 필요한 것을 미리 배우는 거지요. 지금 제가 있는 전환기술협동 조합처럼 생활에 필요한 적정기술 교육을 하는 곳이 많아요. 집 짓는 걸 가르 치는 곳도 있고요. 직접 짓는 거라기보다는 자기 집을 지을 때 어떤 자재를 쓰 고 어떤 사람을 써야 하는지 즉, '일머리'와 프로세스를 배우는 거죠. 몇 개월 이면 되니까 그렇게 배워 놓으면 나중에 내 집 지을 때 도움이 많이 됩니다. 전기나 용접 같은 걸 배워도 좋고요. 시골에선 생활 용접이 굉장히 유용합니 다. 또 내가 살 집에 필요한 뭔가를 가꿔 보는 것도 좋죠. 어설픈 목공이지만 선반 같은 걸 만들 수도 있겠죠. 이렇게 내가 직접 하나씩 만들어 볼 수 있다 는 게 시골살이의 큰 행복이거든요.

도시에서 배워서 내려오려고 하지 말고, 일단 시골에 와서 하나씩 직접 부닥 치면서 배워 보라는 말씀이시군요. 처음엔 수입이 별로 없을 테니 여유 자금 은 있어야겠죠?

　　시골에서 2~3년 쓰면 얼마나 들 것 같아요? 한 달에 100만 원 정도라고 하면 2년 해도 2400만 원이에요. 그 정도면 도시에서 웬만큼 사는 가족이 유 럽 여행을 두세 달 갔다 오면 사라지는 돈이죠. 그런데 그 돈이면 시골에서 2년 을 편하게 살 수 있어요. 게다가 쉰다고 해서 마냥 놀기만 하는 게 아니라 텃 밭도 하고 가끔 아르바이트도 하게 되니까, 실제로는 훨씬 덜 쓰게 돼요.

　　《자연달력 제철밥상》이라는 책을 쓴 장영란 씨가 그랬어요. "3년 동안 우린 아무것도 하지 말자. 3년 동안 자연에서 휴가를 보내는 걸로 하자." 그리 고 얼마나 돈이 들지 계산을 했대요. 10여 년 전 이야기니까, 한 달에 한 30만 원 쓰면 되겠다 싶더래요. 그러면 얼맙니까? 3년에 천만 원 남짓 쓰는 거잖아 요. 그리고 실제로 3년이 지났는데 그 천만 원을 다 못 썼다는 거예요. 텃밭 농 사도 하고, 산에 있는 것들 채취해서 음식을 지어 먹으니까 점점 노하우가 생 기더래요. 그 노하우들을 정리해서 책을 내니까 원고료가 들어오고 강의도 좀 나가게 되었던 거죠. 그러니까 3년 동안 천만 원도 안 쓰고 살 수 있었던 거고요. 일단 시골에 오면 아무것도 안 하려고 해도, 아무것도 안 할 수가 없어요. 아무것도 안 한다고 생각해도 돈이 들어오는 일이 생기고 소소하게라도 돈이 벌리니까 3년 동안 쓰는 돈이 생각보다 적어요.

그런데 장영란 씨 같은 분의 예는 왠지 특별한 경우 같아요. 저처럼 평범한 사람들도 시골에 와서 새로 배운 기술들, 예컨대 목공이나 구들 놓는 기술 같은 걸 갈고닦아서 2~3년 뒤에 그 기술로 먹고살 수도 있을까요?

현실적으로는 어렵죠. 2~3년 배운다고 전문가나 장인의 경지에 오를 수는 없으니까요. 새롭게 배우는 건 그 자체의 즐거움이나 자급자족을 위해 하는 거예요. 혹은 먼 미래의 준비로요. 당장의 벌이는 도시에서 했던 일을 살리는 게 더 낫고요. 젊은 사람들이야 배워서 새롭게 도전할 수 있겠지만, 저처럼 마흔이 넘어가면 그전까지 해 왔던 일들이 주로 벌이가 돼요. 제 꿈이 '농사짓는 대장장이'인데, 이렇게 새로운 일을 시도하는 건 돈이 되기가 쉽지 않아요. 대장장이 기술이란 게 저처럼 한 2년 배워 가지고는 세련되게 만들어 낼 수준까지는 안 돼요. 물론 제가 연습을 많이 해서 5년, 10년 정도 지나면 할 수는 있겠죠. 5년 이상을 그 분야에 투여할 수 있는 젊음과 여력이 있으면 괜찮은데 그게 아니라면 그전에 했던 일들을 확장하는 게 벌이에 도움이 되죠.

시골에는 농사 말고도 할 일이 많다

어떤 칼럼에서 "시골에는 농사 말고도 할 일이 많다"고 하셨는데요, 어떤 일을 말씀하시는 건지요.

그건 현실적인 고민에서 적은 글이었어요. 도시에서 온 귀농자가 농사를 지어서 밥벌이하기가 쉽지 않아요. 실제로 귀농 1년 차에 월 50만 원을 벌면 많이 버는 거예요. 그러니까 시골에 농사 말고도 할 일이 많다고 했던 말의 강조점은 '농사 말고'에 있어요. '할 일이 많다'가 아니고요. 농사로는 돈벌이가 안 되니까 다른 걸 해야 한다는 뜻이죠. 좋은 의미로는 할 일이 많다는 거고, 약간 부정적으로는 '도시에서 온 사람이 농사로 뭘 할 수 있겠느냐'는 의미이기도 해요. 그만큼 농사로 먹고살기 힘듭니다.

물론 농사만 고집하지 말자는 의도도 있어요. 많은 사람이 농촌으로 가면 무조건 농사지어야 한다고 생각하는데 그렇지 않아요. 제가 만난 분 중에 남편의 귀농 결정에 이혼을 불사하고서라도 반대하시던 분이 있었어요. 어릴 때 시골에서 고생했던 기억이 남아 있었던 거죠. 남편은 마지막으로 아내가 직접 귀농학교를 다녀 보고서도 반대한다면 단념하겠다고 배수진을 쳤습니다. 그런데 여성귀농학교를 다녀온 뒤 아내 분이 180도 바뀌어서 바로 귀농하자고 했대요. 무슨 일이 벌어진 걸까요. 단순합니다. 귀농한 여성들의 귀농생활을 듣는 자리에서 용기를 내서 "농사일이 정말 싫은데 시골에 가야 할까요?"라고 질문을 던졌더니, 대뜸 한 분이 "꼭 농사를 짓지 않아도 돼요. 다른 일을 찾아보세요" 하더래요. 그 말 한마디에 꽁꽁 굳어 있던 마음이 확 풀어진 거죠.

농사를 짓지 않으면 시골에서 할 수 있는 일들이 뭐가 있을까요? 구체적으로 예를 들어주시면 도움이 될 것 같은데요.

도시에서의 재능을 시골에서 살려서 좀 더 재미있게 잘 풀어 나갈 수 있는 그런 직업이 제일 좋아요. 결국 도시인이 시골에 와서 잘할 수 있는 건 도시에서 배웠던 기술들이에요. 자신이 가진 재능들, 그게 시골의 삶에도 많은 도움이 됩니다. 도시에서 책을 쓰거나 애들을 가르치거나 했으면 여기에서도 책을 쓰거나 애들을 가르치면 돼요. 글을 맛깔나게 쓸 줄 알면, 자연 속의 재료들로 음식을 만들면서 그걸 기록해서 책을 내는 거예요. 도시에서 제빵 기

24

술을 배워서 여기 읍내에서 빵집을 여는 경우도 있고요. 실제로 여기 근처에 젊은 친구가 '삼일월'이란 독특한 이름의 빵집을 열었어요.

그렇게 도시에서 하던 일을 시골로 가져오는 경우가 실제로 많아요. 제가 아는 분들 중에도 영화 촬영감독을 하시던 분인데 시골에서 프리랜서로 촬영 일을 하고, 목공을 하던 분이 여기 내려와서도 목수를 하고, 외국 유학 가서 조경을 배워 온 분이 시골에 내려와서 조경 교육 하면서 상품도 팔고 하는 경우 등이 있었어요. 귀농한 가수도 있었는데, 여러 마을 행사를 다니면서 밥벌이를 했어요. 이런 자신의 능력을 지역공동체를 위해 사용하면 다양한 생태 공동체를 만드는 데도 기여할 수 있죠.

어쨌든 도시에서의 재능이 여기에서 묻히지 않고 빛이 날 수 있다면 최고예요. 시골은 경쟁이 덜하니까 작은 재능이라도 빛날 확률이 높아요. 도시에서는 아무리 빛나 봤자 다들 네온사인처럼 발광하고 있으니까 내 빛은 금세 초라해져 버리는데, 여기는 밤만 되면 어두운 곳이라 조그만 불빛도 화려하게 빛날 수가 있죠.

특별한 기술을 가진 분들은 그렇겠네요. 반면, 아무런 특기 없이 도시에서 아주 평범하게 직장생활을 10년 이상 하신 분들은 시골에서 뭘 할 수 있을까요? 행정적인 처리나 기본적인 오피스 기술 말고는 특기랄 게 없는 그런 사람들 말이에요.

시골에도 사무직 일들이 많이 있어요. 조합의 서무, 회계 일들… 또는 기획안을 만든다거나 사업계획서를 정리해서 공모를 하거나, 지원 사업 신청 하는 일들이 제법 많죠. 정부 지원도 많고요. 좋은 아이디어를 가공해서 기획하는 능력은 아무래도 도시 사람들이 시골 사람들에 비해 탁월하죠. 좋은 아이디어도 포장해서 잘 설득하는 게 중요한데, 도시인들은 그런 능력이 있어요. 직장생활을 하면 기본적으로 제안서를 작성할 줄 알잖아요.

어렵게 정착한 시골에서 조용히 빛을 발하며
주위를 밝히는 박용범 씨.
그가 일하는 전환기술협동조합 건물 벽에 적힌
"나는 난로다"라는 문구가 상징적으로 느껴진다.

그런 분들이 어디서 일할 수 있나요? 영농조합 같은 데를 말씀하시는 건가요?

그렇죠. 조합이나 작은 기업들이 생각보다 많아요. 그런데 문제는 그렇게 급여가 높지는 않다는 거예요. 150만 원 정도? 그래도 그 돈이면 시골에선 충분히 먹고살 수 있죠. 그리고 별다른 특기가 없으신 분들은 배송작업같이 몸을 쓰는 일을 해도 괜찮아요. 아침 6시부터 오전 10시까지 하면 월 100만 원 정도 받는 걸로 알고 있어요. 도시에서 앉아만 있던 사람은 몸 쓰는 일, 서서 하는 일을 많이 하는 게 삶의 균형 측면에서 좋을 수 있죠.

좋은 농산물이 판로를 찾지 못해 고민이라고 하던데, 말씀을 듣고 보니 귀촌인들이 인터넷으로 그런 걸 파는 역할을 해도 되겠네요.

맞아요. 특히 쇼핑몰이나 오픈마켓을 좀 아시는 분들이라면 잘할 수 있겠죠. 예를 들어 우리 동네 할머니들이 농사는 잘 짓는데 못 팔고 있는 농산물을 내가 쇼핑몰 하나 열어서 팔아 줄 수 있어요. 〈우리 동네 할머니들〉 같은 브랜드를 하나 만들어서 팔아 보고, 또 좀 팔리고 반응이 괜찮으면 한 걸음 더 나아가서 할머니들하고 협동조합을 만들 수도 있겠죠. "할머니, 내가 파는 역할을 할게요. 하나 팔면 할머니 200원, 나 100원 먹어요. 난 직원이야, 할머니들이 고용주고." 이렇게 설득할 수 있고요.(하하) 이런 유통의 역할은 회사에서 마케팅이나 영업을 했던 사람들, 기업 경영을 어느 정도 이해하는 사람들이라면 할 수 있는 일이잖아요. 조금만 공을 들이면 얼마든지 마을과 자기가 서로 '윈윈(win/win)'할 수 있는 관계를 만들 수 있어요.

내 직업을 확장하든 기술을 배워서 아예 새롭게 시작하든, 시골에서 자신의 재능이나 능력을 실험해 볼 시간이 좀 필요하겠네요. 그래서 2~3년의 탐색 기간이 필요한 거고요.

뭐니 뭐니 해도 인생이 영원하지 않잖아요. 본인이 자신의 시간을 잘 판단해야죠. 철학자 스피노자는 직업으로 안경 렌즈 세공을 했어요. 철학을 하기 위해서. 철학 하는 게 가장 행복하기 때문에 생계에 꼭 필요한 양만큼만 만들고 나머지 시간에는 철학을 했던 거예요. 자기의 행복을 미루지 않았죠. 오늘이 중요하기 때문에. 이렇게 '안경알 100개의 주문이 들어와도 딱 30개만 만든다' 하는 게 중요한 자세라고 생각합니다. 미래의 행복을 담보로 오늘을 희생하면 안 돼요. 그저 막연하게 '이걸 하면 나중에 돈을 많이 번다더라' 하는 자세로 살면 시골도 도시랑 똑같이 삭막해져요. 블루베리를 하면 돈 많이 번다더라, 그 말 듣고 블루베리 농사에 시간과 재산을 올인 해 버리죠. 실제로 그런 사람들 한둘이 아니에요. 그런데 블루베리가 어느새 막차인 거죠. 요즘 블루베리 시작하는 사람들은 막차가 지나갔는데 택시를 잡아타서 막차를 쫓아가는 그런 꼴이에요. 이런 특황작물 재배에서는 과연 누가 돈을 벌까요? 주로 묘목 장수, 자재 장수 이런 사람들이 돈을 법니다.

여행 가듯 가볍게 떠나는 귀촌

말씀을 듣고 보니, 귀농을 여행처럼 가볍게 생각할 수도 있겠네요. 한 2년 살아보고 아니면 도시로 돌아오는 가벼운 '시골 여행'요.

그렇습니다. 시골도 사람 사는 곳이니 너무 겁낼 필요 없어요. 시골에 돈 벌러 내려오는 게 아니잖아요. 여기 와서 먼저 어떤 곳인지도 한번 둘러보고, 여기저기 살펴보고, 내려온 이곳에 꼭 정착을 안 할 수도 있겠다 그렇게 마음 편히 생각하는 게 좋아요. 제가 보니까 귀농을 했어도 다른 시골로 한 번 더 이사를 가는 경우가 많더라고요. 그러니 사는 게 아니라 '여행한다'는 마음으로 편하게 있으면 좋죠. 최대한 여기에서 살 것처럼 하되 여기가 아닐 수도 있다는 자세를 갖는 게 중요해요.

28

자신이 살 지역을 선택하는 건 운이에요. 결혼할 때 인연을 만나는 것과 같죠. 결혼을 했어도 '혹시 잘못되면 이혼할 수도 있다' 이렇게 마음을 먹어야 서로 조심하고 존중하면서 잘 살 수 있어요. 반대로 '내 인생에 절대 이혼은 없어!' 그렇게 마음을 먹으면 배우자를 자신에게 맞추려 들면서 강요하고 괴롭혀요. "절대 안 돼!"라는 강박관념이 상대에게 집착하게 하고, 오히려 막 대하게 하죠. 귀촌도 마찬가지예요. 시골로 내려갔다가 다시 올라오는 건 '절대 안 돼'라고 생각하면 불행해져요. 반대로 한 2년 여행하듯 살다 오겠다는 마음으로 가면, 그동안 행복하게 지낼 수가 있어요. 살아 봤는데 아니면 '좋은 여행 했다' 생각하고 다시 올라가면 되고요.

도시에서 2년 철저히 준비한 다음에 내려오는 것보다 좀 고생하더라고 몸으로 배울 생각으로 일찍 내려와서 2년 탐색하는 시간을 가지는 게 낫다는 거네요?

그렇죠. 이건 하나의 예인데, 상주에 귀농한 두 사람이 있어요. 귀농운동본부에서 수업 듣고 바로 귀농하신 분, 그리고 그분과 동기였지만 한참 망설이다가 10년 후에 귀농하신 분. 10년 전에 시골 간 분은 땅을 평당 만 2천 원에 사서 귀농했어요. 지금은 12만 원을 줘도 못 사죠. 그럼, 도시에서 10년간 준비했던 분은 그 10년 동안 그만한 돈을 벌었을까요? 딱 정답은 없지만 조금은 덤빌 필요가 있는 것 같아요.

내려오면 일단 지역 사람들을 많이 만나는 게 중요합니다. 여러 사람들을 만나면서 내가 필요한 것들, 내 성향과 계획하는 방향들을 말하면서 다니는 거죠. 그러면 거기에 맞는 정보들이 들어와요. "저는 이런 사람이에요, 이런 집과 땅이 필요해요" 하는 식으로 말하면서 만나다 보면 어느 날 그런 집이나 땅이 나왔다고 연락을 줘요. 저도 그렇게 집과 땅을 구했고요.

한 2년 여행하듯 살다 오겠다는 마음으로
완주로 내려온 박용범 씨는 어느새 귀촌 4년 차다.
가족들은 소중한 파트너로 그 여행에 동참해 주었다.

시골살이, 내 삶의 속도에 맞춰 사는 즐거움

선생님도 본의 아니게 직장을 그만두고 1년여간 탐색의 시기를 가지셨죠?

2014년에 1년 쉬었죠. 너무 좋았어요. 집수리도 내가 혼자 다 하고, 농사 체험도 하고, 벽돌 조적이니 목공이니 용접이니 다 배워서 스스로 해 보고, 매일매일 혼자 일하는데도 너무 행복했어요. 쉬고 싶을 때 쉬고, 일하고 싶을 때 일할 수 있는 통제권이 제게 있었으니까요. 즐거운 노동이었죠.

어느 날 땀 흘리면서 일하고 있으니까 아내가 와서 "도와줄까?" 하더라고요. 제가 힘들어 보였나 봐요. 할 때 제대로 하자 싶어서 좀 도와달라고 했죠. 그런데 이상하게 아내가 도와주니까 오히려 제 마음이 자꾸 급해지는 거예요. '저 사람이 도와줄 때 빨리빨리 해치워야지' 하고 생각하게 되니까요. 그렇게 마음이 급해지니까 재미가 떨어져요. 혼자 할 때는 힘들고 시간이 걸려도 쉬고 싶을 때 "잠깐, 스톱" 하고 쉴 수 있잖아요. "어, 이거 좀 이상한데?" 하면서 멈춰서 다시 맞춰 볼 수도 있고요. 그런데 같이 일하니까 그럴 수가 없는 거예요. "잠깐만!" 해도 "무슨 소리야? 이거나 빨리 받아" 하는 식이죠. 그러면 재미가 없어져요. 그야말로 지겨운 노동이 되는 거죠.

아이들과 모내기 체험할 때도 그래요. 줄 딱 쳐 놓고 "빨리빨리 해. 뭐하고 있어?" 하고 밀어붙이면 아이들이 짜증부터 내요. 재미가 하나도 없는 거예요. 반대로 자기 속도대로 천천히 하게 내버려 두면 장난치면서도 꾸준하게 해요. 그게 재미예요. 자기 속도대로 사는 것, 내가 통제할 수 있다는 것, 시간과 공간과 모든 것들을 자기 속도에 맞춰서 할 수 있다는 것. 행복은 거기에서 나오는 것 같아요.

좋은 말씀이시네요. 선생님은 1년 쉬면서 구체적으로 뭘 하셨나요?

집에 혼자 있으면서 집수리하고 밭 정리하는 일들을 주로 했어요. 남자의 집안일이랄까요. 집 주변을 정리하는 일들, 마당을 쓸고 울타리를 치고 처마를 내고 장작을 패는 일들을 했어요. 장작을 도끼로 내리치면 도끼가 장작에 닿기도 전에 녹듯이 쪼개집니다. 그런 소소한 경험들을 했는데, 즐거웠어요. 그리고 일한 뒤의 막걸리 한잔. 예전에는 혼자 먹는 막걸리는 맛이 없었는데 희한하게 혼자 먹는 막걸리가 그렇게 맛있더라고요. 쉬면서 몸도 건강해지고 튼튼해졌죠.

제 적성도 찾게 됐어요. 예전부터 농사 연장을 만드는 대장장이 일을 배우고 싶었는데 시작을 해 본 거예요. 사실 그전에는 반복적인 작업들은 별로 안 좋아했었거든요. 그런데 이상하게도 대장간에서 반복적으로 망치질을 하는데 되게 행복한 거예요. 무언가를 창의적으로 만든다는 것뿐만 아니라 땀을 흘리는 반복적인 노동조차도 즐거움이 될 수 있다는 걸 그때 깨달았어요. 대장장이의 망치질은 막상 해 보니까 전혀 기계적이지 않더라고요. 그러면서 뒤늦게, 사십 중반이 되어서야 적성을 찾았죠. 쉬면서 저 자신을 좀 풀어 놓다 보니까 제가 가진 것들을 더 잘 보게 된 것이겠죠.

그랬군요. 그런 '창조적 여백'이 자신을 돌아보게 하나 봐요. 재능이나 흥미가 참 중요한데도 일에 치이면 생각 못하고 그냥 살잖아요. 쉬기 전과 후를 비교했을 때 정신적인 면이나 삶을 대하는 태도 등에서 바뀐 게 있나요?

많이 바뀌었죠. 예를 들어 노동과 놀이를 보는 관점이 많이 달라졌어요. 예전에는 일은 일이고 놀이는 놀이지 둘이 섞인다는 건 말이 안 된다고 생각했어요. 그런데 어느 순간 일과 놀이가 일치가 되는 거예요. 그게 작업을 내 속도에 맞출 수 있어서인 것 같아요.

그리고 1년간 시간이 많으니 이런저런 생각을 하면서, 저 자신을 한번 들여다보게 되더라고요. 도시에서 남자들의 대화는 증권, 자동차, 술집 이런 얘기들이 대부분이잖아요. 사실 그런 소비 욕망은 자기를 위한 것이 아니라

그는 마흔 중반이 되어서 적성을 찾았다.
1년간의 '창조적 여백'이
자신을 깊이 들여다보는 계기가 되었다고.
이제는 하루하루를,
농사 연장을 만드는 대장장이로서
'나답게' 살고자 한다.

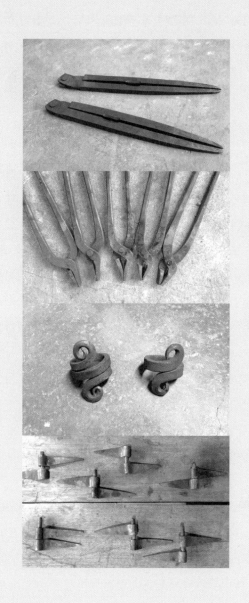

무언가에 휘둘리는 거죠. 쉬면서 제 자신의 욕망을 찬찬히 살펴보게 된 거예요. 저도 도시 삶에 찌들어 있었기 때문에 그런 것들에서 완전히 자유롭지는 않아요. 아직 여독이 남아 있지만, 계속 연습을 하는 거죠.

지금은 1년간의 탐색기를 끝내고 다시 직장생활을 하고 계신데… 왜 다시 들어가신 건가요?

처음 전환기술사회적협동조합 때문에 여기를 내려왔는데, 최근에 조직 형편이 힘들어져서 우선 안정적으로 자리 잡는 걸 돕기 위해 다시 들어간 거예요. 제가 벌인 일이기도 하고, 이곳에 이런 단체가 있는 게 의미가 있기도 하고, 또 앞으로 제가 비빌 언덕이기도 하니까요. 직장생활 하면서 개인적으로는 제 공방을 준비하고 있어요. 2년째 매주, 대장장이 공부를 하고 있거든요. 조직이 조금 더 안정화되면 저는 제 일을 하려고요.

저는 농사짓는 대장장이가 되고 싶으니까, 제 먹을거리는 텃밭 농사로 해 나가면서 즐겁게 연장을 만들어야죠. 농부와 대장장이가 연결이 되는 게, 제가 손 연장으로 농사를 지으니까 그걸 땅에서 직접 다루는 느낌을 알아요. 쇠만 만지는 대장장이는 농사를 안 짓기 때문에 무언가를 만들어 달라고 하면 실제로 사용할 때의 감각을 잘 몰라요. 저는 그 현장의 느낌을 아니까, 그걸 살리면서 연장을 만들고 싶어요.

도시의 생활이 기존의 틀에 자신을 억지로 끼워 맞추는 삶이라면, 시골은 그 굴레를 벗고 자신에게 맞는 삶의 방식을 찾아보는 일종의 '실험 공간'이 될 수 있겠다 싶네요. 반드시 농사가 아니더라도 선생님처럼 연장을 만들거나 나무를 깎거나 집을 지어 보면서 자신에게 맞는 방식을 찾는 실험 말이에요.

맞아요. 제가 농사에서 제일 좋아하는 게 낫질이에요. 풀을 베고 있으면 풀 베는 소리하며 흐르는 땀, 손에 전해져 오는 감각 등이 왠지 좋아요. 한 30

분 지나면 명상 상태에 빠져 들어가요. 그때가 참 좋아요. 그렇게 몰입하는 상황이 사람마다 조금씩은 다른 것 같아요. 어떤 사람은 호미질할 때 좋다고 하고, 어떤 사람은 아궁이의 불을 쳐다볼 때 아주 편안하다고 해요. 아무한테나 가부좌 틀고 앉아서 명상하란다고 해서 잘 안되잖아요. 그런데 불을 지피고만 있어도 잡념이 줄어들면서 금방 명상에 빠져들어요. 바로 그때 내 몸이 해방이 되죠.

시골의 삶은 이런 가장 단순한 일들을 통해 도시의 문명과 기술에 소외됐던 내 몸을 다시 살려 내는 거예요. 책상 앞에서 기계적으로 앉아만 있던 도시의 삶에서 탈피해서 자연으로 나와 마음껏 흙도 만지고 호미질도 하면서 몸과 마음을 회복하는 거죠. 호미로 땅을 툭 치면 흙이 반응하잖아요. 그게 손으로 전해져 와요. 그러면서 거기에 가장 필요한 힘과 편안한 힘, 그런 것들을 조정해 나가면서 내 몸을 다스려 나가죠. 몸을 쓴다는 것 자체가 즐거운 거예요.

사실 농사도 이렇게 몸을 쓰면서 해야 하는데, 트랙터에 딱 올라타서 라디오 틀어 놓고 담배 물고 하는 게 지금의 농사예요. 트랙터에 올라가 있으면서 어떻게 땅과 반응하겠어요? 의미 없는 기계 진동만 느껴질 뿐이죠. 그렇게 자연과 소통하지 못하니까 영혼도 메마르는 거예요. 역으로 농작물에 영혼을 투여하지 않으니까 온갖 약을 치고 제초제를 뿌리게 되는 거고요. 누가 먹을지는 나중 문제예요. 그런 거에 일일이 신경 쓰다가 어떻게 돈을 벌어요. 그렇게 농사도 죽어 가는 거예요.

도시에서는 자연과 소통이 없으니 자기 몸과도 분리된 삶을 사는 듯해요. 귀촌은 그렇게 '분리된 나'를 서서히 통합하는 과정이고요.

저는 모든 게 행복을 찾는 과정이라고 봐요. 따지고 보면 '행복하냐, 아니냐' 이 질문 하나로 끝나요. "지금 행복해?" 했을 때 행복하면 된 거예요. 누구를 죽이거나 밟지 않고, 자연이나 다른 사람을 괴롭히지 않고도 행복하면 그게 최고라고 생각해요. 행복하려고 시골 오는 거죠. 행복하게 살다가 여한 없이 죽으려고 오는 거고요. 죽음이 두려운 건, 지금껏 행복한 삶을 못 살았기 때문 아닐까요? 맨날 머슴처럼 남의 일만 해 주다가 아파트 안에서 쓸쓸히 죽을까 봐, 그게 걱정인 거예요. 농부시인 서정홍 선생님은 "나는 호미를 든 채로 죽고 싶다, 또 시를 쓰다가 죽고 싶다. 왜냐하면 내가 가장 좋아하는 게 농사와 시니까" 그러셨죠. 저도 그렇게 죽고 싶어요.

지금껏 놓쳤던 '행복'이란 단어를 들으니 시골 생활의 매력이 새삼 와 닿는 것 같네요. 그런데 처음 시골에 내려와서 겪는 큰 어려움 중의 하나가 '외로움'이란 말을 들었습니다.

시골 생활에서 가장 중요한 게 '혼자 있기' 연습이에요. 시골에서는 혼자 잘 놀아야 해요. 도시인들은 혼자 가만히 못 있는 것 같아요. 혼자 있으면 뭐라도 해야 하죠. 게임을 하든, 핸드폰을 들여다보든, 어딜 가서 수다라도 떨든 뭔가를 하지 않으면 불안해요. 제가 아는 귀농한 선배가 그랬어요. "시골은 혼자 버티기야. 니가 어딜 안 가도 행복할 수 있는 일을 해." 그 형님은 책 읽는 걸 좋아해요. 읍내 도서관에서 책을 한 스무 권씩 빌려와요. 시골 도서관에 가보면 사람이 없어요. 시골에서 누가 책 빌리겠어요? 그러니까 그 형님이 50권씩 빌린다 해도 상관 안 해요. 도서관 이용 실적이 올라가잖아요.(하하) 그 형님이 읽고 싶어 하는 책을 도서관 측에서 사다 주기도 하죠. 거의 개인 도서관이에요. 그 형님은 독서가 시골 생활의 기쁨이죠. 그런 활동이 하나쯤은 있어야 해요.

그리고 외로움과 고독은 다른 건데, 도시 사람들은 고독할 줄 모르는 것 같아요. 고독을 즐겨 보려고 해야 해요. 안 그러면 결국 도시로 올라가게 돼요. 아니면 매번 친구들에게 놀러 오라고 성화죠. "야, 내가 집을 지었는데 너무 멋지다. 놀러 와라." 그러면 트랙터에 들어가는 기름값보다 서울 왔다 갔다 하는 기름값이 더 많이 들어요. 그러다 결국 적응 못하고 도시로 올라가죠.

귀촌에 실패하는 지점

귀농운동본부에 계셨으니까 귀농한 사람들을 많이 만나셨잖아요. 귀농 희망자들이 갖는 시골에 대한 편견이나 실패하는 원인이 뭔가요?

　　일종의 패턴이 있죠. 가장 흔한 착각이 시골 사람들이 자기를 환영해 줄 거라는 환상이에요. 도시의 고급 인력이 와서 시골을 발전시켜 줄 거라고, "와, 환영합니다!" 이렇게 해 줄 줄 알죠. 천만에요. 귀찮아해요. 시골 사람한테 도움 될 게 뭐 있겠어요. 그저 젊은 사람이 와서 애들이 있다고 하면 "그래, 시골은 애들이 많아야지!" 하고 반기는 정도죠. 그런데 비슷한 연배의 꼬장꼬장한 사람이 내려와서는 집 짓는다고, 자기 땅이라고 길가까지 빠듯하게 붙여 가지고 울타리를 치면, 누가 환영하겠어요?

　　시골에서는 경계가 모호해요. 내 거지만 내 거 아닌 게 있거든요. 또 내 것이 아니지만 내 거인 게 있고요. 공동으로 쓰는 길이라든가 앞산 같은 것들은 내 것이 아니지만 내 거예요. 그런데 내 집 근처의 길이나 땅들은 내 거 아닐 수도 있어요. 우리 집에 자주 놀러 오는 들고양이가 내 건 아닌 것처럼요. 도시에서는 '니 거, 내 거'를 딱 명확하게 나눠 줘요. 그런데 시골은 아니죠. 시골 할머니들이 주로 가택 침입을 많이 해요. 새벽에 일어났는데 자기 집 마루에 할머니가 앉아 있으면 깜짝 놀라죠. 대뜸 "인제 일어났어? 저걸 언제 벨겨?" 그래요. 그런 걸 힘들어하는 귀농한 여성분들이 꽤 있어요. 시어머니가 오는 것도 싫은데 하물며 생판 모르는 동네 할머니가 와서 잔소리하면 싫죠. 시골에서는 그렇게 경계가 닫혀 있으면서도 열려 있어요. 그런 문화를 이해하지 못하면 귀농자들은 힘들어지죠.

    그리고 시골 동네에는 꼭 '갋지마'(상대할 수 없는 사람, 말이 안 통하는 사람)가 있어요. 동네에서도 내놓은 사람이라서 마을 사람들은 상대를 않죠. 그런데 귀농인들 중에 꼭 따지고 드는 사람들이 있어요. 처음부터 아예 상대를 안 해야 하는데 말이죠. "어디 가?" 그러면 "어디다 대고 반말이야!" 그렇게 싸움이 시작되죠. "귀농하러 왔어, 놀러 왔어? 맨날 풍악이나 울리고 허구한 날 손님들만 찾아오고." 이런 말에 또 말려들어요. 그렇게 부딪히기 시작하면 굉장히 크게 부딪혀요. 그것 때문에 집까지 잘 지어 놓고 떠나시는 분들이 꽤 많아요. 그 사람을 매일 보다가는 제 명에 못 살 것 같아서 다시 올라가는 거예요. 돌아가서는 시골 인심 사납다고 소문내죠.

귀담아 들을 내용이네요. 귀농운동본부에서 12년 동안 계시면서 얻은 많은 정보와 이론들과 실제 시골 삶은 괴리가 있었을 것 같은데요.

    아무리 좋은 이론도 현장에 오면 무너져요. 예를 들어, 시골 오기 전에 시골 사람들이 농약을 너무 많이 친다는 이야기는 여러 번 들어서 알고 있었어요. 그땐 그저 그렇겠거니 하고만 생각했죠. 그런데 시골로 내려와서 아침에 집 문을 여는데 옆집 아저씨가 고추에 약을 치더라고요. 그래서 문을 닫았죠. 저녁에 다시 문을 열었더니 그 아저씨가 또 약을 치는 거예요. 그러고는 다음 날 저한테 그 고추를 먹으라고 주더라고요. 아이고, 못 받겠더라고요. 우물쭈물하고 있으니까 아, 이거 약 친 거 아니래요. 하하. 깜짝 놀랐죠. 실제가 이렇구나. 진짜 확 와 닿죠. 암만 머릿속에서 상상해 봐야 실제로 한번 경험하느니만 못하죠. 백번 듣는 것보다 한번 보는 게 낫고, 백번 보는 것보다 한번 해 보는 게 나아요.

혹시 너무 많이 알아서 귀촌하는 데 문제 된 건 없으셨어요?

시골의 경계는
도시와는 개념이 다르다.
'내 것'이라는 금을 긋는 순간,
마을 사람들과의 '마음의 금'도
두터워진다고.

너무 많이 아니까 이렇게 십몇 년이나 늦게 온 거죠. 훨씬 전에 내려왔어야 했는데 마흔 중반이 돼서야 왔잖아요. 일찍 내려왔으면 지금쯤은 관록 있는 농사꾼 '포스'를 쫙 풍겼을 텐데, 아직도 입만 살았죠.(하하) 포스라는 게 있거든요. 아무 말 안 해도 뭔가 풍기는 거. 가능한 한 젊을 때 하는 게 몸에도 좋아요. 시골살이가 몸에 빨리 익게 되니까. 저처럼 요즘 귀농하는 분들, 너무 많이 준비하느라 못 내려와요. 대개 분명한 목적도 없이 준비만 해요. "블루베리도 한번 해 봐," "인삼도 해 놓으면 좋다더라" 주위 사람들 말만 듣고 준비하는 거예요. 자격증 많은 사람들이 그 자격증 쓰는 거 전 한 번도 못 봤어요. 그냥 두려우니까 많이 준비해 두는 거예요. 그거라도 없으면 괜히 불안하니까.

마지막 질문으로, 앞으로는 어떻게 지낼 계획이세요?

늦게 내려온 만큼 지금부터라도 시간을 잘 계획해야겠죠. 제 인생의 하루하루가 소중하니까요. 스피노자처럼 오늘 안경알을 몇 개나 만들 것인가를 끊임없이 재야 할 거예요. 하나를 더 하자, 한 시간을 버려야 해. 하나를 빼자, 그럼 한 시간이 더 생겨. 이런 갈등을 하겠죠. '요번에 우리 아들 학비가 좀 부족한데, 오늘은 한 시간만 더 하자.' 그렇게 경계를 자꾸 바꿔 가면서 삶의 균형을 찾아 나가야죠.

인터뷰를 하면서 차츰 마음이 편안해지는 것을 느꼈다. 너무 많은 걱정들을 미리부터 했던 걸까? '여행하듯 가볍게 떠나도 된다'는 그의 말이 부담감으로 잔뜩 움츠러들었던 마음을 어루만져 주었다. "여행은 살아 보는 거야"라는 어느 광고의 카피처럼, 미지의 세계에서 몇 년간 마음 편히 여행하듯 살아보는 것도 의미 있는 일이지 않을까? 그 몇 년간 시골에 몸과 마음을 적응해서 잘 살게 된다면 더할 나위 없고, 비록 다시 도시로 돌아오게 된다 해도 그 시간은 잊지 못할 인생의 추억으로 남을 것이다. 이렇게 생각하니 별로 잃을 것 없는 장사 같아 보였다. 스스로 남들보다 뒤처지고 있다는 조급한 마음을 품지 않을 수 있다면 말이다.

그는 내게 왜 시골로 가려 하느냐고 물었다. 때로 핵심은 놀라우리만치 단순하다. '행복하려고' 시골로 가는 것이다. 콘크리트 위에서 먹고 자는 팍팍한 도시의 삶이 그다지 즐겁지 않아서, 자연을 벗 삼아 땅을 밟으면서 일하는 건강한 삶을 꿈꾸며 우리는 '행복을 찾아서' 시골로 가려 한다. 그러나 도시에 사는 우리들은 그 꿈을 좇기에는 너무 바쁘게 살고 있다. 물론 생업은 소중한 것이지만 자칫 일이 만들어 낸 분주함은 모든 것을 지워 버린다. 추억을 지우고, 그리움을 지우며, 삶의 의미를 지우고, 우리에게 주어진 시간을 야금야금 갉아먹는다.

코앞에 닥친 급한 일들을 처리하느라 죽을 둥 살 둥 달려가지만, 정작 자신이 어디를 향해 뛰고 있는지는 알지 못한다. 며칠이 채 되지 않는 휴가조차 편히 쉬지 못해 가족에게 늘 미안한 가장으로 살다가 문득 정신을 차려 보면,

아이들은 이미 훌쩍 커 버렸고 늘어난 배둘레에 머리 밑은 하얗다. 생활은 여전히 빠듯하고 이루어 놓은 것은 아무것도 없다. 단 한 번뿐인 삶을 제대로 사는 방법은 급한 일보다 '중요한 일'을 먼저 하는 것일 텐데, 대부분은 그 반대로 산다. 사는 데 있어서 밥의 무게를 무시할 수는 없겠지만, 또 밥만으로 살 수 없는 것이 인생이다.

생각이 여기까지 이르자 "행복은 자기 속도대로 맞춰서 할 수 있을 때 나오는 것"이라던 그의 말이 떠올랐다. 조합의 내부사정으로 갑자기 찾아온 1년의 안식년 동안 그는 자신의 삶을 되돌아볼 수 있는 여유를 가지게 되었다. 일하고 싶을 때 일하고, 쉬고 싶을 때 쉬면서 자신의 리듬으로 하루를 보냈다. 일상을 미리 주어진 일들로 꾸역꾸역 채워 나가는 것이 아니라 틈틈이 주어지는 시간의 여백을 편히 즐길 줄도 알게 되었다. 그러자 일과 놀이의 경계가 사라진 그곳에서 자신의 인생을 함께하고 싶은 '농사짓는 대장장이'란 꿈이 오롯이 떠올랐다.

장기를 직접 둘 때는 미처 생각지도 못했던 묘수가, 훈수를 둘 때는 잘 보이는 경우가 많다. 한 걸음 떨어져야 객관적으로 전체 상황을 파악할 수 있기 때문이다. 그가 말한 2년여간의 탐색은 '내가 나에게 두는 훈수' 같다는 생각이 들었다. 시골은 도시보다 적은 생활비로 자연을 벗 삼아 '삶의 쉼표' 하나를 찍을 수 있는 곳이니까. 자연 속에서, 속도를 늦추고 지금까지 달려온 인생을 조망해 보는 '안식년'을 가져 보는 건 어떨까. 지금껏 나를 바쁘게 했던 일에서 벗어나 '놀멍쉬멍' 느릿느릿 시골길을 여행하듯 거닐어 보고 싶어졌다.

1   귀촌이 너무 거창하게 느껴진다면 여행 간다는 가벼운 마음으로 일
    단 떠나 보는 것도 하나의 방법이다. 여행하는 도중 마주치게 될 시
    골에서의 진짜 삶이 귀촌을 결심할 중요한 계기가 될 수 있으니까.

2   성공이라는 뚜렷한 목표 없이 시골을 탐색하는 2~3년을 두려워하
    지 말자. 오히려 귀중한 수업료로 생각하자. 3개월간의 가족 유럽 여
    행 = 3년 동안의 시골 탐색 = 총 3600만 원(월 100만 원×36개월)

3   시골에서는 농사 말고도 할 수 있는 일이 많다. 그것은 내가 평범하
    다고 생각하는 바로 그 재능을 필요로 한다. 탐색 기간 동안 그 '평범
    한 듯 평범치 않은 재능'을 확인할 수 있지 않을까.

4   여기에서와 같은 일을 할 거면 굳이 왜 시골로 갈까? 휩쓸리지 않고
    온전한 나로 살고 싶기 때문이다. 고독과 친해지며 온전한 나를 만
    날 수 있는 가능성 또한 탐색 기간 동안 실험할 수 있을 것이다.

별것 아닌 내 재능,
시골에서는 보석

박형채   충북 단양, 소백산영농조합

"누가 그래요?
시골에서는 농사만 짓는다고"

생각이 많으면 두려움이 앞서게 마련이다. 행복을 찾아 시골로 가는 것이라고는 하지만 평생을 도시에서만 살아온 이들에게 '잠시 여행 가듯 가볍게 귀촌하라'는 조언이 말처럼 쉬운 일만은 아니리라. 시골로 가는 데 있어 마음의 걸림돌이 되는 것에는 어떤 것이 있을까? 귀농·귀촌에 관심이 있는 사람들에게 시골로 내려갈 때 가장 큰 고민은 무엇인지를 물었다. 답변은 크게 세 가지로 묶였다. ① 어떻게 먹고살 것인가? (생계와 소득) ② 어디서 살 것인가? (농지와 주택) ③ 누구와 살 것인가? (텃세, 소통, 외로움 등)

나 역시 가장 큰 고민은 무엇보다 "어떻게 먹고살 것인가?" 하는 걱정이었다. 도시의 생활 기반을 포기하고 시골이란 낯선 공간에서 과연 가족의 생계를 책임질 수 있을까? 그렇다고 농사로 생계를 해결하기에는 너무나 힘들어 보였다. 경험도 없는 도시내기가 몇십 년째 전문적으로 농사만 짓고 살아온 농부와 경쟁할 수는 없는 노릇 아닌가. '틈새시장'이라며 너도나도 몰려가는 특용작물로 덤벼들기에는 2~3년 후의 결과가 뻔해 보였다. 특별한 재능이 없는 나 같은 사람이 시골에 가서 잘할 수 있는 또 다른 일은 없을까? 머릿속에는 이런저런 생각이 떠돌았지만 구체적으로 손에 잡히는 답은 없었다.

그러다가 우연히 한 책에서 '귀농은 실패했지만 귀촌은 성공한' 특이한 이력을 지닌 한 분의 이야기를 읽게 되었다. 농사로 시작했다가 1년도 되지 않아 그만두고, 자신도 몰랐던 '별것 아닌 재능'을 바탕으로 사업을 일군 박형채라는 분이었다. 더 흥미로운 사실은 그가 농사를 접고 사업을 시작하기까지 2년 동안 '아르바이트'로 생계를 유지했다는 점이었다. 처음엔 서울로 돌아갈까 하다가 마음을 고쳐먹고 단양에서 할 일이 없는지 찾아본 것이다. 우연히 면 단위에서 할 수 있는 일들이 많다는 걸 알게 되었고, 2년간 아르바이트를 하며 보냈다. 그리고 그 경험이 자연스럽게 시골을 익히고 탐색하는 시기가 되어 단양에 정착하는 데 큰 도움이 되었다고 한다.

　젊은 시절, 그는 서울에 있는 큰 건설회사를 다니면서 안정적인 삶을 살았다. 그런데 정작 그는 자신의 일에 회의를 느끼고 있었다. 건설회사의 영업 부서에서 일하면서 여러 부조리를 최전선에서 목격했기 때문이다. '양심적인 밥벌이'를 꿈꾸며 마음속으로 시골행을 결심하고, 작은 종이에 메모를 했단다. 자신이 가진 돈과 향후 시골 생활에 필요한 비용을 차근차근 적어 나갔고, 그 쪽지가 계기가 되어 반대하던 아내를 설득해 서른다섯이라는 비교적 젊은 나이에 시골행을 감행하게 되었다. 그는 2년간의 탐색기를 마친 후 자금난에 시달리던 선배로부터 영농조합을 인수받아 운영하고 있다. 건설회사에서 목격한 사회의 모순에 힘들어했던 그가 조합원에게 골고루 이익을 분배하는 일에 관심을 갖게 된 것은 우연이 아니었다. 그는 일을 하면서 도시에서는 보잘것없다고 생각했던 자신의 경험이 시골에서는 빛나는 보석이 될 수 있음을 확인했다고 한다. 어느덧 〈소백산영농조합〉을 운영한 지 10여 년이 지났고, 회사는 친환경 농산물을 유통하는 사회적기업으로 자리를 잡았다.

　그에게 무엇보다도 두 가지를 묻고 싶었다. 하나는 도시의 직장 경험이 시골의 일에 어떻게 도움이 되었는지, 또 하나는 시골에서 농사 말고 소득을 올릴 수 있는 방법이 어떤 것들인지. 부디 이 인터뷰가 우리가 짊어진 밥벌이에 대한 고민의 무게를 조금이나마 덜어 주었으면 하는 바람이다.

아르바이트를 통해 지역에 스며들다

도시에서 목격한 여러 부조리가 계기가 되어 귀촌을 결심하셨다고요. 처음에는 귀촌이 막연했을 텐데, 현실적으로 어떤 계획을 세우셨는지 궁금합니다.

사실 거창한 계획이라 할 게 없었어요. 아주 단순하게 생각했죠. 자금이 3억 원 정도 있었는데 그걸로 여기서 아껴 쓰면서 농사짓고 살려고 생각했죠. 한 달에 50만 원씩 살면 1년에 얼마예요? 600만 원이잖아요. 그러면 3억 원이면 50년은 살 수 있겠더라고요. 굉장히 단순하죠.(하하) 손바닥만 한 종이에다 계산을 했어요. 생활비 외에도 쓸 거, 애들 교육비도 있고, 그런 걸 요만한 종이에다가 앞뒤로 적었죠. 그걸로 아내도 설득했고요.

농사는 처음부터 이른바 '태평 농법'이라고… 농사를 짓는 건 맞는데, 죽자 살자 하는 게 아니라 대충 내버려 두는 식으로 농사지으면서 살 수 있는 방법을 찾았어요. 진짜 순박한 자급자족을 꿈꾼 거죠. 지금 돌아보면 그게 참 어리석은 생각이었어요. 일단 농사 자체가 만만치가 않아요. 소박한 농사라고 해서 쉬운 농사는 없어요. 또 하나, 벌이가 줄어들면 소비도 최대로 절제해야 하는데 그것도 쉽지가 않아요. 제일 먼저 생각났던 게 통신비, TV, 컴퓨터 뭐 이런 것들이더라고요. 안 쓰기로 했죠. 그런데 채 몇 개월도 안 돼서 "TV는 좀 있어야 되지 않겠나? 아이 유치원 다니는데 다른 애들하고 대화도 안 통하는 것 같고…" 그러면서 하나둘씩 무너지더라고요. 만만치 않았어요, 시골에서의 소박한 삶이라는 꿈을 막상 몸으로 실천한다는 게.

그렇게 농사를 접고 2년간 아르바이트로 생활하셨을 때 느낌은 어땠나요?

농사를 그만두고 2년 동안 쉬면서 다양한 아르바이트를 했어요. 지금 돌아보면 제게는 그때 했던 아르바이트가 '꿈의 직장'이나 다름없었어요. 업무 강도도 높지 않고 여유도 많아서 스스로를 많이 돌아보는 시간이 되었죠. 처음에 산불진화대를 했는데 1년에 5~6개월만 일하면 됐어요. 그리고 여러 통계조사를 위한 각종 센서스 활동 같은 단발성 시간제 아르바이트도 했죠. 이런 일들은 아주 다양해요. 인구 조사, 산업체 조사, 농촌 가구 조사, 교통량 조사 등등.

당시 저로서는 밥벌이를 위해서 아르바이트를 했던 건데, 이게 나중에 보니까 엄청나게 도움이 되는 거예요. 적어도 두세 가지 효과가 있더라고요. 일단 제가 단양이란 곳을 잘 몰랐는데, 산불진화대라는 게 불나면 여기저기 가야 되니까 예행연습 하러도 많은 지역을 돌아다니거든요. 그러다 보니 자연스럽게 이곳 지리를 아주 잘 알게 됐어요. 건강도 많이 좋아지고요. 시골에서 지리를 잘 알면 도움이 많이 돼요.

또 산불진화대에 나오는 분들이 대부분 여기 토박이들이잖아요. 그걸 하면서 그분들과 조그만 공간에서 줄곧 대기하면서 지내다 보면 대화도 나누고, 의견충돌도 일어나고, 때로는 싸움도 하게 되는 거예요. 할 일이 별로 없어서 그런지 정말 말도 안 되는 걸로 다투기든요. 제일 많이 싸웠던 게 뭔지 아세요? 산에 가서 꽃 이름 뭔지, 나무 이름 뭔지로 엄청 싸웠어요. 지금 보면 우습지만 그때는 꽤 심각하게 싸웠죠. 정말 목숨 걸어요.(웃음) 그런데 희한하게 그런 모습들을 보면서 시골 사람을 이해하게 되더라고요. 그들이 어떤 부분에서 완고하고 어떤 부분에서 관대한지, 또 어떤 걸 좋아하고 싫어하는지 알게 됐죠. 예를 들어 시골에서는 도시보다 정치문제에 더 민감하더라고요. 좀 보수적이기도 하고요. 잘 지내다가도 정치적인 입장이 조금만 다르면 칼같이 대립하곤 해요. 그때 여기 지역 정서를 많이 이해하게 됐어요.

인구 조사도 제게는 어마어마한 도움이 되는 거예요. 동네 집집마다 돌아다니는 거니까, 사람들에게 인사도 하고 이런저런 이야기도 나누면서 인맥이 넓어져요. 재밌는 게 할아버지, 할머니들이 인구 조사한다니까 제가 공무원인 줄 아시고는 무조건 속이려고 하세요. 인구 조사가 세금 부과하려고 하

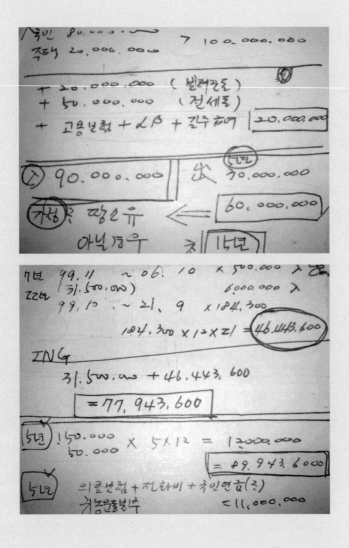

박형채 대표가 시골로 떠나기 전에 작성한 예산 메모.
복잡하게 생각하지 않고 한 달 생활비를 근거로
단순 계산하고 내려오기로 결심했다.

는 거니까 무조건 숫자를 줄이거나 없다고 하시죠.(웃음) 그런 거 보면서 재미
있기도 하고요. 또 정말 어렵게 사시는 분들은 여러 고충사항이나 민원을 말
씀하시는데, 그걸 들으면서 '아, 농촌이 이렇게 힘들구나' 마음이 아프기도 하
고, 지역의 속사정도 알게 됐어요. 그런 개인적인 경험들이 지금 사업하는 데
굉장히 많은 도움이 돼요. 돌아보면 그 시기가 제게는 일종의 인큐베이터 같
은 역할을 한 거예요.

아르바이트를 통해서 지리나 지역 정서를 익힐 수 있다니, 전혀 생각지 못했
던 부분이네요. 그런데 그런 아르바이트들은 아무나 쉽게 못 얻는다는 말이
있던데요. 산불방지대도 이른바 '연줄' 같은 게 있어야 들어갈 수 있다고요.

　　꼭 그렇진 않아요. 관심을 갖고 자꾸 알리면 기회가 와요. 제 경우는, 당
시 제 집이 면사무소 근처였는데 그게 유리하게 작용했어요. 급한 일이 있을
때마다 면사무소에서 절 찾았던 거죠. 가까이 있는 데다가 젊어서 아무 일이
나 할 수 있으니까, 자리가 빌 때마다 긴급요청을 하는 거죠. 그렇게 한번 일
을 해서 연결이 되면, 매년 때가 되면 비슷한 일거리로 연락을 줍니다. 지금은
군청 등 지자체의 홈페이지가 잘되어 있어서 웬만한 정보들은 다 홈페이지에
올라올 거예요.

　　다만 그런 아르바이트를 할 때 주의할 게 있어요. 당시 저는 출퇴근 시간
이 자유로우니까 꿈의 직장이라며 해맑게 일을 했었는데, 마을 사람들은 저
를 불쌍하고 한심하게 보곤 했나 봐요. 그것도 뒤늦게 안 사실이지만요. 사실
그런 일들은 사회 공공의 '빈민구제책' 정도로 보는 시선이 있거든요. 특별히
직업도 없고 농사도 안 짓는 사람이 그것만 하고 다니면 평판이 안 좋아질 수
도 있어요. 그러니까 저를 아주 불쌍하게 보았던 건데, 당시에 저는 눈치를 못
챘죠.

　　물론 갓 귀촌한 사람은 생계를 위해서라도 이런 아르바이트를 고려하는

게 좋아요. 다만 1~2년 적응 삼아 아르바이트로 하는 건 괜찮지만, 오랫동안 그걸 직업으로 하겠다고 생각하면 안 돼요. 어떻게든 홀로 설 계획을 세우는 게 중요해요. 아르바이트로 시골에서 1~2년간 버티면서 자신의 길을 찾아 나가는 거죠. 그러다 보면 길이 생겨요. '통찰'이란 말이 '혼자 동굴 속에서 깨우치는 것'이란 해석이 있듯이, 어둠 속에서 뭔가 자신의 방향을 찾게 되는 순간이 오는 거예요. 아르바이트는 이 과정을 버티기 위해 도움을 받는 것이고요.

어울려 살면서 자립을 준비하다

아르바이트는 비상책이지 직업으로 고려하면 안 되겠네요. 그런 아르바이트를 통해 또 무엇을 얻으셨나요?

역시 인맥이나 지역 정서 같은 무형의 것들을 익힌 게 제일 커요. 그런 지식들은 책을 읽는다고 알 수 있는 게 아니니까요. 사람들과 부딪히고, 갈등을 해결하는 과정을 직접 겪어야 얻어지죠. 예를 들어, 저는 이제 단양에서 농사짓는 분들의 유형을 A형, B형, C형으로 나눌 수 있어요. 그리고 그 유형에 따라 어떻게 가까워져야 하는지도 알고요. 이게 100퍼센트 다 들어맞지는 않지만 제법 효과가 있어요. 상대방에게 어떻게 맞출 것인지는 실제로 밀착해서 살아 보지 않는 이상은 잘 모르거든요. 그런 경험들이 이후 시골 생활의 실패를 많이 줄여 줬어요.

그 2년이 선생님께는 생계를 유지했던 시간이지만, 동시에 시골 생활의 전반을 이해하고 시골 생활에 적응하는 중요한 기간이었네요.

그렇죠. 시골에 내려오자마자 자기 농사를 지으면, 어찌 보면 여기 계신 분들에게는 동종업계 경쟁자예요. 경계심을 가질 수도 있죠. 그런데 저처럼 농사를 안 지으면 그분들의 경쟁자가 아니라 '도와주는 일손'이 돼요. 농번기처럼 바쁠 때나 필요할 때 부를 수 있는 친구죠. 일당 5~6만 원을 받으니 제게도 도움이 되고요. 조금만 욕심을 내려놓으면 할 일이 많아요. 시골에 가자마자 땅 사고 바로 농사지을 생각을 하기보다 그렇게 여유를 가지고 조금씩 적응해 가면, 일을 배울 수도 있고 정착하는 데도 도움도 되죠.

그리고 시간이 많으니 자기 스스로 뭔가를 해 보게 돼요. 자립하는 준비를 한다고 할까요. 제가 도시에서 건설회사를 다닐 때는 집에 전등이 나가면 동네 철물점 아저씨한테 한 5천 원 주고 갈아 달라고 했어요. 무조건 돈으로 해결한 거죠. 그런데 시골에 살면서 완전히 바뀌었어요. 집에 연탄보일러가 고장 나면 계속 동네 형님들한테 부탁할 수는 없잖아요. 몽키스패너 하나 들고 제가 하는 거예요. 망가지면 얼마나 망가져요? 기껏해야 전기 잘못 연결하면 거꾸로 돌고, 잘 안되면 할 수 없이 추운 데서 자 보기도 하고…(웃음). 그렇게 고생도 해 보면서 배우는 거예요. 이렇게 직접 겪어 봐야 사는 게 곧 '내 이야기'가 돼요.

되게 긍정적이셨네요. 당시에는 계획했던 생태 농업도 실패했고 아르바이트를 했어도 공식 직업은 '백수'였는데 즐겁게 지내신 것 같아서요.

아니에요. 지금 와서 돌아보니 즐거웠다는 거죠. 찰리 채플린이 그랬잖아요. "삶은 가까이서 보면 비극이지만, 멀리서 보면 희극이다"라고요. 이제 와서 웃는 거죠. 그런데 긍정적이긴 했던 거 같아요. 그때 우리 집사람이 무료 공부방을 했는데, 저는 공부하는 아이들하고 너무 잘 뛰어놀았어요. 삼십 대 후반의 나이에 애들하고 팬티 바람으로 개천에서 멱도 감고, 낚시도 하고, 가재도 잡고 했죠. 또 1톤 트럭 뒤에 타고 다니고, 휴대용 가스버너에 라면도 끓여 먹고요. 애들한테 "라면은 내가 끓일 테니까 집에 있는 거 좀 갖고 와" 그러면 감자, 고구마, 김치 같은 걸 가져오는 거예요. 그거 싸 가지고 다니면서 재있게 놀았죠. 아, 한문 선생도 했어요. 초등학교 애들, 할 일 없어 심심해하는 애들 모아다가 한문을 가르쳤어요. 나중에 지역 유지인 할아버지께서 좋게 보시고는 군에 이야기를 해서 그것도 한 달에 30~40만 원 받았어요. 받은 돈은 대부분 아이들 간식 비용으로 환급했지만요.

돌이켜 보면 시골의 삶은 후회가 좀 적은 것 같아요. 재밌잖아요. 도시에서는 늘 바쁘고 자주 소외되는데 말이에요. 그래서 도시에서의 과거는 썩 재미있지가 않아요. 얘기할 것도 별로 없고요. 시골에선 내 삶의 방식이 옳든 그르든, 스케일이 크든 작든, 자기가 주인공으로 사는 거예요. 다 큰 어른이 동네 아이들하고 팬티 바람으로 멱을 감았던 것도, 산불진화대를 하면서 "이 나무는 무슨 나무다" 하면서 다른 사람들과 싸운 것도 바로 나, 박형채가 그런 거죠. 그런데 도시에서는 복잡한 사회관계 속에서 소외된 채, 삶을 그냥 흘려보냈던 것 같아요. 자기 주체적인 시간이 없었죠. 농촌도 100퍼센트 주체적이라고 할 수는 없겠지만, 도시에 비해서는 주체적인 삶을 살게끔 하는 것 같아요.

도시는 화려하지만 그 안의 직장인들은 남이 만들어 놓은 무대 위의 조연처럼 사는 경우가 많은데, 시골에서는 크든 작든 '내 세상'의 주인공으로 사는 것 같네요.

그게 시골 삶에서는 제일 중요한 부분 같아요. 가끔 어릴 때 친했던 친구들이 놀러 와서 이야기를 나눠 보면 대체로 삶의 내용들이 빈약해요. 자기 인생 이야기인데 알맹이가 없고 붕 떠 있다고 할까요. 이야기를 나누긴 하는데 둘 사이에 텅 빈 공간이 있다는 느낌이 들면서 서로 좀 어색해요. 제가 여기 내려와서 산 16년 동안의 삶은 어쨌든 솔직한 내 이야기인데, 도시 친구들은 자기 이야기를 안 하는 게 일상화되어 있는 것 같아요. 자기 이야기를 할 줄도 모르고요. 거의 다 정치 이야기, 조직의 이야기, 다른 사람의 이야기예요. 그래서 재미가 별로 없어요. 아까 전등이나 보일러 고치는 문제처럼, 도시에서는

"저는 공부하는 아이들하고 너무 잘 뛰어놀았어요.
삼십 대 후반의 나이에 애들하고 팬티 바람으로
개천에서 멱도 감고, 낚시도 하고, 가재도 잡고 했죠.
돌이켜 보면 시골의 삶은 후회가 적은 것 같아요.
재밌잖아요. 도시에서는 늘 바쁘고 자주 소외되는데 말이에요."

자기 일을 누군가에게 위탁해서 하니까 그런가 봐요. 아무래도 직접 해 본 경험이 빈약하니까 할 이야기도 줄어드는 거고요.

도시에서의 재능과 경험 살리기

힘들었지만 행복했던 2년을 보내고 우연한 계기로 자기 사업을 시작하셨어요. 지금 대표로 계신 소백산영농조합은 어떤 일을 하는 곳인가요?

쉽게 말하자면 지역에서 생산된 친환경 먹거리를 도시에 공급해 주는 유통업체죠. 지역과 계약재배를 해서 곡물을 수매하고, 소포장해서 파는 게 주된 일이에요. 마트나 유기농 전문매장에서 볼 수 있는 500g, 1kg짜리 곡물 제품을 유통하는 회사라고 보시면 돼요.

시골에서도 도시에서의 업무 경험을 살릴 수 있나요? 영농조합을 운영하는 데 도시의 직장생활 경험이 도움이 되었다고 하셨는데, 구체적으로 어떤 건가요?

제가 건설회사에서 영업을 하다 보니까, 자기 사업을 운영하는 것 같은 측면이 있었죠. 그게 도움이 많이 되더라고요. 숫자 계산이나 회계 등도 도움이 되었지만 비즈니스 마인드랄까, 사업 감각 같은 게 몸에 배었나 봐요. 예를 들어 건설회사에서 입찰을 보려면, 가령 이 컵이 얼마의 가격에 나오는지를 알아맞혀야 하는 품셈(건축 등에서 품이 드는 수효와 값을 계산하는 일)을 해야 하거든요. 건축기사 몇 년 차다, 그러면 그 사람에 대한 품셈이 다 나와요. 그리고 업무 자체가 단순히 위에서 시키는 대로 하는 게 아니라 전체 과정을 다 고려하면서 일괄적으로 진행하는 업무였기 때문에 사업을 하는 데 있어서, 특히 회사를 경영하고 관리하는 데 있어서 도움을 받았죠.

또 영농조합을 하면서 물건을 주고받을 때 협상을 하거나 설득을 하는 방법들도 직장생활에서 배웠어요. 예를 들면 우리로선 물건을 꼭 팔아야 하는 상황인데 상대편의 가격과 너무 안 맞아요. 그쪽에서는 500원에 공급을 요청하는데, 우리는 원가를 고려해 600원에 팔아야만 할 때가 있죠. 그러면 순간적으로 "550원 합시다" 하고 제안을 하는 거예요. 아주 단순한 것 같지만 당장은 손해를 보는 거니 실제로는 쉽지 않은 결정이에요. 대부분 이런 협상을 잘 못합니다. 그런데 그렇게 손해를 보더라도 상대의 입장을 고려해 주면, 그쪽에서도 저희의 이런 자세와 마인드가 좋아서 훗날을 보고 계약을 하는 경우가 많아요. 나중에는 가격을 더 쳐 주기도 하고요. 이런 사업 센스들도 직장생활에서 배운 것들이죠.

그리고 회계처럼 내부 항목을 정리하는 일들, 계약을 체결하고 기본적인 서류를 준비하는 일들이 몸에 배어 있었던 거 같아요. 그러니까 저는 잘 몰랐는데 제 안에 장사꾼의 기질이 남아 있었던 거예요. 지금은 사회적기업으로 전환해서 공공적인 의미를 많이 두다 보니까 회사 운영이 조금 힘들기는 하지만, 그동안 장사 자체는 꽤 잘했습니다. 나중에 알게 된 사실이지만, 선배가 이 영농조합을 맡긴 이유가 저보고 회사를 정리하라는 의도였더라고요. 빚도 많고 내부적인 문제도 많아서요. 그런데 7년 만에 그 빚을 다 갚고 정상화를 시켰으니, 제 나름대로는 엄청 잘 꾸린 거죠.

쓰러져 가는 회사를 다시 일으켜 세우는 게 쉬운 일이 아닐 텐데, 대단하시네요. 10년 이상 건설회사에서 영업을 하셨는데 그때는 이런 사업적인 재능이 있다는 걸 모르셨나요? 사업을 시작하고 나서 알게 된 건가 보죠?

아예 몰랐어요. 사실 그걸 재능이라고 말하는 게 좀 우습긴 하네요. 제가 말한 건 사실 도시에서 영업을 한 사람이라면 누구나 가지고 있는 기본적인 능력이니까요. 그리고 이걸 재능이라고 말할 수 있는 것도, 회사가 아직 망하지 않고 유지를 하고 있으니 가능한 거고요. 어쨌든 망해 가는 회사를 정상화

지역에서 나는 친환경 먹거리를
도시에 공급하는 소백산영농조합.
박영채 씨는 영농조합을 하면서
협상을 하거나 설득을 하는 방법들도
도시의 직장생활에서 배웠다.

하고 15년 정도 운영해 왔으니까요. 사실은 그게 진짜 제 재능인지는 몰라요. 확신도 없고요. 회사가 언제 망할지는 모르니까요.(하하) 단지 편의상 서로 이해하기 쉽게 '재능이 있었다'고 말씀을 드리는 것뿐이고요.

시골에서 발휘되는 도시인들만의 재능

선생님은 이전에 영업을 했기 때문에 그걸 살려서 사업을 하는 데 도움을 받으셨는데요. 그렇다면 다른 직무를 한 사람은 어떨까요? 예컨대 그냥 평범한 사무직이나 행정직을 하신 분들이 시골에서 할 수 있는 일도 있을까요?

많이들 모르시던데 시골에도 일반 사무직이 많이 필요해요. 제대로 일할 줄 아는 사람이 많이 부족하기도 하고요. 당연한 이야기겠지만, 성실하게 사무를 볼 수 있는 사람에게 얼마든지 자리는 있어요. 단, 사업 규모나 임금이 작다는 걸 각오해야죠. 취업난이라고 하지만 그건 양질의 일자리에 국한된 이야기예요. 조그만 업체들은 일할 사람 구하기가 힘들어서 난리예요. 결국 눈높이의 문제인 것 같아요.

만약 장사에 소질이 있는 사람이라면, 장사를 하기에는 시골이 더 유리할 수 있어요. 건물이나 인건비, 재료(농수산물) 등이 저렴하니까요. 홍보나 기타 업무는 인터넷으로 하고요. 여기 단양에도 조그마한 만두 가게로 시작했다가 인터넷으로 소문이 나서 지금은 사람들이 한 50미터 줄을 서 있는 가게도 있어요.

제가 보기에는 경쟁이 치열한 도시보다는 오히려 시골에서 기회가 열려 있는 분야도 많아요. 유통이나 소규모 장사, IT 분야, 가공식품을 위한 패키지 디자인 등등, 이런 분야에서는 젊은이들이 와서 성실한 자세로 임한다면 오히려 일자리를 창출해 낼 수도 있어요. '대박'까지는 아니더라도 지역에서 무

64

난하게 정착할 수 있다면 그것도 성공이라고 생각하고요.

말씀 중에 계속 '성실함'을 강조하시는 것 같네요. 특별한 이유라도 있나요? 경영을 하는 사람으로서의 경험 때문인가요?

그렇죠. 지역에서 채용을 해 보면 직장인으로서의 기본적인 성실성을 갖추지 못한 사람들이 되게 많아요. 좀 심하게 이야기하면 개판이에요. 언제까지 준다고 해 놓고 모른 척한다든지, 무단결근이라 전화하면 몸이 아파서 못 나온다고 뒤늦게 이야길 한다든지…. 더 문제는 여기 지역 사람이라 한 다리 건너면 다 아는 사이니까 잘못을 따끔하게 지적하기도 어렵다는 거예요. 관계를 깨뜨리면서까지 옳다 그르다 시비하기 힘들어요. 그러니까 '좋은 게 좋은 거다' 하고 그냥 넘어가는 경우가 대부분이죠.

제가 말하는 성실함은 정말 아주 기본적인 것들이에요. 도시의 직장인이라면 누구나 갖고 있는 기본적인 근무 윤리, 예를 들어 9시에 출근하고 6시에 퇴근하는 거죠. 그것도 여기서는 상식이 아닌 경우가 많아요. 그래서 도시에서 온 친구들이 일하는 거 보면 느낌이 확 달라요. 기본적으로 근태에 대한 개념이 있고, 공과 사를 구분할 줄 알고, 비즈니스 마인드도 있으니까요. 그런 의미에서 귀촌한 사람들이 지역주민에 비해 사무직에서는 확실한 경쟁우위가 있죠. 거기다 특별한 실력이 있다면 게임은 끝입니다.

단순히 '성실함=부지런함'이라 생각해서 왠지 시골 사람들이 더 성실할 것 같았는데, 직장생활에서 기본적으로 요구되는 것들이 의외로 시골 사람들에게는 익숙지 않군요. 그 외에 도시 사람들이 갖는 경쟁력이 뭔가요?

주로 머리를 굴리는 일들이죠. 디자인처럼 감각적인 일들도 그렇고요. 얼마 전 충북 제천으로 귀촌한 삼십 대 초반 친구들 일곱 명이 디자인 회사를 하나 창업했어요. 제게 찾아왔더라고요. 이 친구들 실력도 괜찮아 보이고 또

박형채 씨가 강조하는 성실함은 매우 단순하다. 정시출근,
이유 있는 결근이라는 도시 직장생활의 일상을 유지하는 것만으로도
시골에서 도시인들은 비교우위에 있다.

너무 기특하기도 해서 MOU 맺어서 우리 회사의 일감을 다 몰아줬어요. 물론 서울의 디자인팀이랑 비교할 건 아니지만 젊은 친구들이 시골에 왔으니까 미래를 보는 거죠. 사실 이 친구들, 한 2년 전까지만 해도 일거리 없어서 전전긍긍했대요. 그런데 이제 바빠서 자주 보지도 못해요. 그만큼 지역에서 자리를 잡은 거죠.

지역에는 좀 미안한 이야기지만 현지 실정을 얘기하면, 현지에서 채용한 직원들은 능력도 좀 달리고 성실성도 좀 달려요. 그러니까 도시인들이 최소한의 성실성과 실력만 갖추고 내려오면 자리는 얼마든지 있어요.

도시의 직장인들은 기본적으로 엑셀이나 파워포인트 정도는 다룰 줄 알잖아요. 그런 기본적인 사무 기술만으로도 시골에서 먹고살 수 있을까요?

물론이죠. 지금 말씀하신 기본 사무능력만 갖춰도 일할 데가 많아요. 단, 월급이 기대 수준보다 떨어지죠. 그래서 힘들 수 있어요. 여기는 여자 120만 원, 남자 150만 원 선이 기본입니다. 그 출발선 다음에는 자기 하기 나름이죠. 시골은 도시보다 생활비가 적게 드는 편이고, 또 부부 중 한 명은 농사나 다른 부업을 병행하는 경우가 많으니까 조금 아껴서 살면 충분해요. 물론 도시 사람들이 '만족'을 배우기까지는 시간이 좀 걸리지만요.

예전에는 제가 귀농전도사였어요. 거의 단양군 홍보대사였죠. 올지 말지 고민하는 사람들한테 "그냥 내려와라," "시골 죽인다!" "농촌에서 사는 삶이 최고의 삶이다" 그랬어요. 지금도 이 생각은 변함없는데 이제는 좀 조심스러워요. 기존 도시의 삶에 푹 젖어서 완전히 익숙해져 있는 사람들에게는, 제게 즐거움을 주는 시골 생활의 아름다운 부분들이 오히려 고통이 될 수도 있겠더라고요. 도시에서의 생활 습관을 바꾸지 않으면 소비 수준은 여기서도 그대로 유지되니까요. 반면에 벌이는 줄어드니까 결론적으로 예전 도시에서의 라이프스타일을 유지하기가 힘든 거죠. 처음에는 제가 그걸 몰랐어요.

직장인이나 경영자가 아니라 프리랜서로 활동하기에 시골은 어떤가요? 소득 감소를 각오한다면 프리랜서로 먹고살 수 있을까요?

기본적인 성실성과 실력을 가지고 있다면 프리랜서도 도시보다 먹고살기는 쉬워요. 여기서 '실력'이란 게 거창한 재능을 말하는 게 아니에요. 오히려 도시에서는 아무것도 아닌 재능이라도 시골에서는 보석이 될 수 있어요. 예를 들어, 제가 가진 장사 마인드는 사실 도시에 가면 아무것도 아니에요. ABC에 해당하는 기본 중의 기본일 뿐이죠. 도시에서 이 실력으로 장사했으면 망했을 거예요. 그런데 시골에서는 이런 평범한 능력도 보석이 될 수 있어요. 경쟁도 적을 뿐만 아니라 여러 가지 지원이나 혜택도 많으니까요. 도시에서 요만큼의 실력이 여기 와서는 이만큼의 실력으로 뻥튀기 될 수 있다는 거죠.

시골에 농부만 살지는 않는다

시골에서도 분명히 할 수 있는 게 많은데 왜 대부분 시골에 오면 농사를 지어야 한다고 생각할까요?

시골에서 할 게 그거밖에 없다고 생각하니까요. 다른 방식으로 생각해 보려 하지 않아요. 농촌 가면 당연히 농사? 누가 그래요. 단양에 농사짓는 사람들? 많지 않아요. 농촌 인구보다 저처럼 사업하는 사람들도 많고, 또 사무직으로 살아가는 사람이 더 많아요. 그런데 도시에서 봤을 때는 시골을 잘 모르니까 그냥 농촌 가면 으레 농사짓는다, 이렇게 단순하게 생각하죠. 가난에 대한 두려움도 한몫하는 것 같고요. 내가 지금 도시에서는 500만 원을 받고 있는데 시골에서 150만 원을 가지고 어떻게 살아갈까? 그런 금액의 절대 비교 때문에 아예 엄두도 못 내는 거예요. 아무리 귀농 교육을 받는다 해도 몸으로 직접 체득하는 거하고는 다르잖아요.

"이것저것을 구분하는 게 무슨 의미가 있나요.
각자의 자리에서 자신의 역할을 다하면 되는 거죠."

그리고 제가 볼 때 '농촌'이라는 표현도 잘못됐어요. 단양은 지방 소도시라고 하는 게 맞아요. 단양을 농촌이라고 하면 맞는 얘기면서도 틀린 얘기예요. 여기에서 다 농사만 짓고 살 수 없어요. 지방 소도시에서 별것 아닌 능력이나 재능으로 사업을 하거나 직장생활을 해도 충분히 잘 살 수 있어요. 경제적으로 조금 덜 윤택해도 오히려 도시에서 모든 걸 소비로 해결하는 것보다 여기에서 자족하며 살아가는 게 삶의 질이 더 높고요. 자꾸 농촌이라고 해서 농사, 농사만 생각하니까 더 두렵고 답이 안 나오는 거예요.

가만히 보니까 농사를 지으면 귀농, 농사를 안 지으면 귀촌이라고 하던데 귀농이니 귀촌이니 개념을 나누는 게 무슨 의미가 있나 싶기도 해요. 농사든 아니든 자신이 할 수 있는 일을 하면 되는 거죠. 사실 예전에는 제가 농사를 안 짓고 이렇게 유통업체를 운영하면서 시골에서 살아가는 것에 대한 약간 비겁한 느낌이랄까 주눅 드는 느낌이랄까, 그런 자격지심이 있었어요. 그런데 남의 일이 아닌 제 일을 하면서 만족하는 삶을 살게 되니 스스로 자신감이 생겼어요. 이것지것을 구분하는 게 무슨 의미가 있겠어요? 각자의 자리에서 자신의 역할을 다하면 되는 거죠.

생각의 전환이 필요하겠네요. 시골에서 농사가 아닌 일로 먹고살려는 사람들이 꼭 알아야 할 것들로 또 어떤 게 있을까요?

마을 사람들과의 관계를 항상 신경 써야 해요. 그러려면 조금 겸손할 필요가 있고요. 성실성과 능력은 뛰어난데도 불구하고 의외로 사람들과의 갈등 때문에 능력 발휘를 못하는 사람들이 많아요. 시골은 일단 자기 힘으로 농사를 지어서 먹고살기 때문에, 도시에 비해 권위나 계급에 대한 의식이 없어요. 그런 걸 모르고 자기가 도시에서 잘나갔다는 걸 과시하려는 분들이 많아요. 그러면 여기 분들의 반응은 "옛날에 뭐? 그래서?" 이러고는 무시하고 말죠. 지역에서 자리만 잡는다면 잘 활용될 수 있는 능력을 가진 분들도, 이런 문제로 미처 적응하지도 못하고 떠나는 경우가 많아요.

그러니까 일단 마을에 들어가면 낮은 자세로 배우는 게 좋습니다. 대부분의 문제는 짧은 시일 내에 자기를 드러내려고 할 때 생겨요. 시골 마을에서 가장 주된 화제가 뭘까요? 아무래도 농사 이야기죠. 고추 품종이 뭐가 좋다든지, 요즘 새로 나온 종자가 얼마라든지, 그런 게 주로 대화 주제예요. 그러니까 이런 커뮤니티에서 대화를 나누려면 어느 정도 농사를 지어 봐야 해요. 조금이라도 알아야지 이야기를 하고 대화에 낄 수 있죠.

오늘 시간 내주셔서 감사해요. 덕분에 막연했던 생각을 좀 더 구체적으로 할 수 있게 되었습니다.

한 10년 뒤에 다시 인터뷰하면서 "아, 제게 진짜로 재능이 있었습니다" 이럴 수 있다면 좋겠습니다. 하하.

조금만 마음을 열면 시골에도 도시인들이 할 수 있는 일들이 많겠구나, 도시에서 보잘것없는 재능이 시골에서는 보석이 될 수도 있겠구나, 하고 조금은 안심하게 되는 인터뷰였다. 박형채 선생님이 그 좋은 증거였다. 그는 도시에서 나고 자란 사람이었다. 소년 시절 심훈의 《상록수》를 여러 번 읽으면서 시골에 대한 막연한 환상을 품었다는데, 도시에 살 땐 쌀이 쌀나무에서 나는 줄 알았고, 전구 하나 갈 줄도 모르는 사람이었단다. 무엇 하나 특출하게 잘하는 게 없었던 그가 무작정 시골에 내려와서 자신의 작은 세계를 만들고 자신만의 이야기를 가지게 되었다면, 나도 한번 시도해 볼 수 있지 않을까?

지나치게 겸손한 측면이 있지만, 그는 자신이 가진 재능이 도시에서는 "기본 중의 기본이자 ABC"에 불과한 것이라고 했다. 또한 그는 "프로처럼 모든 기술을 완벽하게 구사할 수는 없겠지만 시골에서는 더욱 자신만의 장점을 적극적으로 활용해야 한다"고 이야기했다. '원석'은 보석에 비해 그 값어치가 현저히 낮은 것처럼 중요한 것은 재능의 크기가 아니라, 작은 재능이나마 어떻게 잘 활용하는가의 문제가 아닐까 싶다. 결국 보석의 가치는 정성스럽게 세공하는 과정에서 드러나는 것이다.

시골에서 새롭게 시작한다는 것은, 어딘가 깊이 숨겨져 있어서 지금껏 보지 못했던 자신의 재능을 새로운 시선으로 바라보게 되는 과정을 뜻하는 게 아닐까. 시골이라는 낯선 환경과 사람들 속에 자신을 과감히 던짐으로써 우리는 '새로운 나, 몰랐던 나'를 거듭거듭 발견할 수 있는 것이다. 여기가 아닌 다른 곳으로의 여행이 삶을 바꾸어 놓듯이 그렇게 '낯섦'은 또 다른 거울이 되어 나의 구석진 부분을 훤히 비춰 준다.

그러려면 우선 그 지역과 사람들에 적응하는 것이 무엇보다 중요하겠다. 자신이 살 지역의 유·무형의 정보와 정서를 체득하고, 자신이 가진 장점을 그와 적절히 접목시키는 것이야말로 재능이라는 원석을 세공하는 과정이 될 것이다. 어쩌면 지금의 박형채 선생님을 만든 것은, 그가 동네 아이들과 멱도 감고 산불방지대나 통계조사 등의 아르바이트로 소일하면서 보냈던 백수 시절이었는지도 모른다. 지역의 사람들과 소통하고 자연스럽게 그 일부가 됨으로써 그는 그의 잠재력을 꽃피울 토대를 조금씩 마련하고 있었던 것이다.

한편으로는 이런 의문이 들 수도 있겠다. 시골에 가서 농사를 안 짓고 도시에서 하던 '계산기를 두드리는' 일을 똑같이 할 거라면 굳이 시골로 갈 필요가 있느냐고. 글쎄, 겉으로는 비슷해 보이지만 알맹이는 다르지 않을까. 시골에서의 비즈니스는 무게중심이 '거래'가 아닌 '관계'로 이동한다. 사실 도시의 조직이 지닌 많은 문제는 대부분 규모가 너무 커지는 데에서 시작한다. 구성원이 늘수록 서로의 욕망은 얽히고, 익명성이 늘어 갈수록 삶은 무미건조해진다. 그러니 시골로 내려가 적정 규모의 공동체 속에서 자신의 세계를 구축하고 서로 마음을 주고받을 수 있는 정감 있는 관계를 회복해 가는 것은, 농사를 짓는 것만큼이나 즐겁고 가치 있는 일이 아닐까.

"생각은 크게, 시작은 작게(Think big, Start small)"라는 말처럼 그의 출발점은 단순한 예산 계획을 적은 작은 메모 한 장이었다. 오늘 저녁, 나만의 귀촌 계획을 간단하게나마 적어 보면 어떨까.

별것 아닌 내 재능이
시골에서는
빛날 수 있다

1 정착 초기에 아르바이트는 벌이가 될 뿐 아니라 시골의 정서를 이해하고 지역에 스며들기 위한 좋은 도구다. 면사무소, 홈페이지, 지역민들을 통해 정보를 얻고 적극적으로 자신을 알리자.

2 시골이라는 낯선 환경에 자신을 던짐으로써, 재능을 발견하고 소통법을 익힐 수 있다. 겸손한 자세로 지역민들과 소통하면서 나만이 가진 재능을 발휘할 수 있는 기회를 찾아보자.

   • 성공적인 귀촌 = 나만의 재능 × 현지 적응(소통)력

3 시골에도 기본적인 사무능력이 필요한 많은 직장이 있다. 필요하다면 도시인들의 강점인 '실력과 성실함'을 강조하여 일자리를 구해보자.

4 한번 적어 보자. 시골에서 차별화할 수 있는 나만의 강점과 경험은 무엇인가? 어떻게 그것을 시골에 특화하여 살릴 수 있을까? '종이 위에서' 구체적으로 생각해 보자.

시골에서라면
취미도 마음껏 직업으로

용형준·임주현   강원 원주, 목공 작업실 후가(hugga)

"좋아하는 일을 하면서
영혼을 팔지 않을 수 있어요"

3월 초, 차창 밖으로 스치는 강원도의 높은 산등성이에는 아직 곳곳에 잔설이 남아 있다. 평일 오전이라 원주로 향하는 길은 별다른 교통 정체 없이 원활했다. 오늘은 우연히 발견한 취미를 직업으로 전환해서 시골에서 마음껏 재능을 펼치며 살아가는 용형준, 임주현 부부를 만나 이야기를 들어 보려 한다. 우연히 잡은 칼 한 자루, 나무 한 조각이 이들의 인생을 통째로 바꿔 놓았다. 이 부부의 삶의 궤적을 보며, 중년에 번듯한 직업을 그만두고 취미였던 그림을 그리며 평생을 살았던 프랑스의 화가 폴 고갱의 삶과 이들의 삶이 많이 닮았다는 생각을 했다.

증권거래인으로 성공한 직장인 고갱은 35세에 프랑스 주식시장의 붕괴로 자신의 직업이 흔들리자 직장을 그만두고 취미였던 그림에만 전념했다. 흥미로운 점은 파리 중심부에 살던 그가 점점 더 외진 시골로 옮겨 갔으며, 급기야 프랑스를 떠나 타히티의 깊은 숲에서 원시인과 같이 생활하며 자신의 화풍을 완성했다는 사실이다. 강렬한 자연이 그의 재능을 일깨웠던 것이다. 용형준, 임주현 부부 역시 삼십 대 중반의 적지 않은 나이에 우연히 취미를 발견했다. 당시 용형준 씨는 15년 차 자동차 정비사로서 반복되는 일에 지쳐 가고 있었다. 어느 날 아내가 인테리어 잡지에서 나무 산타 인형을 보고는 무심

코 "나, 이거 하나 만들어 줄 수 있어?" 하고 물었다. TV를 보느라 흘려듣는 듯했던 남편은 며칠 뒤 퇴근길에 길에서 주운 나무 한 토막을 들고 왔다. 밤새 초등학생 때 썼던 조각칼로 깎은 나무를 본 아내는 기뻐하며 다음 날 목각인형에 색칠을 했다. 그날의 '작은 창작'이 불러올 삶의 변화를 당시에는 전혀 상상하지 못했다고.

그날 이후로 이들 부부는 목각인형에 빠져들었다. 남편이 새벽까지 나무인형을 깎아 놓고 출근하면, 다음 날 아내가 색을 입혀 생명력을 불어넣는 생활이 반복되었다. 판매할 목적이 아닌, 그저 과정이 즐거워 매일 하는 취미로 2년을 목각에 푹 빠져 지냈다. 국내에는 자료가 부족해 외국 사이트와 원서를 뒤져 가며 따라 해 보고, 각종 조각대회나 전시회를 통해 작품을 선보이면서 이들의 열정은 점점 깊어 갔다. 결국 이들은 살던 집을 전세 주고, 그 돈을 밑천 삼아 스웨덴으로 유학을 떠나기에 이른다. 3년 동안, 밤 10시면 학교 작업실 전기가 끊겨 다른 방에서 전기를 끌어오면서까지 시간 가는 줄 모르고 나무를 깎았다. 유학생활을 마치고 돌아와 원주 외각의 산 중턱에 집을 지었다. 우여곡절 끝에 완공된 집은 자그마한 주거 공간과 작업실로 이루어져 있다. 작업실 이름인 '후가(hugga)'는 스웨덴어로 '도끼로 나무를 찍어 내다'는 뜻이다.

어느덧 꼬불꼬불한 산길에 접어들어 그들의 작업실을 향해 올라가던 도중, 경사가 심한 데다 채 녹지 않은 눈 때문에 우리가 타고 가던 차로는 더 올라갈 수가 없었다. 결국 우리의 연락을 받은 용형준 씨가 지프차를 끌고 나왔다. 출고된 지 19년이 넘은 중고 갤로퍼란다. "예전에 자동차 정비 일을 해서 좋은 중고차를 알아볼 수 있었다"며 웃는 그의 얼굴에는, 자신의 삶에 만족한 자의 여유가 걸려 있는 듯 보였다.

뜻밖의 우연은 운명을 이끌고

어떻게 보면 산타 인형을 처음 깎아 본 그날 이후로 인생이 완전히 달라지셨어요. 그 전에 하고 있던 자동차 정비 일에는 얼마나 만족하고 계셨어요?

    용형준(이하 '형준') 돌아가신 제 아버지의 평생소원은 제가 고등학교 졸업하고부터 카센터를 차리는 거였어요. 그래서 대학에 실패하자 재수를 안 하고 자동차 학원에 접수를 했죠. 아버지의 간절한 소원이었고 저는 장남이었기에 별다른 선택의 여지가 없었어요. 정비 일을 열심히 배우니까 제법 잘하는 것 같더라고요. 그런데 한 15년쯤 하다 보니 매일 반복되는 일에 지치고 힘들어서 회의가 들기 시작했어요. 돌아보면 자동차 정비 일은 제 재능보다는 아버지의 바람을 채워 드리기 위해 했던 것 같아요. 다른 돌파구를 찾으려고 튜닝도 배워 보고 했는데 그것도 잠시뿐, 일에 대한 열정이 점점 식더라고요.

    그러던 중에 우연히 아내가 산타 인형(미국작가 낸시 토마스(Nancy Thomas) 작)을 잡지에서 보고 그걸 하나 깎아 달라고 한 거예요. 그 인형을 계기로 목각에 재미를 붙였고, 그게 답답한 현실의 분출구가 되어 주었어요. 당시는 목각을 해서 저희가 앞으로 먹고살게 되리라고는 전혀 생각하지 못했어요. 단지 답이 없어 보이는 현실의 스트레스를 푸는 취미 활동으로만 여겼죠.

'우연이 운명을 이끈다'는 말이 맞네요. 우연한 계기로 시작된 취미생활이 결국 두 분의 운명이 된 거니까요. 그런데 아무리 좋아하셨더라도 직장생활을 하면서 매일 몇 시간씩 나무를 깎는다는 게 쉬운 일이 아니었을 것 같아요.

    형준 그때는 조각칼이 손에 익지 않아서 목각 작업을 하다가 자주 다쳤어요. 붕대를 칭칭 감고 다음 날 아침에 출근을 하면 그 손으로 자동차 정비를 해야 해요. 볼트를 죄고 스패너를 돌리고 하다 보면 붕대 사이로 피가 계속 배어 나오죠. 그런데도 일 끝나면 집에 가서 후다닥 저녁 먹고 목각 작업을 했어요. 그만큼 좋아했던 것 같아요. 매일 아침 일어나면 목각 때문에 마음이 설레 더라고요. 어느 순간 '내가 정비를 할 때는 이렇게 설레지 않았는데…' 하는 자각이 들었어요. 그러면서 점점 목각이 내 삶에서 차지하는 비중이 높아지 게 되고, 결국 이쪽으로 옮기게 됐어요.

임주현(이하 '주현') 당시에 남편은 회사에서 돌아오자마자 나무를 깎기 시작 했어요. 저는 체력이 약한 편이라 보통 먼저 잠이 들곤 했죠. 한참 자다가 중 간에 깨서 나와 보면 문틈으로 불빛이 새어 나와요. 새벽 2시가 넘었는데 작 업을 하고 있더라고요. 지금 생각해도 남편이 너무 좋아서, 그냥 푹 빠져서 한 일이었어요. 다음 날 아침에 일어나서 남편은 회사 가고 저는 색칠을 해요. 칠 되어 있는 걸 저녁 때 남편이 와서 보면 감탄하고, 그렇게 서로 바통 터치해 가면서 재미있게 작업했어요.

그러다가 결국 직업이 된 거고요. 적지 않은 나이에 취미를 직업으로 바꾼다 는 게 쉽지 않은 일이었을 것 같아요. 단지 좋아한다는 이유로 누구나 뛰어들 수는 없는 노릇이니까요.

주현 지금 돌아보면 저희가 좋아서 여기까지 온 게 맞긴 한데, 오로지 저 희끼리만 좋아했다면 여기까지는 못 왔을 것 같아요. 주변 사람들이 집에 놀 러 와서 목각인형을 보면 '너무 예쁘다'고 감탄해 주고, 색다르게 봐 주시니까 용기를 내서 공모전에 참가할 수 있었던 거예요. 주변 사람들의 반응이 있었 으니까 더 몰입하게 된 것 같아요.

형준 저희가 유학을 갔던 스웨덴의 전통수공예 학교 '세테르글랜탄 (Sätergläntan)'에 출강하셨던 교수들이나 장인들을 보면, 그분들도 대부분 직 업이 따로 있고 취미로 목공을 하다가 나중에 전업으로 바꾸었어요. 예를 들 어 15년 동안 철도역에서 깃발 흔드는 일을 하면서 취미로 목각을 하다가 마 흔 넘어서 전업으로 하신 분이 계셨어요. 이분이 사실 스웨덴 목공 분야의 살

부부의 인생을 바꿔 놓은,

이들이 처음 깎고 색을 칠한 산타 목각인형.

이 작은 사건은 단지 우연이었을까.

아 있는 전설 3인방 중 한 분의 아들이에요. 어렸을 때 아버지를 보면서 '나는 목공 절대 안 할 거야'라고 다짐했는데, 아버지에게 물려받은 재능 때문인지 결국 이어받게 되었죠. 지금은 아버지와는 완전히 다른 스타일로, 세계적으로 인정받는 대가가 되었어요. 그분이 저희를 가르친 교수님 중 한 분이셨어요.

이건 하나의 예일 뿐이고, 사실 굉장히 다양한 방법으로 많은 사람이 취미를 직업으로 전환했어요. 중요한 건 꾸준히 자신이 좋아하는 일을 찾고 그 끈을 놓지 않는 일인 것 같아요.

유학 가기 전에 모 제과업체에서 주최한 공모전에 두 분이 출품한 작품을 봤어요. 인형들 표정이 굉장히 섬세하던데, 문외한인 제 눈에도 완성도가 높아 보였습니다. 아직 본격적으로 배우기 전에 그 정도였으니 재능이 있었던 것 같은데, 이전에는 나무 깎는 일을 해 본 적이 전혀 없었나요?

형준 목각은 한 번도 해 본 적이 없었어요. 다만 자동차 정비 일을 15년간 했으니 뭔가를 고치거나 공구를 다루는 것은 오랫동안 훈련이 되어 있었던 셈이에요. 직업적인 버릇 중 하나가 마무리를 잘 짓는 거예요. 정비하면서 점검하고 또 점검하고, 이런 게 철저해졌어요. 나무를 다룰 때도 수시로 도구의 날을 세워 두거나 하는 습관들은 여전히 남아 있어요. 몇 번이나 다시 확인하고 미리 갈아 두고 하는 게 도움이 되었죠.

그렇게 도구를 다루는 습관은 직접적으로 도움이 되지는 않았을 텐데요. 자동차 정비술의 굵직한 기술과 목공에서의 섬세한 표현은 다르지 않나요?

형준 사실 많이 다르긴 하죠. 그렇지만 손으로 볼트를 조이고 풀고, 부품을 섬세하게 다루는 일들은 칼로 나무를 다루는 일과 많이 닮아 있어요. 그렇게 보면, 목공 쪽으로 소질이 없진 않았던 것 같아요. 난생처음으로 산타 인형을 깎으면서도 '이것 참 재밌다'는 생각을 한 것만 봐도 그렇죠. 무언가 이유

없이 재미있다는 건 아무래도 그 일에 소질이 있다는 게 아닐까 싶어요.

　스웨덴으로 가기 전에 저는 오로지 인형만 만들었는데, 세테르글랜탄에는 사실 인형을 깎는 수업이 없었어요. 숟가락이나 나무 그릇 같은 생활도구와 가구들을 만드는 수업들이 대부분이었죠. 그런데 오히려 그것도 저희는 너무 재밌는 거예요. 인형을 만들어 내는 게 아니라, 나무를 깎는 그 느낌 자체를 좋아한 거죠.

삶의 방향을 발견하다

어떻게 유학길에 오를 생각까지 하셨나요? 보통은 동네 목공방을 기웃거리거나 전통 장인들에게 배우는 게 일반적인 순서일 것 같은데요.

　형준　그러니까 그때 슬슬 '덕후'가 되어 가는 중이었어요.(하하) 당시에는 너무 배우고 싶은데 국내에는 목각인형을 제대로 배울 수 있는 곳이 없었어요. 그래서 처음에는 외국 서적들을 사다가 책에 나오는 대로 따라 해 보며 독학으로 배웠죠. 그러다가 지푸라기라도 잡는 심정으로 책의 저자들에게 무작정 이메일을 보내면서 이곳저곳 알아본 거예요. 그중 한 분이 노르웨이 출신의 미국 대학교수였어요. 사실 그 교수 밑에서 직접 배우고 싶어서 이메일을 보낸 건데, 이분은 조각보다는 북유럽의 문화와 언어를 가르치는 비중이 크다면서 오히려 스웨덴의 전통수공예 학교를 추천해 주더라고요.

　그 교수님과는 아직까지도 인연을 유지하고 있어요. 정말 고마운 게, 타국에서 갑자기 날아든 메일 한 통에 장문의 답장을 꾸준히 보내 주며 저희를 이끌어 주었다는 거예요. 더군다나 메일을 보낼 때 제가 그분 교본을 따라서 해 본 작품들을 몇 점 사진을 찍어서 보냈더니, 깜짝 놀라면서 "당신은 내 걸 보고 따라 했다고 하지만 당신만의 새로운 스타일을 만들었다"고 칭찬을 해

86

주는 거예요. 그러면서 학교를 추천해 주었어요. "그 학교는 인형을 깎는 법을 가르쳐 주는 데는 아니지만 기본적으로 나무를 다루는 방법, 수공구를 다루는 법 등을 알려 줄 거예요." 이렇게 안내해 주었어요. 참 고마운 인연이죠.

아까 '우연이 운명을 이끈다'는 말, 오히려 '우연이 인연을 낳고, 그 인연이 운명을 이끈다'는 표현이 더 맞겠네요. 주변 반응은 어땠나요? 가지고 있던 집 전세금을 밑천 삼아 유학을 감행했을 때는 주변 걱정이 많았을 것 같은데요.

형준　그때 제 나이 마흔이었어요. 집 내놓고 유학 간다고 하니까 어느 누가 찬성하겠어요. 아내도 걱정이 되어서 처음엔 망설이더라고요.

주현　전세금으로 유학을 가려고 하니, 유학을 다녀온 후가 걱정이었어요. 당장 머무를 곳이 없어지는 셈이니까요. '다녀와서 뭘 하려고 해도 기본 자금이 필요할 텐데' 하는 생각 때문에 걱정이 되었죠. 뭔가를 만드는 건 좋은데, 사람들에게 판매한다는 게 쉽지 않은 일이라는 걸 알고 있었으니까요. 그런데 그렇게 걱정하면서도 믿음이 갔던 건 남편이 몇 년 동안 정말 좋아서 묵묵히 나무를 깎아 왔다는 사실이었어요. 그렇게나 푹 빠져서 했던 일이니까 제가 남편을 꺾지 못하리라는 것도 직감했죠. 사실 저도 매번 색만 칠하니까 직접 깎는 걸 배워 보고 싶기도 했고요. 그래서 유학을 하기 전에 먼저 그 학교에서 단기연수를 받아 보기로 결정한 거예요. 단기연수 기간에는 남편보다 제가 더 신나서 매일 야호! 하고 노래를 부를 정도로 푹 빠져서 배웠어요.(웃음)

그러셨군요. 단기연수를 가기까지도 흥미로운 일들이 있었다고요.

형준　사실 2주일 중 한 주만 학교의 단기연수 과정을 밟는 것이었고, 나머지 한 주는 저희가 좋아했던 조각가들의 박물관과 작업실을 방문할 계획이었어요. 예상 경비를 뽑아 봤더니 500만 원 정도였죠. 당시 저희에겐 그 정도 여유자금도 없었죠. 고민하고 있는데 신기한 일이 일어났어요. 때마침 열린

해태제과에서 주최했던
목각인형 공모전에
〈맛동산〉을 소재로 창작하여
부부가 출품한 작품.
잠든 아이 손에 들려 있는
과자의 유혹을 참지 못한 할아버지.
그런데 뒤를 돌아보는 이는
엄마가 아닌 험상궂은 아빠.
허걱!

국내 제과회사의 목각인형 공모전 소식을 우연히 본 거예요. 출품 마감일까지 시간도 빠듯했는데 워낙 간절했기 때문에 마음을 다해 작품을 만들었죠. 결국 금상을 받았는데, 상금이 딱 500만 원이었어요.(웃음) 정말 운 좋게 여행 경비를 마련할 수 있었어요.

임주현 선생님은 유학 가기 전에는 주로 색칠을 했지 나무를 깎지는 않으셨잖아요. 스웨덴에 가서 목각에 재미를 붙이신 게 신기하네요.

　　주현　처음에 저희는 목각인형만 만들다가 갔는데, 가서 보니까 그곳은 숟가락 만들기, 바구니 짜기 등 오히려 여자들이 좋아할 소품이 많더라고요. 학교에 진열되어 있던 작품들이 너무 예쁘고 매력적이어서 저도 자연스레 재미를 붙이게 되었죠. 처음 다루어 보는 도구들이라 생소했는데도 어설프게 조금씩 완성되어 가는 과정이 무척 재미있었어요.

　　제가 처음에 산타 인형을 발견했던 것도 인테리어 잡지였잖아요. 그러니까 그때에도 무언가 꾸미고 만들고 하는 걸 좋아했던 거죠. 가구 배치를 수시로 바꾸기도 했고요. 커튼 하나를 만들어도 미싱질보다는 오히려 손으로 한땀 한땀 바느질하는 걸 더 재미있어했어요. 손으로 만드는 것에 관심이 있으니까, 그날 남편에게 산타 인형을 만들어 달라고 했던 것 같고요. 남편은 제 덕분에 숨어 있던 재능을 발견할 수 있었다고 하는데, 사실 제 부탁을 듣고도 하지 않았더라면 아무 일도 일어나지 않았을 거예요. 오히려 남편 덕분에 제가 몰입해서 할 수 있는 일을 찾은 셈이죠. 어찌 보면 처음에는 제가 남편을 이끌어 재능을 볼 수 있게 한 거고, 나중에는 남편이 제 재능을 이끌어 준 거예요. 지금 생각해 보면 참 신기해요.

세테르글랜탄의 단기연수는 기대했던 만큼 좋으셨어요?

　　형준　수업을 받는 첫날에, 교수님 중 한 분이 칼 쓰는 걸 보고는 기가 막혀

서로가 서로의 재능을
이끌어 주었다고 말하는 두 사람.
마음을 움직이는 작품을 만드는 진정한 힘은
이런 겸손함과 애정에서
나오는 것이 아닐까.

서 둘 다 입을 다물지 못했어요. 너무 놀라서 나중에는 그분이 신으로 보일 정도였죠. 그리고 수업이 끝났던 마지막 날 밤에 제가 아내에게 이야기한 거죠. "여보, 우리도 저렇게 늙어 가면 어때?" 아내도 고개를 끄덕였고요. 그날, 그곳에서 저희 인생의 방향이 정해졌죠. 저렇게 나이 먹어서도 자기가 좋아하는 일을 하고 사람들에게 인정받는 모습을 보면서 우리의 노후도 그려 보게 되었고요. 그 단기연수의 수강생 대부분이 거의 오십 대 후반에서 칠십 대 정도였어요. 백발인 할아버지 할머니들이 둥그렇게 모여 앉아서 서로 깔깔거리며 즐겁게 나무를 깎는 모습이 너무 좋아 보이더라고요.

아무런 계획 없이 떠난 유학길

세테르글랜탄에 합격하는 데에도 뜻밖의 행운이 따랐다고 들었습니다.

형준 사실 단기연수를 가기 전에 그 학교에 처음 원서를 넣었을 때 거절당했어요. 담당 교수가 말하길, 수업이 대부분 스웨덴어로 진행되어서 스웨덴어를 모르면 입학이 안 된대요. 그래서 단기연수 때 그 교수를 찾아갔는데 마침 휴가 중이라 만날 수가 없더라고요.

연수 마지막 날 점심을 먹으러 학교 식당에 갔는데, 사람이 너무 많아서 2층에 올라가서 밥을 먹었어요. 그런데 웬 아주머니 한 분이 올라와서 합석을 해도 되겠냐고 묻는 거예요. 그러시라고 했죠. 동양인 두 명이 있으니까 궁금했던가 봐요. 이것저것 묻길래 자초지종을 설명했어요. 흥미롭게 이야기를 듣더니, "물론 스웨덴어가 중요하긴 하지만 그렇게 공부하길 원한다면 충분히 가능하다고 생각해요. 다시 한 번 원서를 넣어 보면 어때요?" 하더라고요. 나중에 합격하고 나서 봤더니 그분이 학교장인 거예요.(웃음) 스웨덴에는 담당 교수와 학교장이 오케이 하면 입학이 되는 제도가 있는데, 아마도 그 교장이 교수에게 이야기를 한 것 같아요.

하하, 간절하니 길이 저절로 열리네요. 한국으로 돌아와서 유학을 준비하는 과정도 쉽지 않았을 것 같아요. 두렵거나 망설인 적은 없으셨어요?

형준 정말 이상한 일인데요, 살면서 정말 중요한 선택을 해야 할 시점이 되면 반드시 옆에서 방해하는 일들이 생겨요. 스웨덴 유학을 결정한 뒤 한국 짐을 정리하고 있을 때 아는 교수님에게 연락이 왔어요. 두바이에 커다란 자동차 정비 공장을 세우는데, 그곳에서 직원 50명을 관리하는 팀장으로 저를 추천했다는 거예요. 아주 높은 연봉에다 집도 주고, 차도 주고, 복리후생도 엄청나게 좋은 조건이었죠. 저희는 이미 유학을 결정했고 이제 갈 일만 남았는데, 갑자기 그런 유혹이 오니 당황스럽더라고요.

주현 그 제안이 솔깃하긴 했어요. 유학 준비가 다 끝난 상태라는 걸 알면서도 괜히 남편에게 툭 던져 봤죠. "우리 두바이 다녀와서 유학 가면 어때? 거기 3년 일한 연봉을 모으면 유학비용 충분히 되잖아" 하고요.

형준 저는 경험으로 알고 있었어요. 결정적인 순간에 꼭 시험에 들게 하는 유혹이 있다는 걸. 그걸 잡으면 인생이 바뀔 거예요. 그런데 뭔가 하나 가슴이 헛헛하게 남은 상태로 살다가 죽겠죠. 어쩌면 남은 인생을 '텅 빈 인간'으로 살아갈지도 모르고요. 그걸 알고 있었으니까 그 제안을 정중히 거절하고 유학길에 오른 거예요. 유학 중에도 가끔씩은 '내가 지금 뭐 하는 건가' 불안할 때가 있었어요. 그럴 땐 하던 일을 잠시 멈추고 생각이 흘러가도록 가만히 내버려 둬요. 그러면 금세 다시 평정심을 되찾죠. 그렇게 마음을 바라보면서 내려놓는 게 중요한 것 같아요.

전세금을 빼서 간 거니까 당연히 불안했을 것 같아요. 유학 갔다 와도 돈을 벌 수 있는 길이 막막했을 테니까요. 그래도 유학을 떠나기 전에 돌아와서 무엇을 하겠다는 대략적인 계획은 있으셨죠?

　　형준　실은 계획이 거의 없었어요. 그냥 2년 동안 열심히 하다 보면 한국에서건 스웨덴에서건 뭐라도 꼬리를 물지 않겠나 싶었어요. 일단 기회가 주어졌으니 가자 싶어서 갔어요.

　　주현　이상하게 아무 계획이 없었는데도 앞으로 잘될 거라고 믿어지더라고요. 그동안 취미로 하면서 '준비된 사람이 기회를 잡는다'는 말을 절감했기 때문에 그랬던 것 같아요. 저희끼리 작업해서 블로그에 올렸는데 공모전에 나가게 되고, 그걸 계기로 서울에 있는 어떤 관장님을 만나게 돼서 전시회를 하게 되고, 이런 식으로 꼬리에 꼬리를 물고 기회가 오더라고요. 중간에 하다가 말았으면 몰랐을 텐데 꾸준히 하다 보니까 인생이 조금씩 펼쳐지는 것 같았어요. 무얼 바라고 한 게 아니라 그냥 좋아서 하다 보니 하나씩 문이 열리는 느낌이랄까요. 그래서 잘될 거란 막연한 믿음이 있었죠. 단기연수를 받으러 스웨덴에 갈 때에도 500만 원이 필요했는데 딱 그만큼의 상금을 받은 것처럼, 뭘 하든 열심히 배워 놓으면 분명히 기회가 올 거라는 확신이 있었어요.

　　형준　정말이에요. 매번 어떤 어려움에 처할 때마다 이상하게 다가오는 기회들이 있더라고요. 예를 들어 둘이 작업을 하다가 힘들어서 갑자기 기분이 다운될 때가 있어요. 당장 재료 사야 하는데 들어올 돈은 없을 때, "이래서 진짜 먹고살겠어?" 하는 말이 절로 나와요. 저희도 보통 사람이니까요. 둘이서 몇 시간 끙끙대다가 "에이, 모르겠다. 그냥 자자" 하고 자 버려요. 그런데 신기하게도 다음 날 아침에 주문이 들어오거나 난관을 타개할 좋은 아이디어가 떠올라요. 고민을 계속 품고 있어서 저희도 모르게 생각이 그쪽으로 드는 건지는 모르지만, 아무튼 적절한 시기에 전혀 생각지도 못했던 '거리'가 주어져요. 주문이 되었든 재정적인 것이든 그렇게 계속 연결이 돼요. 처음 산타 인형을 깎았던 2006년부터 지금 인터뷰하는 2016년까지 그 연결이 끊이지 않고 이어진 거예요. 저희도 주기적으로 우울하고 두렵고 불안한 감정에 휩싸이지

94

"주기적으로 우울하고 두렵고 불안한 감정에 휩싸이지만,
어느 순간 그걸 풀 수 있는 무언가가 주어지고
그래서 조금씩 돌파해 나가는 것이 10년째 계속되고 있어요.
만약 나무 깎는 일을 좋아하지 않았다면 못 버텼을 거예요."

만, 어느 순간 그걸 풀 수 있는 무언가가 주어지고 그래서 조금씩 돌파해 나가는 것이 10년째 계속되고 있는 거죠. 만약 나무 깎는 일을 좋아하지 않았다면 못 버텼을 거예요.

시골, 작업 중심의 단순한 삶

유학이 끝나고 왜 시골로 오게 되셨어요? 도시 근교에서도 작업장을 구해서 할 수 있지 않았나요? 판매에도 도시가 좀 더 유리할 것 같은데요.

형준 일단, 유학을 하면서 전세금을 다 써 버렸으니 집과 돈이 없었어요. 많이 막막해서 고민을 했는데 그때도 희한하게 기회가 오더라고요. 저희 이야기를 잘 아는 한 지인이 오산에 별장형 주택을 가졌는데 오랫동안 비어 있는 상태였어요. 그래서 저희가 들어왔다는 소식을 듣고는 "괜찮으면 작업장 겸 살림집으로 쓰라"고 하셨어요. 동시에 장인어른도 도와주셨고요. 지금 살고 있는 이 터는 장인어른께서 16년 전에 구입을 해 놓으셨던 건데, 그중 일부를 선뜻 내주시고 집 짓는 것도 많이 도와주셨어요. 그래서 오산의 별장에서 살면서 오가며 이 집을 짓게 되었죠. 여기로 온 것 역시 저희가 계획한 게 아니라 여러 사람의 도움을 통해서 우연히 오게 된 것이었어요.

주현 만약 아빠에게 도움을 안 받았다고 해도 시골에 살긴 했을 거예요. 저희는 주로 생목(生木)을 써서 작업해야 하는데 도시에서는 생목을 구하기 어렵거든요. 여기는 산 중턱이라 차로 몇 분만 가면 나무를 쉽게 구할 수 있어요. 물론 함부로 산에 있는 나무를 잘라 쓰진 않고, 주로 마을 분들이 겨울 땔감으로 장만해 둔 장작이나 간벌해 놓은 나무들을 써요. 산 주인의 허락을 얻어 저희가 직접 자르기도 하고요. 그렇게 생목을 어렵지 않게 구할 수 있다는 게 시골로 온 중요한 이유였죠.

생활비 부분도 컸어요. 아무래도 시골이다 보니 자연스럽게 지출이 줄어들어요. 도시는 문밖을 나서면 사고 싶은 것투성이고 사람들도 자주 만나게 되어 어쩔 수 없이 소비를 하게 되지만, 시골은 만남도 크게 줄고 배달 음식도 안 되니 자연스레 단출하게 살게 돼요. 물론 처음부터 소비를 줄일 계획으로 시골로 온 건 아니었어요. 작업 여건을 고려하고 둘 다 조용한 공간을 좋아해서 왔는데, 살아 보니 적은 지출로도 살 수 있는 곳이 시골이더라고요.

두 분에게는 시골이 작업에 더 유리한 조건이었네요. 둘러보니 집 주변에 땅도 좀 있으신 것 같은데, 농사는 안 지으세요?

주현 시골에 살아 보니까 부지런하면 굶지는 않겠다는 생각을 자주 하게 돼요. 작년에 조그만 텃밭에 이웃이 나눠 주신 모종만 심었는데 그거 조금 하면서도 버겁더라고요. 아직 농사는 엄두가 안 나요. 그런데 주변에 사시는 분들 보니까 작물들 말려서 그걸로 한겨울을 나시더라고요. 그걸 보고 마트에 가서 말린 작물들 가격을 보니 도저히 돈 주고는 못 사 먹겠어요. 남편은 "밭에다가 뭘 심으려고 하지 말자. 우리는 뜯어다 먹는 걸로 하자"고 해요.(웃음)

형준 저는 농사보다는 '채취'가 맞는 것 같아요. 시골로 오면서 아내에게 조건을 달았어요. "우리가 귀농을 하는 건 아니다. 우리는 우리가 잘할 수 있고 즐거워하는 목각 작업에 초점을 맞춰 일상을 작업 중심으로 살자. 먹고살기 위해 일부러 밭을 일궈서 무 심고 배추 심을 생각이면 나는 차라리 도시에서 작업하겠다"라고요. 저는 작업을 위해 일상을 최대한 단순하게 살고 싶어요. 시골의 삶은 단순화가 가능해요. 지금으로선 잘 짓지도 못하는 농사로 하루를 어지럽히거나 시간을 뺏기고 싶지 않아요. 저희가 좋아하는 작업을 최우선으로 하고, 남는 시간에 산책하면서 밤 떨어지면 밤 주워 오고, 다래 열리면 다래 따 오고, 때가 되어서 자연에서 얻어 오는 일은 하겠지만 일부러 땅을 일구지는 않을 생각이에요.

일상을 최대한 단순화하는 그들이지만,

작업 도구만큼은 다양하고 깐깐하게 갖춘다고.

"작업을 중심으로 하루를 산다"는 부부의 말이 와 닿는다.

처음에 이사 왔을 때, 마을 분들이 "뭐 하는 사람이냐"고 물으면서 농사는 어찌 지을지 물어보시더군요. 저희 상황을 말씀드리고 농사는 방울토마토나 깻잎 등 저희 먹을 정도만 간단히 심을 거라고 했더니 생각 잘했다고 하시더군요. 사람이 욕심이 있어서 농사도 처음에는 조그맣게 시작했다가도 나중에 점점 더 벌리게 된다고요. 오늘도 아랫동네 내려갔더니 마을 분 중 한 분이 덤프트럭으로 땅 450평을 갈아 놓으셨더라고요. "여기다가 뭘 심으시게요?" 물었더니 "이제 생각을 해 봐야죠" 그래요. 그분은 이제 발목을 잡힌 거예요. 그분도 주업이 농사일이 아니라 주말에만 오셔서 밭일을 하는데, 본인도 버거워하더라고요. 터를 만들어 놨으니 안 지을 수도 없죠. 그러다 보면 자칫 가장 중요한 일을 하지 못하게 돼요.

마음만 먹으면 '좋아하는 일'을 중심으로 일상을 재편하고 단순화할 수 있다는 게 시골의 또 하나의 매력이 아닐까 싶네요.

주현 여기 들어오니까 시간이 너무 잘 가요. 생활이 단순하니까 그런가 봐요. 조금 앉아서 작업하다 보면 밥 먹을 때가 되고, 저녁이 되어도 예전에 도시에 살던 것처럼 주구장창 앉아서 TV만 보고 있지 않게 돼요. 둘이서 산책하면서 작업 이야기도 하고, 생활 리듬이 작업에 맞춰서 자연스럽게 흘러가요.

그래서 보일러도 지열보일러로 선택했어요. 사실 많은 분들이 화목보일러를 추천해 주셨어요. 아무래도 저희가 나무 작업을 하다 보니까 거기서 나오는 남은 재료나 찌꺼기로 충분히 땔 수 있다고 추천해 주신 거죠. 그래서 화목보일러를 좀 알아봤는데, 그렇게 단순하게 생각할 문제가 아니더라고요. 화목보일러 하려면 어쨌든 땔감을 마련해야 하는데 그 시간과 노력이 만만치 않게 드는 거예요.

형준 저 아랫마을의 화목보일러 때는 집을 가 보면 집 주변에 나무로 성을 쌓아 놨어요. 하나씩 빼면서 쓰는데, 겨울 내내 장작을 패면서 지내죠. 그분들은 대부분 농부라서 겨울엔 농사일을 쉬기 때문에 괜찮겠지만, 저희에게는 시간을 잡아먹는 괴물이 될 게 뻔해 보였어요. 기름보일러도 안 한 이유는, 겨울에 눈이 오면 여기 산중턱까지 기름 배달이 안 돼요. 지열보일러가 가장 시간을 안 빼앗겠다 싶었어요. 결과적으로 너무 잘한 결정이었어요. 심지어 저희는 작업실도 지열로 했어요. 작업실 공간이 작으니까 화목보일러를 놓으면 공간도 많이 차지했을 거예요.

저희는 철저하게 작업 위주로 단순화해서 일상이 돌아가요. 그러다 보니 동네 분들에게 가끔 전화가 와요. "아직 위에 살고 있는가?"(웃음) 그만큼 작업하는 데 집중하느라 잘 안 돌아다녀요. 게다가 작업에 몰두하다 보면 시간이 금세 가는 것처럼 느껴지기 때문에 더욱더 삶을 단순화해서 핵심에만 집중하려는 편이에요. 저희에겐 먹고 자고 깎는 게 가장 중요한 일이죠. 예전에 소설가 이외수 씨가 "창작을 하는 사람은 도시에 살면 안 된다"는 말을 했던 게 기억에 남아요. 도시는 소비를 위한 공간이고, 시골은 창작을 위한 공간인 것 같아요. 저희도 여기 와서 경험해 보니까 정말 맞는 말인 것 같고요.

작업 위주의 하루 일과가 궁금해지네요.

형준 저희가 새벽형 인간은 아니에요. 알람은 6시 반쯤 맞추는데, 알람을 멈추고 일어나면 7시나 7시 반쯤 돼요.(하하) 아침 먹고 작업실에 가서 한참 작업하다가 늦은 점심을 먹죠. 그리고 다시 작업을 해요. 해가 떨어지면 특별히 일이 많지 않는 한 작업을 접어요. 자연광으로 보아야 나뭇결이나 색감을 제대로 볼 수 있으니까요. 보통은 7시 전후로 해서 끝내고 밥 먹고 TV나 영화를 봐요. 10시 전에 잠자리에 들고요. 이렇게 지내다 보니까 하루가 너무 짧게 느껴져요. 처음에는 하루 열두 시간씩 작업하기도 했는데 결국 탈이 나더라고요. 자연의 리듬에 맞추어 작업하려고 노력하는 편이에요. 하루 중 작업 시간 이외에는 차를 마시거나, 이야기를 나누거나, 서로 등을 맞대고 스트레칭을 하거나 산책을 하죠. 나머지는 작업에 집중해요.

아침 9시부터 저녁 7시까지면 그것도 결코 적은 시간은 아닌 것 같은데요. 주말에도 작업을 하는 경우가 있나요?

　　형준　저희는 딱히 정해진 주말이 없어요. 날을 정해 놓지 않고 둘 다 피곤할 때 "오늘 하루 쉴까?" 물어보고, 상대가 그렇다고 하면 쉬죠. 아침에 일어나면 핑계를 찾기도 해요. "아, 오늘 좀 피곤한데 당신은 어때?" 상대가 작업한다고 하면 괜히 옆에 가서 중얼중얼 구시렁대죠.(웃음) 언제 쉴지 날을 정해 놓지 않는 건 생목을 다루기 때문에 그렇기도 해요. 건조되는 시점, 칠을 하는 시점, 마르는 시점이 제각각이다 보니 그걸 딱 맞추기가 힘들어요.

　　주현　재밌는 게 "오늘은 진짜 좀 쉬자. 여보, 진짜 일하지 마?" 이렇게 철석같이 약속을 하고 느긋하게 집에서 시간을 보내다가도 오후가 되면 둘 다 좀이 쑤셔요. 결국에는 작업실 가서 몇 시간이라도 작업을 하고 오죠.

　　형준　이런 경우가 많아요. 집에 같이 있다가 사실 딱히 할 건 없는데도 "잠깐만 갔다 올게" 하고는 작업실에 가요. 가 보면 작업실 바닥에 나무토막이 하나 떨어져 있어요. 그럼 그거 주워서 탁자에 놓으려다가, 어느새 붙잡고 앉아서 깎고 있죠. 그러면 좀 있다가 상대방이 와서 "치사하게 혼자 작업하네" 하면서 눈 흘기고 구시렁거리다가 옆에 앉아서 같이 작업해요.(하하)

'살아 있음'을 경험하는 시간

아하하, 듣기만 해도 두 분의 모습이 그려져서 재미있네요. 무엇이 그렇게 작업장에 빨려 들어가게 하는 걸까요? 작업하면서 언제가 제일 좋으세요?

　　형준　그냥 순간순간이 좋아요. 좋아하는 음악을 틀어 놓고 작업을 하고 있

쉬자고 철석같이 약속하고도
어느새 작업실에 앉아서
함께 작업하곤 하는 두 사람.

다가도 서걱서걱 나무 깎는 소리를 귀로 듣고 있으면, 이런 순간이 언제 다가왔나 싶을 정도로 불쑥 기분이 좋아질 때가 있어요. 이렇게 작업 중간중간에 느끼는 행복감이 참 좋아요. 나무 깎는 소리를 섬세하게 들어 보면 왠지 편안하면서 향수 같은 게 느껴지는데, 그럴 때면 살아 있는 것 같아요.

그렇다고 해서 온종일 24시간 내내 행복하다는 건 아니에요. 엄청 통쾌하게 행복한 거, 그런 건 저희는 잘 모르겠어요. 그저 작업하는 과정 중에 일어나는 소소한 기쁨들, 작지만 지속적인 그 기쁨들이 좋을 뿐이에요. 커다란 행복감은 오래 못 가더라고요. 결과로서 '저거 이루면 참 좋겠다' 싶었던 것들도 막상 이루고 나면 잠깐 좋기는 한데 금세 다시 공허해져요. 큰 목표를 잡고 이루어 가는 것보다는, 일상에서 잠깐잠깐 느끼는 소박하지만 행복한 감정들이 저희에게는 더 소중해요.

방금 하신 말씀, 정말 공감이 가는 중요한 이야기네요. 그 이야기를 좀 더 자세하게 들을 수 있을까요?

형준 그게 의도적으로 "오늘은 나 진짜 행복하게 나무를 깎을 거야" 이렇게 마음먹고 시작하지는 않아요. 그런데 아무 의도나 계획도 없이 문득 그런 순간이 찾아와요. 목각인형 하나를 앞에 놓고 아무 생각 없이 깎으면서 앉아 있으면 말로 표현하기 힘든 어떤 순간이 다가와요. 바람이 살랑살랑 불고, 라디오에서는 좋아하는 노래가 흘러나오고, 햇살이 포근하게 들어오고… 이런 요소들이 딱 들어맞을 때 그때는 아주 짧은 시간이지만 잊지 못할 만큼 마음에 새겨져요. 행복한 순간이죠.

주현 그건 정말 '문득문득'의 순간들이에요. 날씨가 좋을 때는 문을 열어 놓고 작업을 하는데 문득 눈을 들어 밖을 보면 저 앞에서 파란 나뭇잎들이 하늘거려요. "오빠, 우리 정말 좋다. 그치?" 하죠. 그렇게 잠깐 쉬면서 내 리듬에 맞춰 작업할 수 있다는 것도 감사하고 행복한 일이에요. 또 작업이 다 끝나고 완성품을 손에 쥐어 볼 때 '음…' 하고 음미하면서 만족하는 순간이 있어요. '와… 어떻게 내가 이걸 만들었지?' 하는 생각이 들죠. 제가 해낸 것, 정확히 말하면 제가 저를 넘어선 것에 대한 자부심이랄까, 그런 게 있어요.

형준 사실, 지금 집에 있는 목각인형들 중에 지금 다시 깎으라면 못 깎는 것들이 많아요. 가끔 하나씩 들고 보면 '내가 이걸 깎았다고?' 하는 생각이 들 때도 있어요. 인형의 표정을 보면 칼이 0.1밀리미터만 잘못 들어가도 눈이 찢어지는 등 인상이 완전히 달라지는데요, 그렇게 극도로 세심한 작업들은 제가 굉장히 집중할 때 만들어져요. 그런 몰입의 순간에는 힘이 들지만 돌아보면 그 순간순간들이 정말 소중해요.

목각이라는 작업이 큰 나무토막에서 점점 깎아서 들어가는 건데, 어떤 작업이든 머릿속에 있는 형태를 잡아 가는 도중에 망칠 수도 있으니까 굉장히 불안한 마음이 계속돼요. 작업을 하면서도 부담이 되죠. 그런데 70~80퍼센트 정도 진행이 되어서 얼굴의 모양, 몸의 윤곽이 드러나기 시작하면 그때부터 희열감이 샘솟아요. '아, 드디어 보이기 시작하는구나' 하면서요.

제게 글쓰기를 가르쳐 주셨던 스승님은 그렇게 깊이 몰입해서 나를 잊어버리는 상태를 '뽕맛'이라고 표현하셨어요. 그 뽕맛 때문에 글쟁이들이 글에 미치는 거라고요.

형준 하하하. 절묘한 표현이네요. 저희도 그런 경험을 종종 해요. 예를 들어 종일 도끼질만 할 때도 있는데, 처음에는 좀 힘들어요. 그런데 어느 시점을 넘어서 흐름을 타기 시작하면 운동선수들이 느끼는 그런 희열의 순간이 와요. 그때는 몸에 뭔가 씌었다고 느껴질 만큼 신비로운 느낌을 받고 그 느낌이 쭉 지속돼요. 그런 경험도 참 좋죠. 그런 '뽕맛'을, 건강한 방식으로(웃음) 찾으려는 사람들이 결국 예술을 하는 게 아닌가 싶어요.

희열감에 사로잡혀 몰입하다 보면
어느새 나무토막은 생동감 있는 인형으로 살아난다.
목각은 나무에 영혼을 불어넣는 작업이다.

예술이 주는 그 희열감에 집중할 수 있는 환경이 시골이라는 생각이 드는데, 직접 살아 보니 어떠세요?

형준 시골이 누구에게나 정답은 아니에요. 다만 저희에게는 잘 맞는 삶의 방식이죠. 여기 찾아오시는 분들 중에 "나도 이렇게 살고 싶어요"라고 하는 분들이 많아요. 저는 그런 말을 들으면 덜컥 겁부터 나요. 겉모습만 잠시 보고 판단하면 안 되는데 사람들은 흔히 '무대 위'만 보고 쉽게 판단해 버려요. 시골의 생활방식은 저희에게는 맞는 방식이지만 다른 분들에게는 맞지 않을 수 있거든요.

제가 아는 한 작가는 도심의 복잡한 삶과 소음이 싫어서 작업에 몰두하겠다고 시골에 집을 지었어요. 그런데 오히려 너무 외롭고 심심해서 작업에 몰두를 할 수가 없다고 푸념하더라고요. 사람들 만나서 이야기 나누거나 문화생활을 누리는 걸 좋아하는 사람이었으니 시골이 잘 안 맞을 수밖에요. 다행히 서울에도 집이 있어서 다시 올라가 살면서 여기는 가끔 작업하는 용도로 쓰고 있다고 하시더라고요. 저희처럼 나무일을 해도, 자신의 성향과 잘 맞지 않으면 오히려 병이 나서 못 살아요.

그러면 어떤 사람이 시골로 내려와야 한다고 생각하세요?

형준 뭔가 '할 거리'가 있어야 해요. 그게 제일 중요한 것 같아요. 어딜 가든 자신이 몰입할 수 있는 무언가가 있어야 해요. 저희도 나무 작업을 안 하면 여기서 할 게 별로 없어요. 하루 중 대부분을 작업실에서 나무를 깎으면서 보내고, 그러고 나서 일주일에 하루 정도 주변 풍광을 둘러보면서 '야, 참 좋다' 하는 거지 365일 내내 자연 풍광이 아름답게 느껴지는 건 아니에요. 작업을 해 나가면서 기분 전환의 차원에서 잠깐잠깐 자연이 주는 휴식이나 편안함이 좋은 거지 지속할 거리가 없으면 금세 지쳐요. 아무리 좋은 것도 매일 보면 좋은 줄 모르는 법이에요.

좋아하는 일을 하면서 영혼을 팔지 않으려면

취미로 하던 목공이 이제 직업이 되었는데, 그러면서 작업의 의미가 변질된 것은 없으세요? 전업 하지 말고 그냥 '취미로 남겨 둘걸' 하는 후회를 하셨을 때도 있었을 것 같은데요.

형준 유학 가기 전에 취미로 하고 있을 때, 어떤 분의 소개로 가구 공장을 운영하는 분을 만난 적이 있어요. 그분이 저를 위아래로 훑어보더니 "뭐 하는 사람이요?" 묻더라고요. 자동차 정비사라 대답했더니 "차 고치는 게 빠를 텐데…" 하셨어요. 그분 말씀이 취미로 나무를 만지는 건 신선놀음같이 행복한 거다, 그런데 이게 생업으로 바뀌면 힘들어진다. 주변에서 단가는 얼마에, 납기는 언제까지, 거기에다 가격까지 후려치면 정작 일을 즐길 수 없다. 이렇게 조언하더라고요. 당시에는 몰랐는데 이제는 그 말이 이해가 가요.

그런데 자기가 정말 원하는 일을 하면 아무리 힘들어도 결국에는 그 일을 하게 되더라고요. 막을 수가 없어요. 애들 어렸을 때 부모가 못 이기는 것과 같아요. 아이들이 엄청난 철학과 신념이 있어서 고집을 피우는 게 아니라, 그냥 그 순간이 너무 좋아서, 부모의 호통을 무릅쓰고라도 어떻게든 하고 싶어서 생떼를 부리는 거잖아요. 당시 저희도 그랬던 것 같아요. 나무 깎는 일에 온통 마음을 빼앗겨서 전업으로 하지 않을 수 없었던 거죠.

소설가 헤르만 헤세가 노년에 "내 인생 최대의 실수는 취미를 직업으로 만든 것"이라 말한 게 떠오르네요. 취미가 직업이 되면 결과에 부담도 갖고 여러 가지 제약도 받으니까요. 두 분 역시 '돈이 되는 일'과 '좋아서 하는 일' 사이에서 갈등이 있을 것 같아요. 어떻게 해결하세요?

형준 저는 15년 동안 정비사로 재미없게, 의무감으로 일해 오다가 뒤늦게 좋아하는 일을 찾게 되었기 때문에 그 일로 생계도 해결할 수 있다는 게 천

만다행이라고 생각해요. 그래서 가능하면 이 소중한 일을 의무감 때문에 망치지 않으려고 하고요. 주문이 와도 저희가 만들어 놓은 것만 팔지 고객이 요구사항을 나열하는 것은 만들지 않아요.

　　주현 예를 들어 "저희 가족 사진을 드릴 테니까 그걸 그대로 입체로 깎아주세요. 돈은 얼마든지 드릴게요" 하는 분들이 몇 분 계셨어요. 그런 제안은 거절할 수밖에 없어요. 온갖 정성을 들여 만들어서 저희가 만족하는 결과를 얻었다 해도 주문하신 분의 기대치가 다를 수 있으니까요. 그래서 그런 주문들은 정중히 거절하고 그 시간에 저희가 즐거울 수 있는 걸 만들죠. 저희는 다량으로 만들지 않고 그때그때 만들고 싶은 것을 소량으로 만들어서 블로그에 올려요. 그러면 사람들이 보고 주문을 하죠. 주문이 오면 꼭 미리 말씀드리죠, "수공예 작업의 특성상 똑같은 작품이 나오기 힘듭니다. 사진과 똑같이 나오지 않을 수 있어요. 나무 재료에 따라 변형이 올 수 있고, 저희 기존 디자인을 변형하고 싶은 마음이 들 때도 있습니다" 하고요. 사실 듣기에 따라 굉장히 오만하고 불친절한 말일 수도 있는데, 오히려 고객들은 "세상에서 단 하나밖에 없는 거니까 더 좋은데요"라며 좋아해 주세요. 정말 감사한 일이죠.

블로그로만 판매하려면 먼저 블로그를 많이 알리는 게 중요할 텐데요, 홍보는 주로 어떻게 하세요?

　　형준 집사람이나 저나 무심할 정도로 홍보를 하지 않는 편이에요. 블로그에 한 달에 한 번 정도 글을 올리긴 하는데 그것도 게을러서 잘 안 하고요.

　　주현 저희가 블로그를 처음 시작했을 때 아는 언니가 답답해하면서 "어휴, 뭐해. 알려야지!! 파워블로거에게 연락을 해" 하더라고요. 그런데 그러고 싶지가 않았어요. 그렇게 해서 폭발적으로 주문이 는다고 한들 저희가 소화할 수도 없을 뿐더러, 그러면 같은 작품을 반복해서 하게 되고 부담감을 가지고 작업하게 될 거예요. 그러면 좋은 결과물도 얻지 못할 테고요. 그래서 언니에게 "언니,

"저는 15년 동안 정비사로 재미없게 일해 오다가 뒤늦게
좋아하는 일을 찾게 되었기 때문에, 그 일로 생계도
해결할 수 있다는 게 천만다행이라 생각해요.
그래서 가능하면 이 소중한 일을 의무감 때문에
망치지 않으려고 하고요. 저희가 즐거울 수 있는 걸 만들죠."

내가 아직 배가 덜 고픈가 봐" 하고 웃으며 넘겼어요.

혹시 어떤 계기로 많이 알려져서 주문량이 폭주하면 어떻게 하시겠어요?

　　형준　어휴, 저희는 소화 못해요. 아직까지는 만들 수 있을 정도만 주문이 들어왔어요. 주문량이 많아져서 하나의 제품을 여러 개 깎아야 할 때는 재미가 없어져요. 팔아야 한다는 생각 때문인지 저희가 추구하는 재미거리, 가령 순간순간 변하는 표정 같은 걸 내 의도대로 즉흥적으로 할 수가 없더라고요. 이래서 저희는 큰돈 벌 사람들이 못 돼요. 가끔 장 보러 갈 때 한 번씩 로또를 사기는 하는데요.(하하) 돈은 그쪽에서 한번 노려보는 걸로 하고, 이 일은 그냥 재미있는 일로 남겨 두려고요. 전기세나 식비처럼 저희가 생활하면서 나가는 고정비 등을 마련할 수 있는 정도의 일만 꾸준히 할 수 있으면 만족해요.

　　주현　저희는 고객들이 하나 구매해서 써 보신 다음에 "정말 좋던데요" 하면서 재구매할 때가 제일 기분이 좋아요. 많이 안 알려져도 좋으니까 꾸준히 저희 걸 좋아해 주고 사는 분들이 많아졌으면 좋겠어요. 이걸 해서 돈을 벌려고 했으면 아마도 다른 일을 선택했겠죠. 돈보다는 하고 싶은 일을 하려고 선택한 거니까, 사실 주문 하나라도 해 주시는 게 저희로선 너무 감사할 뿐이에요

'뜻하지 않은 우연'을 즐기는 창작

블로그에 올린 것들을 똑같이 다시 깎는 작업도 많을 텐데, 새로이 창작하는 작업과 기존 작품을 재작업하는 것의 시간 배분은 어떻게 되나요?

　　형준　그걸 딱 정해 놓지는 않아요. 창작을 할 때는 아주 유연하게 하거든요. 그냥 '창작거리'가 보일 때 시작해요. 내 눈에 보이는 모든 것들, 예컨대 TV에서 본 조각품, 놀러 갔다가 우연히 본 불상, 산책하다 얻어걸린 특이한 모양

의 나무들… 이런 거리들이 생기면 메모지나 휴대폰에 아이디어를 써 놓아요. 그리고 작업실에 와서 그 아이디어에 맞는 나무토막이 있는지 살펴보죠. 만약에 있으면 도끼부터 들고 일단 시작해요. 물론 그러다가 의도한 대로 잘 안 나오기도 하죠. 그런데 자세히 보면 그건 그것 나름대로 좋은 작품이 되는 경우도 많아요. 그래도 아쉬우면 나중에 새 나무토막으로 다시 작업하면 되고요. 구체적인 계획이나 스케치 없이 즉흥적이고 유연하게 해요. 아주 대강의 스케치를 그리는 경우도 있지만 꼭 그것대로 따라가지도 않아요. 하다가 변형되면 그 변형조차 새로운 창작의 소재가 되거든요.

저희는 무엇이든 '잘못 깎았다'는 게 없어요. '깎았는데 다르게 깎았다'죠. 처음에는 문손잡이로 생각하고 만들었는데 다음 날 자고 일어나서 목걸이로 바뀌는 경우도 있었어요. 그래서 일부러 뒤집어 보고 삐뚤게 보고 다르게 보려고 노력해요. 자고 일어나면 머릿속에서 퍼즐 맞추듯이 맞춰지는 경험들을 자주 하기도 하고요.

주현 그런 식으로 뜻하지 않게 우연히 찾는 경우가 많아서 목각 작업이 재밌는 것 같아요. 가구 목공과는 다른 재미죠. 가구는 설계를 아주 치밀하게 하고 그것에 맞추어 오차 없이 작업해야 해요. 그건 저희한테 잘 안 맞더라고요. 인형을 깎을 때에는 의도하지 않은 힘 조절이나 생각지도 못한 옹이가 튀어나오거나 갑자기 쪽이 떨어져 나가면, 그때 '아, 이거 어떻게 하지?' 하면서도 금세 다른 쪽으로 방향을 틀 수가 있어요. 기능적으로 문제가 없으면 얼마든지 바꿀 수 있는 여지가 많죠. 딱 틀에 맞춰서 해야 하는 게 아니기 때문에 작업이 재미있는 반면, 가구 제작은 처음부터 계획한 그대로 좇아가야 하니까 저희는 흥미가 떨어졌던 것 같아요. 그래서 가구는 잘 안 만들고, 가끔씩 만드는 의자나 선반들도 자세한 설계도면 없이 전체적인 치수나 스케치만 가지고 시작해서, 도중에 저희 눈에 가장 좋아 보이는 형태로 바뀌 나가곤 해요. 저희는 이렇게 유동적이고 변수가 많은 게 좋아요.

그들 작품은 모두 주문 제작이 아니다.
가끔씩 만드는 의자 하나도 도면 없이 그저 그들 눈에
좋아 보이는 대로 손이 움직여 완성된 것이다.

기능인과 예술가의 차이가 바로 그런 유연성에 있지 않나 싶네요. 블로그에 보니 스스로를 '나무 작가'라고 부르시는 것 같던데, 무슨 의미인가요?

형준 저희가 '장인'은 아니잖아요. 장인은 몇십 년간 대를 이어 가면서 한 가지를 하고 그것에 대해 속속들이 아는 사람이죠. 작업을 할 때 꼭 지켜야 할 철칙도 분명하고요. 그런데 저희는 그런 철칙에 얽매이지 않고 조금 더 유연하게 하고 싶어요. 그렇다고 해서 '목수'는 또 아니죠. 물론 나무를 다룬다는 의미에서는 맞지만, 국내에서 목수라고 하면 보통 집을 짓거나 가구를 만드는 사람을 생각해요. 그래서 저희는 '나무 작가'라는 말을 좋아해요.

그야말로 나무 작가예요. 나무를 가지고 무엇이든 만드는 사람. 가구가 될 수도 있고, 인형이 될 수도 있고, 주걱이나 숟가락이 될 수도 있어요. 저희가 '재미있고 가능성이 있다'고 생각하는 모든 '거리'들을 해 보자는 거예요. 기본적인 지식과 테크닉을 아니까 무엇이든 응용해서 만들 수 있고요.

이전까지는 각자의 역할이 있어서 따로 생활했지만 유학 시절부터는 늘 함께 같은 일을 해 오고 계시잖아요. 그 몇 년 동안 두 분 관계에는 어떤 변화가 있었나요?

형준 아무래도 계속 작업을 함께하다 보니까 작은 싸움들을 더 자주 하게 돼요. 작업을 하면서 서로에게 의견을 주곤 하는데 상대방은 그걸 간섭으로 느끼기도 해서 초기에는 많이 다퉜죠. 지금은 경험이 쌓여서 그게 '틀렸다'가 아니라 '다르다'는 입장에서 자신의 의견을 말한다는 걸 알게 되었어요. 같은 길을 걸어가니까, 부부이면서 동시에 작업 동료이자 스승이기도 해요. 이제는 그야말로 '같이 가는 사람'이 되었어요.

주현 스무 살에 만나서 7년을 연애해서 결혼했는데, 남편은 전형적인 남자고 저는 천상 여자라서 연애할 때도 자주 다퉜어요. 한번 싸우면 오래가는 편이었고, 결혼해서도 그렇게 살았어요. 그런데 같은 일을 하면서 늘 함께 붙어 다니다 보니까 싸우고 나서 화해하는 속도나 방법이 많이 달라졌어요. 시골로 내려온 후부터는 장도 같이 보러 다니고 물건 부치러 갈 때도 같이 나가게 되고, 어딜 가도 한 몸처럼 붙어 있다 보니 대화할 시간도 많아져서 더 가까워진 것 같아요. 게다가 둘이서 작업하면서 서로의 생각을 나누고 관여할 수 있다는 것도 참 좋아요. 제가 미처 못 본 걸 남편이 "이거 이렇게 하면 되겠네?" 했는데 "진짜, 이거 좋네!" 하는 경우가 많거든요. 그렇게 동료이자 동반자가 된 것 같아요.

아까 스웨덴 단기연수 시절에 "나무 깎으면서 함께 늙어 가자"고 말씀하셨다고 했는데, 구체적으로 앞으로는 어떻게 살아가고 싶으세요?

형준 얼마 전에 한 대학 교수님이 연락도 없이 찾아오셨어요. 명함을 받아 보니 철학과 교수님이더라고요. 그런데 그분이 대뜸 "돈을 벌려면 이렇게 하면 안 되지 않아요?"라는 말로 시작하시더니 한참을 저희에게 경제학 강의를 하고 가셨어요. 철학과 교수님이셨는데요.(웃음) 글쎄요. 그분은 생산성에 대해서 말씀하셨는데, 저희는 높은 생산성을 원하는 게 아니거든요. 저희는 많이 만들어 많이 팔고 싶지 않아요. 저희가 좋아서, 힘껏 몰입해서 만든 것을 알아봐 주시고 구매해 주시면 감사할 뿐이에요. 그걸로 먹고살 수 있으면 더 할 나위 없고요. 배불리 먹기 위해서 일을 더 크게 벌리는 것은 생각하지 않으려고요. 그렇게 소박하게 사는 게 저희 부부에게 가장 맞는 삶의 방식이라는 걸 이제는 알거든요. 저희가 감당하지 못할 만큼의 주문은 저희에게 행운이 아니라 짐이에요.

앞으로의 삶은… 정말 스웨덴에서 만난 교수님과 할머니, 할아버지들처럼 나무를 깎으면서 함께 늙어 가고 싶어요. 그 마음 변함이 없어요. 저는 예전부터 '메탈리카'라는 밴드의 팬이었어요. 그런데 〈리로드(reload)〉 앨범부터 이 밴드의 색깔이 완전히 바뀐 적이 있었어요. 그때 많은 팬들이 '배신이다'

시골로 내려온 후부터는
한 몸처럼 붙어 있게 된 그들.
오히려 싸우지 않고 대화하는 시간이 많아지고
마음으로도 더 가까워졌다고.

하면서 매도했죠. 그런데 지금은 그들이 왜 그랬는지 이해가 가요. 자기들끼리 그냥 좋아서 이것저것 음악적인 실험을 해 본 거예요. 지금 와서 들어 보면 그 앨범의 곡들도 참 좋아요. '아, 이런 느낌을 내기 위해서 한 거구나' 하고 공감도 되고요. 지금 저희가 하는 작업도 10년 정도 지나면 완전히 색깔이 변해 있을 수 있어요. 사람들이 "야, 애네들 변했네" 할 수도 있겠죠. 그럼에도 불구하고 저희는 늘 실험하며 살고 싶어요. 늘 변화하기 위해 꾸준히 노력했다는 걸 훗날에라도 사람들이 알아주시면 감사한 일이고요.

오늘 두 분의 이야기를 들으니 그동안의 몇 년이 직업적인 전환뿐만 아니라 인생의 가치관이나 삶의 방향성마저 완전히 바뀐 시간이었네요. 정말 잘 들었습니다. 마지막으로 귀촌하려는 사람들에게 한 말씀 조언해 주신다면요.

형준 무엇보다 자기가 좋아서 집중하고 몰입할 '거리'가 있어야 해요. 남들 한다고 따라 하는 건 실패하는 지름길이고요. 치밀하고 세부적인 귀촌 계획을 세우는 것도 중요하지만, 내가 좋아하고 몰입할 수 있으며 재능도 있는 확실한 한 가지 거리를 찾는 게 훨씬 중요한 일이에요.

그 거리를 찾아서 귀촌 결정을 할 때에는 마음을 잘 들여다보라고 권하고 싶어요. 제 경험상 어떤 대단한 이론이나 이성적인 사고의 결론으로서가 아니라, 직관에 따라 결정했을 때가 옳은 결정인 경우가 많더라고요. 직관이라는 게 거창해 보이지만 대단한 게 아니에요. 어떤 상황에 맞닥뜨렸을 때, 결정하기 전부터 이미 마음은 어딘가로 기울어 있어요. 그게 바로 저희가 생각하는 직관이에요. 대부분 그게 맞더라고요. 결국 마음의 이야기에 귀를 기울이고 그것을 따라 사는 것이 행복해지는 비결이라 생각해요.

　　　　　어슴푸레 붉어 오는 서쪽 하늘을 바라보며 돌아오는 길에 왠지 마음이 설레었다. 그래, 거창한 목표나 계획 없이 그저 자신의 마음을 따라 살고 싶은 대로 사는 것, 한 번쯤 인생을 한 편의 시(詩)처럼 느끼며 살아 보는 것, 그거 참 멋진 일 아닌가. '무얼 해도 굶어 죽기는 어려운' 시골에서라면 한 번쯤 시도해 볼 만한 일이 아닌가, 이런 생각을 하니 답답했던 마음에 한 줄기 청량한 바람이 일었다.

　　용형준, 임주현 부부의 이야기에 놀랐던 것은, 그들의 삶이 신화학자 조셉 캠벨의 이론과 꼭 들어맞는다는 사실이었다. 그는 전 세계의 신화들이 공통적인 패턴을 갖고 있음을 발견하고 이를 '영웅의 여정(Hero's Journey)'이라는 모델로 체계화했는데, 이 부부의 인생 이야기가 그 패턴과 거의 흡사했던 것이다. 캠벨은 전 세계 신화들이 우리에게 "자신의 희열을 따르라(follow your bliss)"고 주문하고 있음을 밝힌다. 이 희열감을 따라간다면 필연적으로 처음에는 순탄치 않은 시련을 경험하게 된다. 하지만 이 또한 자신의 기쁨으

로 지혜롭게 이겨 낼 수 있으며 마침내 새로운 삶을 펼쳐 내게 된다. "그냥 좋아서 하다 보니까 하나씩 문이 열리고 삶이 펼쳐지더라"라는 부부의 말이 소름 돋게 감동적이었던 것은 그 때문이었다.

캠벨이 말하는 희열감(bliss)이란 구체적으로 뭘까? 이 부부가 나무를 깎으면서 순간순간 맞이한다는 "몸에 뭔가 씌었다고 느껴질 만큼 신비로운 느낌"이나 "잊지 못할 만큼 마음에 새겨지는 순간"들이 바로 그것일 테다. 온전하게 현재에 '살아 있다'는 느낌, 몰입하는 과정에서 대상과 혼연일체가 되면서 '나'의 경계가 흐릿해지는 무아(無我)의 경지.

오늘 인터뷰를 통해 '나'가 사라진 여백은 그저 텅 빈 것이 아니라 심오한 기쁨으로 채워진다는 것을 확인할 수 있었다. 법정 스님은 이를 '텅 빈 충만'이라 표현한 바 있다. 몰입이 깊어질수록 자아는 사라지는 동시에 존재감은 고양되는 것이다. '마음을 비우면 오묘한 일이 일어난다'는 뜻의 '진공묘유(眞空妙有)'라는 말이 생각을 스친다. 나는 단지 문자로만 알고 있는 이 개념을, 이 부부는 직접 매일매일의 체험으로 살아 내고 있다는 사실이 놀라웠다.

어쩌면 이들 부부의 이야기는 누구나 따라 할 수 있는 보편적인 이야기는 아닐지도 모른다. 우리들 대부분은 자신이 무엇을 좋아하는지조차 알지 못한 채 살아가니까. 그럼에도 불구하고 우리 모두는 팍팍한 일상 속에서 불쑥 나타나 우리에게 행복감을 안겨 주는 것이 무엇인지는 어렴풋이 알고 있다. 누군가는 그림을 그릴 때 충만감을 느낄 것이고, 또 누군가는 커피를 내리거나 차를 마실 때, 산책을 하거나 자전거를 탈 때, 책을 읽고 글을 쓸 때 은근한 행복감을 느낄 것이다. 복잡한 도시에서 차마 엄두가 나지 않는 그 일을 시간이 조금은 느리게 흐르는 시골로 가져와 보면 어떨까. 한 가지 '거리'에 오롯이 몰입하는 단순한 일상이 가능한 시골이라면, 그런 살아 있음을 느끼며 자족하며 살 수 있지 않을까.

취미생활,
시골에서 직업으로
마음껏 하려면

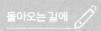
돌아오는 길에

1 마음의 이야기에 귀를 기울이고, 그것을 따라 삶을 실험해 보자. 지나치게 계획하지 말고 좋아하는 일에 푹 빠져 삶의 리듬에 몸을 맡겨 보자.

2 모든 창조자에게 시골이 최적의 대안은 아니다. 내 성향과 생활방식을 돌아보고 결정하자. 다만 시골은 단순하게, 철저히 작업 위주로 살 수 있는 공간임에는 틀림없다.

3 가장 중요한 선택의 순간이 되면 반드시 유혹하거나 방해하는 일들이 생긴다. 내 '첫 마음'을 들여다보며 그 사건의 의미를 헤아려 보자.

4 일상을 복잡하게 만들지 않도록 조심해야겠다. 농사나 땔감, 사소한 관계 때문에 가장 중요한 본질이 흐려지지 않도록 주의하자.

5 세상의 요구에 맞추지 말고 '나의 요구'에 충실하자. 그때에 일은 놀이가 되고, 구매자는 마니아로 바뀔 것이다.

6 작업의 결과보다는 작업하는 과정 중에 일어나는 소소한 기쁨들에 주목하자. 내게 희열감을 주는 순간을 찾아 그것 안에 머물자.

평범한 주부의 일로
시골에서 사업하기

송남이   경남 밀양, 밀양 구배기 된장

“첫 마음만 잃지 않으면

성공할 수 있어요”

그녀가 장을 담기 시작한 것은 우연이었다. 남자 형제들 틈에서 자란 탓인지 원래 부엌일에는 큰 관심이 없었다. 그런데 남편이 사업을 할 때 공장 직원들의 식사에 필요한 된장을 만들기 위해 메주를 끓이게 되었다. 직접 해 보니 장 만드는 과정에서 조금씩 재미가 생겼는데 더군다나 맛도 좋았다. 그러다 IMF 외환위기 즈음 남편이 사업을 접게 되자 본인이 잘할 수 있는 일을 해 보자는 마음으로 된장을 조금씩 만들어서 판 것

이 현재 〈밀양 구배기 된장〉의 시작이었다.

　그녀의 된장 제조장에는 자동화 기계가 없다. 오로지 가마솥과 수작업을 통한 옛날 방식으로 장을 만든다. 매년 11월이 되면, 20여 일 동안 가마솥에서 콩을 삶아서 자루에 넣고 동네 아낙들과 함께 일일이 발로 밟아서 메주를 만든다. 첨가물도 일체 없다. 근처에서 재배한 콩으로 만든 메주와 신안 천일염으로 간을 맞춘 정제수로만 된장을 만든다. 된장과 간장은 3년을 기다려야 소비자들이 맛볼 수 있다. 항아리에서 3년 이상 숙성된 것만 제품으로 판매하기 때문이다.

　도시에서 평범한 주부로 살아가던 그녀는 어떻게 시골에서 장을 만들어 팔게 된 것일까? 최첨단 공장에서 자동화된 공정으로 만드는 된장, 고추장이 일반화된 시대에 100퍼센트 재래식 방식을 고집하는 이유는 무엇일까? 한 달이면 뚝딱 만들어져 마트에 진열되는 '속도의 시대'에 간장을 3년, 5년씩 숙성하는 이유는 또 뭘까? 인터뷰 전부터 여러 질문들이 머릿속을 가득 채웠다. 어쩌면 그녀를 만나기 전부터 우리는 이미 '설득당할 준비'를 하고 있었을지도 모르겠다.

　송남이 선생님을 만나기 위해 굽이굽이 시골길을 돌아서 경남 밀양의 어느 산골짜기에 다다랐다. 비록 날은 흐렸지만 낮은 지붕의 시골집과 옹기종기 모여 있는 장독대들이 포근하게 우리를 맞아 주었다. 인터뷰를 진행할 때마다 산봉우리를 하나씩 오르는 기분이 든다. 크고 작은 산들이 저마다 다양한 생명을 품고 있듯 한 사람을 만나면 또 다른 인생 이야기가 펼쳐진다. 오늘은 또 어떤 삶의 풍광을 만나게 될까? 집 앞 마당에서 그녀를 기다리면서 괜스레 마음이 설렜다.

'있는 대로, 생긴 대로' 사는 시골의 삶

원래 부산에 계셨다고 들었습니다. 어떻게 이곳 밀양으로 오시게 된 건가요?

원래 나이 들면 시골에 와서 살려고 했어요. 나는 도시에서 잘해 놓은 집도 안 부럽고, 초가집에 요강 단지 하나 놓고 그릇도 없이 살림도 없이 그냥 단출하게 살고 싶었어요. 텃밭 정도 지어서 먹을 것 좀 해서 먹고, 이런 걸 좋아하는 편이라서⋯ 그래서 친구하고 둘이서 집 보러 진짜 많이 다녔죠. 당시에 여기는 길에 차 한 대 겨우 들어올 수 있을 정도로 오기 힘들었고 밖에서는 동네가 있는 줄도 모를 정도였어요. 그런데 나한테는 딱 내가 생각했던 그런 시골집처럼 느껴지는 거예요. 1997년에 이 집과 터를 사서 계속 왔다 갔다 하다가 아예 시골로 온 지는 이제 5년 됐어요.

막상 시골에 와서 살아 보니 불편한 건 없으세요? 생각보다 좋은 건 뭔가요?

가까이에 가게가 없다는 것 정도인데, 사실 차를 운전하니까 그리 불편하진 않아요. 좋은 건 마음이 편하다는 거. 시골에 살면 마음이 편안해요. 근심 걱정 해 봤자 부질없다는 걸 자연스럽게 알게 되더라고요. 차 타고 나가 보면 다들 뭔가 바쁜데, 나는 여기 이렇게 앉아 있으면 큰돈은 없어도 마음이 편안해요. 자기가 일할 수 있으면 남한테 아쉬운 소리 할 필요도 없고요. 시골 일은 정년이 없잖아요. 누구를 원망할 필요도 없고요. 내가 힘이 들고 게을러서 못한 거지, 하늘은 똑같이 비를 내려 줬고 같은 사계절을 줬거든요. 자연이 주는 환경에서 순응하며 살다 보니까 내가 애쓴다고 다 되는 게 아니라는 걸 알게 돼요. 안 되는 건 안 되는 거니까, 긍정적으로 내가 지금 여기에서 할 수 있는 게 뭔가를 생각하게 되죠.

도시 사람들은 자기도 모르게 비교를 하잖아요. '저 사람이 장사로 대박 나서 돈을 많이 벌었는데 나는 어떻게 대박을 치지?' 이렇게요. 또 직장에서는

"시골 일은 정년이 없잖아요.
누구를 원망할 필요도 없고요.
시골은 그냥 있는 대로.
자기 생긴 대로 그렇게
마음 편히 살면 되는 것 같아요."

내가 아무리 잘해도 옆 동료가 해코지하기도 하고 상사가 공을 가로채기도 하잖아요. 그러다 보면 잠을 못 자고 병이 나고요. 그런데 시골에 오면 내 노력이 50이고 하늘이 주는 게 50이에요. 제때 밭 갈고 씨앗 뿌리고 거름 하면 나머지는 하늘에서 해 주는 거니까 남을 안 부러워하지요. 하고 싶으면 땅 빌려서 농사 더 지으면 돼요. 군이 배 아파할 이유가 없죠. 그래서 마음이 편해요.

시골 삶에 굉장히 만족하시는 것 같은데, 남들과의 비교에서 벗어나 마음이 편안해진 것 말고 또 어떤 즐거움이 있을까요.

시골에 좀 살아 보면 다들 맥가이버가 돼요. 물론 돈을 주고 사람을 써서 해도 되지만 자기가 하나하나 직접 이뤄 가는 재미가 있거든요. 오늘 내가 뭔가를 만들겠다 생각하면 다른 집은 어떻게 했나 구경도 하고, 나름대로 이리저리 궁리도 해 보고… 그게 창작이거든요. (창호문을 가리키며) 이런 문 하나를 짜더라도 산에서 나무 하나 잘라 와서 1년이고 2년이고 천천히 만들어 가는 과정을 즐기면서 사는 거죠. 하루아침에 부자가 된다든지 그런 일은 없지만 해 보는 과정에서 '아, 몰랐는데 나한테 이런 재주가 있었던가' 깨닫게 되기도 해요.

지금 우리가 이야기를 나누는 이 집이 원래 폐가였어요. 제가 다 손을 봤어요. 저 문살 창호지도 직접 발랐죠. 머리털 나고 처음으로 문살을 맞춰 봤는데, 대를 다 깎아서 열십자로 맞추는 과정에서 내가 다음에는 돈을 받고 할 수도 있겠다는 자신감이 생기더라고요. 세 개를 했는데 점점 실력이 느는 거예요. 처음에는 대충 하면 되겠지 생각했는데, 이것도 서로 아귀가 딱 맞아야 힘이 생기는 걸 알고 전념하게 돼요. 그러니 재미도 있고, 또 하나에만 몰두하기 때문에 잡념이 없어져요. 사실 옛날 단칸방에 살던 없는 집 사람들은 이런 작은 문들은 자기가 직접 만들고 끼워야 했어요. 나는 딱 나흘 걸려서 대나무를 무르팍에 얹고 하나하나 삐져서 만들었어요. 얼기설기 되어 있지만 나름대로 한다고 했죠.

또 시골의 좋은 점 하나는 뭔가 억지로 꾸밀 필요가 없다는 거예요. 시골에 오면 집 앞 풍경이 정원이기 때문에 따로 정원이 필요가 없어요. 집 앞에 계절따라 매일매일 바뀌는 정원이 있는데, 굳이 관리하기 어려운 잔디를 깔 필요가 뭐 있겠어요. 내가 짊어지고 갈 것도 아니고, 그냥 즐기면 되는 거죠. 아파트는 주어진 평수 내에서 모든 걸 해결해야 하지만 시골집은 잠만 자고 먹는 거 이외에는 그다지 필요가 없어요. 모든 게 밖에서 이뤄지기 때문에요. 말 그대로 집은 주거용이죠. 그 이외의 의미를 두면 집의 노예가 돼서 못 살아요. 겉치장 다 하고 남 보여 주기 식으로 살려면 굳이 시골 올 필요가 없어요. 시골은 그냥 있는 대로, 자기 생긴 대로 그렇게 마음 편히 살면 되는 것 같아요.

우연하게 시작된 장 사업

부엌일을 별로 안 좋아하셨다고 들었는데, 어떻게 장 사업을 시작하셨어요?

부엌일을 안 좋아했어요. 시집 올 때까지 부엌일 하면 아주 흉이었어요. '부잣집에 시집가서 편하게 살아야지' 생각했지 이런 일을 할 줄은 몰랐어요. 솔직히 말해서 어릴 때 내가 제일 싫어하던 일을 하게 됐어요.(웃음)

예전에 남편이 사업할 때 공장에 직원들이 있다 보니까 식사 때문에 메주를 사다 썼어요. 요리해 주시는 아줌마가 있었지만, 장 같은 건 내가 갖다 줘야 했거든요. 어느 날 보니까 메주를 직접 쒀야 장이 맛있는 거예요. 그래서 그다음부터 메주를 직접 끓여서 담갔어요. 공장 식구가 제법 되니까 다섯 말 정도씩 했는데 메주를 끓이고 띄우는 과정에서 이게 재미있는 거예요, 맛도 있고요. 그러다가 IMF 때 원자재 수입이 어려워지고, 고용한 일꾼들 때문에 스트레스가 너무 많아서 남편이 사업을 접었어요. 그때, 주인인 내가 잘할 수 있는 일을 해야지 다른 사람을 고용해서 하는 건 아닌 것 같다는 생각을 했죠.

"처음처럼 한결같은 마음을 유지하는 게 비결이라면 비결이에요.

살아 보니 늘 처음처럼 한다는 게 정말 어렵고 힘든 일이에요.

작은 쪽파 한 단을 팔더라도 최선을 다하는 그런 스타일이 돼야 해요."

사업을 정리하면서 남자들이 참 쪼잔하고, 치사한 데도 많고, 변덕스럽고, 말도 잘 바꾸고, 얍삽한 사람도 많다는 걸 알게 됐고요. 그래서 그때 남자도 못 믿겠고 '내가 잘할 수 있는 걸 해야 되겠다' 결심했죠.

그럼 처음에는 우연히 시작하신 거네요? 처음부터 장 사업을 하셨나요?

처음엔 부산에서 방앗간부터 시작했어요. 당시에 고추방앗간 친구네 집에 자주 놀러 가곤 했거든요. 부동산에 놀러 다녔으면 지금쯤 복부인이 됐을 텐데, 괜히 방앗간에 놀러 가서는.(하하) 거기서 이야기하면서 고추 꼭지 따 주고 밥 먹을 때 동네 사람들과 어울려 놀고, 그렇게 놀았어요. 어느 날 친구가 떡방앗간 하러 멀리 간다고, 나한테 "이거 한번 해 볼래?" 그러더라고요. 그때 우리 집이 마침 도로변에 있어서 방앗간을 하게 된 거예요. 그때가 한 2000년도쯤이었죠. 그렇게 고추도 빻고 기름도 짜 주는 방앗간을 시작했어요. 그 이후로 여기 밀양에 장을 담가 놓고 왔다 갔다 하면서 조금씩 가져다 판 게 장 사업의 시작이 됐어요. 그러면서 식품에 대해 조금씩 눈을 뜨게 된 거죠.

장을 담근다는 건 그리 어려운 기술이 아닐 수 있잖아요. 집에서도 많이들 하니까요. 그런 아이템으로 사업 안정화를 이루셨는데… 비결이 뭔가요?

'처음처럼' 한결같은 마음을 유지하는 게 비결이라면 비결이에요. 살아 보니 늘 처음처럼 한다는 게 정말 어렵고 힘든 일이에요. 이게 유혹이 많아요. 하루아침에 승부가 나는 것도 아니고요. 가령 고추를 묶는 것 하나만 봐도 그 사람 성격을 알 수 있어요. 그냥 대충 묶는 사람, 가지런히 눈에 띄게 묶는 사람…. 작은 쪽파 한 단을 팔더라도 최선을 다하는 그런 스타일이 돼야 해요. 사람들이 내 인물 보고 먹을 것도 아니고, 첫째, 둘째, 셋째도 맛이니까요. 또 너무 욕심을 부려서도 안 돼요. 내가 준비가 안 되어 있는 상태에서는 상대가 돈으로 도와준다고 해도 그건 내 분에 넘치는 거거든요. 욕심이 과하면 실패를 하기 마련이에요. 내가 조금씩 조금씩 하면서 앞으로 나아가야지, 욕심이 크다고 과하게 하면 어디선가 틀어져요.

경험상 무슨 일이든 유혹에 흔들리지 않고 초심을 유지하는 사람만이 성공을 하는 것 같아요. 귀촌도 마찬가지예요. 어디를 가든지 처음에 귀촌하려는 목적, 그 마음을 유지해야 실패도 없고 주눅도 안 들어요. 스스로 떳떳해야 어딜 가도 당당해지니까요. 귀촌을 계획할 때 처음에 '나는 이렇게 해 보겠다' 하는 꿈이 있잖아요. 맨 처음 품었던 그 생각만 유지하면 세상에 못 할 건 없어요. 괜히 중간에 쓸데없는 욕심을 부리고, 남이 잘되면 시기질투로 눈이 머는 거지, 첫 마음만 지키면 크게 어려움이 없어요.

15년이 넘게 장을 담가 오셨는데, 선생님처럼 시골에서 먹거리로 사업을 하려는 사람에게 조언하실 말씀이 있을까요?

오래 하다 보니까 조금 알게 됐는데, 첫째는 이 일을 자기가 좋아해야 돼요. 무슨 일이든 자기가 안 좋아하면 오래가질 못해요. 좋아하면서 보람도 느껴야 하고요. 또 내 몸이 힘들어도 '맛에 대한 집념'이나 완벽주의 같은 게 좀 있어야 돼요. 나는 사치하는 건 안 좋아해도 먹는 건 좋은 걸 먹어야 직성이 풀려요. 그래서 방앗간 할 때도 최고 좋은 재료들만 썼어요. 그만큼 비싸게 받았고요. 사람들은 다른 건 다 잊지만 어릴 적 먹었던 맛에 대한 기억은 잘 못 잊어요. '아, 어릴 때의 그 맛을 한 번만 더 맛봤으면…' 하는 마음이 누구나 있죠. 제 장을 맛보고 "이거 옛날에 우리 외할머니가 해 준 그 맛이다" 하시는 분들이 있거든요. 어릴 적 먹은 그 맛은 사람들의 어딘가에 저장이 되어 있다고 하더라고요.

방앗간을 할 때도, 고춧가루 하나라도 저는 깊이 공부를 했어요. 사람들은 다 같은 고추라고 하지만, 저는 '고추를 어떻게 보관하고 어떻게 빻아야 맛있게 되는 걸까?' 하고 혼자 고민하죠. 그런 성격이다 보니까 고추를 빻으러 온 손님들에게도 늘 "절대 고추 꼭지를 따지 마시고 봉지에 넣어서 김장철까지 보관하세요" 하는 식으로 알려 주곤 했어요. 그 작은 차이가 엄청난 맛의 차이를 만들기 때문이에요. 최고의 맛을 내려면 그런 미묘한 것 하나에서부터 섬세해져야 해요. 사람의 입은 정확하거든요. 부모가 해 줘도 맛없는 건 안 먹잖아요. 그래서 나는 진짜 내가 먹는다는 그 마음을 가지고 만들어요. 만들어서 맛이 없으면 안 팔고요. 그건 따로 놓아두었다가 실험 재료로 쓰지, 팔지는 않아요.

(장들을 내어 주시면서) 장 맛 좀 보세요. 이게 된장이고, 이게 집장, 이게 고추장이에요. 집장은 소화가 잘돼요. 고추장은 남자들이 좋아해요. 박람회에서 시식하면 "이거 한 통 사자" 하죠. 그러면 여자들은 "우리도 담가 놨는데 왜 사" 하고 꼬집으면서 신랑을 데리고 가요. 그러면 다음 날 남편이 혼자 와서 한 통 딱 사 가요.(하하)

외, 이거 감칠맛이 기가 막히네요. 이 된장 하나면 멸치나 다른 육수도 필요 없겠어요. 홍보는 어떻게 하셨나요? 거의 입소문으로만 하신 건가요?

그게 홍보를 한다고 해서 되는 게 아니에요. 경험상 TV나 신문에 나오면 호기심에 한 번은 사 먹지만 맛이 없으면 두 번 먹진 않아요. 그러니까 너무 홍보 같은 거에 연연할 필요가 없어요. 또 사업을 시작하면 보통 처음부터 큰돈을 투자하는데 절대 그렇게 하면 안 돼요. 처음 장을 한다면 항아리 다섯 개 정도부터 시작하는 거예요. 내가 맛을 공부해 가면서 손님을 차츰 늘려 나가야지, 처음부터 항아리 100개 들이고, 시설 투자하고, 지원사업 받아서 현대식으로 시설하고 그러면 그 사람 인생 종치는 거예요. 사람이 실패를 할 때는 그냥 돈만 나가는 게 아니고 그 사람의 건강과 정신이 한꺼번에 빠져나가요. 가족이 해체되기도 하고요.

그러니 신중하게 생각해야 해요. 처음에는 작게, 실력이 어느 정도 됐다

장을 포장하는 작업장으로 들어오자마자
추울세라 불을 놓고
이것저것 떠서 내주신다.
전통 방식으로 만들어 오래 숙성된 장맛은
그야말로 '따봉'이었다.

싶을 때 차츰차츰 늘려 가야 돼요. 시작부터 항아리 잔뜩 들이고 시설 투자하고…, 아니, 시설이야 누가 못해요. 빚을 내서 언제든지 하면 되는 건데. 일단 실력과 판로가 있어야죠. 고객이 저 집은 항상 맛이 일정하다는 신뢰도 있어야 하고요. 그것도 없이 급하게 헛욕심만 부려서는 안 돼요.

선생님도 시작은 작았을 텐데, 그러면 안정기에 접어들기까지 수입은 어떻게 충당하셨어요?

그래서 처음에는 방앗간을 같이 했어요. 첫 마음을 지키기 위해서 장 사업에는 늘 먹고 남는 돈으로 투자했고요. 아주 빠듯했죠. 아저씨 사업 빚 갚아 가면서, 애들 공부시켜 가면서, 또 부산에서 밀양 왔다 갔다 하면서… 내가 10년 세월을 어떻게 보냈는지 몰라요. 또 맛 연구도 해야 하니까 시간 나면 전국에 잘되는 장집들이 어떻게 하는지 맛도 보러 다니고 그랬어요. 처음에는 너무 시설도 없이 시작해 놓으니까 부끄러워서 어디 가서 장 한다는 소리를 못 했어요. 진짜 너무 부끄러워서. 다른 집은 천 평, 이천 평 되는 데다가 정원도 예쁘게 해 놓고 하니까 그런 데 기가 팍 죽어서요.

전통 방식을 고집하는 이유

정말 그러셨어요? 왠지 지금 선생님의 당당한 모습과는 안 어울리는걸요.

그때는 그랬죠. "나는 언제 저런 걸 해 놓고 사나?" 그게 늘 한이 돼 가지고 나중에 울진에 폐교를 하나 샀어요. 딱 내가 원하는 그런 곳이었어요. 앞에 물이 흐르고, 교실도 딱 세 개였고, 땅이 1800평인데 도로 바로 옆이고, 온종일 햇살이 들어왔어요. 그런데 소개해 준 사람이 귀농사모 회원이었는데 그분이 나를 속였어요. 내가 허가 사항을 잘 봤어야 했는데…. 사전 허가를 받으려고 울진 군청에 갔는데 여기에서는 체험 사업은 할 수 있어도 장류 사업 허가는 안 난다는 거예요. 다행히 계약 과정에서 제가 아는 사람이 그 공간을 원해서 연결해 주고 저는 나왔죠. 그러면서 인생 공부를 많이 했어요.

좀 넓은 땅으로 가고 싶다는 허영심에, 남들한테 번듯하게 우리 장집이라고 자랑을 하고 싶은 욕심에 눈이 멀었던 거죠. 나는 맨날 빚만 갚고 이리 살아야 되나 불평을 늘어놓고 그랬는데… 그 경험을 하고 나니까 그런 불만이 싹 사라졌어요. 장에 대해서 알아 가면서 욕심도 버려지고요. 철이 들었다고 할까요? 세상 보는 눈이 달라졌죠. 처음에는 담그기만 하면 다 장이 되는 줄 알았어요. 무식하면 용감하다고 그냥 했던 거죠. 지금은 발효에 대해서 공부하고, 시행착오도 거치면서 많이 달라졌어요. 이제는 집이 이렇게 좀 허름해도 부끄럽게 생각 안 하고, 또 현대식 시설해 놓은 집과 우리 집의 차이점을 알게 되면서 그런 시설을 이제 안 부러워해요.

현대식으로 장 만드는 다른 집들과 어떤 점이 다른가요?

우리는 자연 그대로, 옛날 전통 방식으로 해요. 불을 때서 가마솥 네 개에 콩을 끓이고, 자루에 넣어서 밟아요. 그런데 다른 곳들은 인력을 줄이려고 다 기계로 하죠. 삶는 것부터 전기 시스템으로 하고요. 시설비 한 2~3억 원 투자하면 메주가 자동으로 다 만들어져서 나와요. 황토방 시설하면 자동으로 맞춰서 밀고 가니까 사람이 할 일이 없어요. 메주를 끓여도 우리는 일곱 명이 20일 꼬박 해야 될 일을, 거기는 일꾼 두 명으로 충분해요. 인건비 때문에 앞으로 더더욱 기계식으로 가겠죠.

그런데 다른 집들 다 다니면서 먹어 봐도 내 입맛에 맞는 장이 없었어요. 물론 다 자기 입맛이 있는 거겠지만…, 여하튼 맛이 궁금해서 대한민국 유명한 장집은 다 다녀 봤어요. 박람회 다니면서 온갖 대한민국 장이나 발효식품은 먹어 보기도 했고요. 하도 유명해서 가서 맛보면 제대로 된 장이 아니야.

왜 그럴까, 오지랖이 넓어서 그게 또 궁금한 거예요. 그냥 제 거 잘 만들어서 팔면 되는데.(웃음) '저렇게 시설이 좋은데 왜 맛이 없을까?' 생각해 봤더니 그 사람은 장을 사업 수단으로 여기지 장의 기본에 대해서는 연구를 안 하는 것 같아요.

뭐가 다르냐면 콩을 삶는 것까지는 똑같은데 이후 작업에서 온도 차이에 따라 결과가 확 달라져요. 우리는 콩을 소쿠리에 푸거든요. 그러면 100도에서 끓었던 게 한 60도로 내려가는데 이 온도 차가 아주 중요해요. 사람들이 그걸 몰라요. 60도로 내려간 뒤 자루에 넣으면 45도에서 60도를 유지해요. 메주를 밟으면 적당히 밟히죠. 메주콩이 밟힌 게 있고 안 밟힌 것도 있고, 그러면 좋은 미생물들이 잘 살 수 있는 여건이 돼요. 그런데 기계에서 하면 다 균일하게 으깨져서 나와요. 또 100도에서 바로 퍼서 90도에서 바로 메주로 만들어서 50도 건조실에 들어가 버리니까, 미생물이 살 수가 없어요. 저도 이걸 깨닫는 데 한 10년이 걸렸죠. 옛날 어른들은 왜 방에서 메주를 띄웠을까? 왜 동짓달에 메주를 끓였을까? 예전에는 그게 늘 궁금했는데 그걸 알게 되는 데 그만큼 세월이 필요했던 거죠.

이렇게 만든 메주를 망에 넣어 걸어서 최소한 3개월을 기다려 줘야 해요. 표면은 마르면서 안은 덜 말라서 수분을 항상 머금고 있어요. 그렇게 띄운 메주 맛에 지금까지 우리가 길들여져 왔거든요. 그게 '어릴 때 먹던 맛'이에요. 기계로 만든 메주는 한 달 만에 깨끗하게 나와요. 안은 다 떴다고 하는데 인공적으로 뜬 거죠. 비도 오고 눈도 오고 습기 차는 날도 있고, 이렇게 자연적으로 띄우는 거하고 한 달 만에 후딱 공장에서 나오는 거하고는 맛에서 천지차이예요.

그걸 알면서도 다들 기계식으로 전환하는 이유는, 아무래도 돈 때문이겠죠?

그렇죠. 옛날 방식으로 하면 큰돈이 안 되니까요. 처음에는 우리처럼 조그맇게 시작했다가도 돈을 벌겠다고 다 공장 시스템으로 가 버리죠. 그래서 유명한 곳도 홈페이지의 사진들은 다 옛날 것들이고, 요즘 설비 사진은 안 올려요. 소비자들이 공장을 별로 안 좋아하니까요. 요즘은 항아리에서 숙성조차 안 해요. 지게차로 뜰 수 있는 벌크 상태로 보관하죠.

다 그렇게 기계로 만들다 보니까 한국 고유의 전통 맛이 사라지고 있어요. 이런 전통 방식을 TV 방송에도 내고 홍보를 해야 해요. 왜 한국 음식이 우수하고 좋은지를 알려야죠. 우리나라 사람들은 어떻게 발효되면 어떤 맛이 나고 왜 더 감칠맛이 나는지 거기에 대한 연구를 안 해요. 메주가 깨끗하고 노란색이면 되는 거라 생각하고 말죠. 자, 메주 한번 보여 줄게요.

아, 어릴 때 겨울에 시골 놀러 가면 방에서 항상 이런 쿰쿰한 냄새가 났어요.

메주가 무르죠. 이렇게 돼야 잘 뜬 거예요. 만져 보면 진득하거든요. 이래야 장을 담그면 A급 간장이 나와요. 좋은 간장은 조미료가 필요 없어요. 요즘 TV 프로그램에는 향신료를 너무 많이 쓰는데, 사람들이 달고 맛있고 이러면 좋은 줄 알아요. 좋은 간장은 이것만 넣고 국을 끓여도 시원해요.

이게 집장이죠? 저는 집장은 처음 먹어 보는데… 특이한 맛인데 은근히 중독성이 있네요. 저 보리개떡으로 집장을 만드는 건가요?

네, 집장은 보리로 만든 장이에요. 옛날에는 콩은 양반 아니면 못 심었어요. 옛날에 소작인이 어디 된장 구경이나 해요? 반면에 보리는 대한민국 어디에도 다 심었거든요. 집장은 산골의 어려운 사람들이 먹던 거예요. 가을에 쌀 나올 때까지는 보리를 먹어야 되니까 여름에 보리타작하면서 이걸 만들어 놓는 거죠. 그러면 겨울에도 국을 끓여 먹을 수가 있었죠. 집장을 3일장이라고도 해요. 담가서 3일 만에 먹을 수 있어서요.

집장으로 만들어지기 위해
발효 중인 보리개떡.
코끝을 자극하는 독특한 향이 난다.

부딪혀 가며 발견하는 적성과 소질

재미있네요. 주부일 때는 요리를 안 좋아하셨는데 지금은 이 일을 좋아하다 못해 장에 대한 사명감까지 가지고 계시다는 사실이요. 어떻게 이렇게 빠져들게 된 걸까요? 뒤늦게 발견한 재능 때문인가요?

우연히 하다 보니 새로운 재미도 찾고 재능도 발견하게 됐어요. 하다 보니까 '장이란 게 참 묘하구나,' '다른 재료가 필요 없을 정도로 우수하구나'를 알게 되고 그러면서 재미있어졌죠. 간장이 맛있으면 마늘만 넣고 요리해도 다 맛있어져요. 제대로 만든 장은 어떤 식품보다도 좋은 밑재료가 돼요. 밑간하고 밑재료가 맛이 없으면 천하의 그 어떤 좋은 재료나 양념을 넣어도 맛이 없어요. 그 재미로 자꾸 연구를 하게 되고, 그러면 더 맛있어지니 또 재미가 생기고 그래요. 어린아이들도 맛있는 건 귀신같이 알죠. 생전 처음 먹어도 잘 먹어요.

처음에 장 담그는 기술이나 비법을 가르쳐 주시는 분은 없었나요?

스스로 터득하면서 했어요. 하다 보니까 재미가 있어서 요번에는 '이렇게 하면 어떨까?' 궁금해하면서 하나 정도는 색다르게 해 봐요. 늘 하던 건 계속하면서요. 실험을 해 보는 거죠. 보리도 좋지만 요즘은 귀리나 호밀도 유명하잖아요. 이 지역에서는 대국밀이라고 하거든요. 그게 달고 맛있어요. 이번에는 그걸로 보리 쌈장처럼 만들어 볼까, 궁리하고 있어요.

물론 어르신들께 방법을 여쭤 보기도 했는데, 체계적으로 공부를 한 게 아니다 보니 '장은 메주를 쒀서 석 달 이후에 담그면 그 맛이 나온다' 정도만 아세요. 옛날에는 발효나 숙성이란 말도 안 썼죠. '맛이 들었다'는 말이 숙성이고, '잘 떴다'는 말이 발효예요. 그래서 어르신들과 얘기해 보면 본인이 장 담그는 기준만 알지 그 이상에 대해서는 잘 모르세요.

그래서 처음에는 시행착오가 많았어요. 방앗간 할 때는 메주를 많이 팔았고, 장도 된장으로 시작했죠. 처음에는 뭣도 모르고 메주를 끓여서 노랗게 띄우면 되는 줄 알았어요. 너무 몰라서 곰팡이가 피면 버리기도 하고. 지금 같으면 남은 걸로 장을 담그면 되는데… 조금 있으니까 벌레가 생기는 거예요. 동네사람이 흉볼까 봐 몰래 버린다고 혼이 났어요. (하하)

그렇게 모르셨는데 이렇게 사업까지 하고 계시니, 역시 '즐기는 자를 이길 수 없다'는 옛말이 맞네요. 말씀을 들으니 장 담그는 것도 기다려야 한다는 면에서 농사하고 비슷한 점이 있네요?

그렇죠. 메주를 그만큼 신경을 써서 잘 띄우고 제때 잘 담그고 염도도 잘 맞추고 '제때 해야 할 일'을 해야 하는 거죠. 나머지는 내가 어쩔 수 없잖아요. 구름 끼고 바람 불고 비 오는 걸 내가 어떻게 막겠어요. 농사랑 똑같아요. 내가 노력하고 하늘이 허락한 만큼 거두기 때문에 남 원망도 안 하게 되고, 나는 왜 이럴까 자신을 들볶거나 학대할 필요가 없죠. '나는 힘이 없으니까 이것만 해도 돼.' 그러면서 자신이 할 수 있는 만큼만 해도 되고요. 시골에서는 "자네는 몸이 약한데 뭘 그리 많이 짓나," "자네는 덩치는 산만 한 게 일도 안 하고 뭐하나?" 뭐 이런 말에 주눅이 들고 말고 할 게 없어요. 그럴 필요도 없고요. 그런 시선으로부터 자유롭다는 게 시골 생활의 즐거움이죠.

시골에서 새로 시작하는 나만의 일

우연한 계기로 재능과 적성에 맞는 일을 찾으셔서 장 담그는 일을 하고 계신데, 도시에서 갓 내려온 사람이 시골에서 할 수 있는 일은 뭐가 있을까요?

관심을 가지고 찾아보면 일은 많아요. 예를 들어 봄나물을 조금 연구해서

144

장독 위 돌의 개수로
장을 숙성한 햇수를 표시한다.
된장과 간장은 최소 3년을 기다려야
고객의 식탁에 오를 수 있다.

심어 놓으면 괜찮아요. 6월까지 채취 기간이니까 1년에 절반 정도는 돈을 벌수가 있어요. 지금(4월)은 두릅이 나오는 시기인데, 부부지간에 손발이 맞으면 텃밭 500평만 해도 1년 먹고살아요. 두릅은 현재 1킬로에 2만 원에서 2만5천 원씩 받아요. 언덕바지의 필요 없는 땅에서도 잘 크고요. 그것 좀 심어 놓으면 작지만 짭짤하죠. 이렇게 철별로 나는 것들로 농사를 지으면 수입도 안정되고, 걱정도 줄어요. 부추가 나오고, 머위가 나오고, 두릅이 나오고, 참가죽이 나오고, 다 시기가 있어요. 힘도 별로 안 들고 1년에 한 번 수확하는 게 아니라 계절별로 틈틈이 나오니까 스트레스를 덜 받아요. 반대로 매실 같은 과실 농사는 1년에 한 번, 한꺼번에 수확을 해야 하니까 힘도 들고, 궂은 날씨에 열매가 떨어져 버리면 돈이 안 돼요. 효소를 담가도 자기만 담그는 게 아니라, 대한민국 전체가 똑같은 걸 담그잖아요.

꼭 농사로 돈을 벌지 않아도 주위에서 일 거들어 달라고 할 때 품을 팔아도 괜찮아요. 남자들은 일당 12만 원이에요. 일 도와주고 하다 보면 동네 사람들과 우애도 생기고, 품 팔면서 트랙터 있는 집에 대신 자기 밭 좀 갈아 달라고 부탁하면 혼자서 5일, 6일 곡괭이로 팔 거를 반나절에 해결할 수도 있죠. 시골은 자기 하기 나름이에요. 가을에는 수확철이라 남들 바쁠 때 품 팔면 되죠. 시골 사람들은 한창 바쁠 때 품을 좋아해요. 한번 품을 해 줬으면 반드시 갚고요. 또 돌아다니면서 식당 같은 데 거래를 터놓으면 채소를 받아 줘요. 그런 다양한 방법이 있으니까 조금씩 하다 보면 재미가 생겨요. 너무 겁내지 말고 하면 돼요.

농사 말고 장사는 어떨까요? 귀촌하시는 분들이 가장 많이 고려하는 아이템은 아무래도 카페나 식당, 펜션 등일 텐데요.

요리를 좀 할 줄 알면 식당도 괜찮아요. 만약에 저한테 "장 안 담그면 시골에서 뭐 할래?" 물어본다면 작은 식당을 할 것 같아요. 메뉴도 많이 안 하고 된장찌개나 청국장, 딱 한두 가지만 정해서 맛있게 할 거예요. 저는 식당 해서 안 되는 사람 이해가 안 되는데… 자꾸 연구를 해야죠. 남들처럼 시장에서 똑같은 재료 사 와서 주방장 데리고 하면 그건 제대로 된 음식이 안 돼요. 텃밭에서 나온 좋은 재료로, 조금씩 만들고 연구하면서 맛을 높여 나가야죠. 한번 맛을 본 사람이 또 다른 손님을 데리고 올 때 그게 진정한 손님이거든요.

요새 손님들은 음식 맛만으론 안 돼요. 볼거리, 즐길 거리도 있어야 돼요. 꼭 큰돈 들여서 체험시설을 거창하게 만들 필요 없이 그 지역과 자기 정서에 맞게 조금씩 꾸며 나가면 돼요. 조그만 농장식 식당을 운영하면서 시골 밥상 메뉴를 내놓고, 오는 손님한테 농산물을 직거래로 팔아도 좋아요. 인터넷 판매는 가공시설을 안 하면 법에 걸리지만 직접 파는 건 상관없어요.

식당 같은 장사를 하면 매일 거기에 매여 있어야 하잖아요. 시골의 여유로움을 느끼지 못할 것 같은데, 장사를 할 때 주의해야 할 사항이 있을까요?

처음부터 원칙을 정하고 손님들에게 알려야 해요. 일주일에 두 번을 쉰다고 하면 딱 두 번 쉬어야죠. 영업시간은 처음부터 철저하게 지켜야 손님들이 먼 길을 찾아와도 욕을 안 해요. "맞다. 그 집은 언제 쉰다더라, 몇 시까지는 안 연다, 미리 예약을 해야 된다" 이런 것들이 사전에 손님하고 약속만 되면, 시골에서 장사를 해도 얼마든지 즐기면서 살 수가 있어요.

내가 한 오십 대만 됐어도, 이런 식당을 하고 싶어요. 분위기 좋게 꾸며서 차도 끓여 주고, 손님 오면 쉬었다 가고 놀다 가기도 하는 편안한 식당. 사람들이 오면 항상 새로운 이야기가 있고 삶이 지루하지 않잖아요. 내가 왜 이 시골구석에 처박혀 있어야 하나, 이런 스트레스가 없어요. 음식은 그 지역에 맞는 메뉴로 특색 있게. 반찬도 딱 세 가지에 국, 그렇게 간결하게 내고 일 많이 할 필요 없이 간편한 겉절이 조금 내고 생선구이나 하나 딱 내면 손님들이 좋아할 것 같아요. 너무 비싸게 안 받으니 부담도 없을 테고요. 꼭 고기가 먹

"자꾸 연구를 해야죠. 텃밭에서 나온 좋은 재료로,
조금씩 만들고 연구하면서 맛을 높여 나가야죠.
한번 맛을 본 사람이 또 다른 손님을 데리고 올 때
그게 진정한 손님이에요."

고 싶은 사람은 사전에 예약을 하면 고기는 추가 얼마, 그렇게만 하면…(웃음) 나름대로 작게 운영하면서 사람들 적당히 오고, 일인당 자고 가는 건 한 3만 원 받고, 갈 때 텃밭 가꿔 나온 채소 팔기도 하고, 이런 콘셉트로 가면 큰 스트레스 안 받고도 장사할 수 있어요.

펜션 같은 숙박업을 하더라도 그래요. 차별성이 있어야죠. 다른 귀촌한 사람들처럼 똑같이 방 빌려주고 고기 2만 원, 숯불 5천 원, 이러면 재미가 없잖아요. 한국 사람들이 어딘가 모르게 덤을 좋아해요. 조금이라도 그냥 주면 좋아하죠. 그러니까 숙박료는 제대로 받더라도 채소를 손님들 보는 앞에서 캐다 놔요. "필요하신 분은 가져가세요" 그러면 사실 많이 못 가져가요. 그래도 손님들은 "아, 그 집에 가면 상추도 내 마음대로 가져올 수 있더라" 하고 좋아하는 거죠. 너무 딱딱 나누기보다는 그렇게 조금은 흐트러지는 면이 있어야 돼요. 친구도 너무 완벽한 친구는 별로인 것처럼. 조금 모자란 듯 조금 넉넉한 친구한테 마음이 가는 것과 마찬가지예요.

선생님은 농사를 짓지 않고 식품 가공을 하신 거잖아요? 장 말고 다른 식품 가공 사업은 없을까요?

장 말고는 장아찌 종류가 있죠. 장아찌도 괜찮은 사업이에요. 그런데 주의할 건 땅의 용도를 잘 보고 시작해야 한다는 거예요. 장이나 장아찌는 가공식품법에 들어가니까 농지가 아니라 '계획관리지역'의 땅을 사야 해요. 농림지역에서는 농사만 지을 수 있는 반면에, 계획관리지역은 내가 모든 행위를 할 수 있어요. 땅을 사기 전에 소개해 준 사람이나 부동산업자의 이야기만 믿지 말고 반드시 군청이나 면사무소 등에서 서류를 확인해 보는 게 좋아요.

독자들이 조금 쉽게 시작할 수 있는 팁 같은 게 있을까요?

가령 지역에서 나는 농산물을 수거해서 공판장을 열어도 돼요. 인터넷으로 판매를 하죠. 마을 단위로 그런 걸 하면 좋아해요. 내가 농사를 안 지어도 옆집 아지매한테 5천 원에 사서 8천 원에 팔고, 홈페이지에 '우리 동네 놀러오기' 코너도 만들고, 농사 관련 정보나 마을에 대한 글도 올리고… 자기 집이 잘 꾸며져 있으면 방을 하나 비워서 '시골 체험도 할 수 있다' 이렇게요. 그러면 농작물이 다 안 팔려도 가공을 하고 냉동고에 저장했다가 직접 온 손님에게는 팔 수도 있어요. 특별한 허가를 안 받아도 할 수 있어요. 또 마을 단위 사업을 하면 지원도 받을 수 있고요.

도시인의 장점을 시골에서 살리기

시골 사람들에 비해서 도시에서 온 사람들이 유리한 게 있을까요? 농사를 짓든 장사를 하든 말이에요.

도시에서 온 사람이 유리한 게 뭐냐면… 시골 사람들은 관행이 있어서 잘 안 변해요. 평생 농사짓는 거 외에는 관심이 없고요. 그런데 도시 사람들은 그 농산물을 소비했던 소비자란 말이죠. 그래서 농사를 지어도 소비자가 원하는 게 뭔지, 그 심리를 누구보다 잘 알아요. 더 유리하죠. 나는 장아찌를 담그면 항상 주위에 물어봐요. "이거 돈 주고 사 먹을래, 아님 그냥 먹을래?" 돈 주고 사 먹겠다는 건 맛있다는 거예요. 돈을 주고 사 먹을 때는 소비자예요. 아주 깐깐하죠. 맛없으면 안 사 먹어요. 도시 사람들은 자기가 소비자였기 때문에 '내가 소비자였을 때 어떤 상품을 골랐지?' 생각해 보면 답이 나오게 되어 있어요. 농사든, 장사든 말이에요.

소비를 해 본 사람이 소비자의 마음을 더 잘 안다는 거군요. 도시 사람들이 잘 할 수 있는 게 또 있나요? 상대적으로 시골 사람들이 잘 못하는 건요?

판로 개척, 이런 게 잘 안되죠. 재밌는 게 시골에서는 팔려고 대량으로 농사짓는 것보다 자기 먹으려고 텃밭에서 지은 게 더 맛이 좋아요. 그래서 자기 텃밭에서 지어서 파는 할매들이 예상외로 많죠. 보관도 오래되고 맛도 좋으니까 한번 먹어 본 사람은 계속 사 먹게 돼 있어요. 그런데 그걸 도시에 전달할 판로를 뚫지 못하는 거예요. 인터넷을 할 줄 알면 좋은데 촌할매들이 어떻게 하겠어요? 도시 사람들은 일단 인터넷이 되잖아요. 기발한 아이디어도 많고요. 판로가 다양해야 하는데, 시골 사람들은 농협 공판장밖에 몰라요. 이래서는 FTA 체결되면 바로 몰락이거든요. 가락시장도 보내고, 직거래도 뚫고, 그렇게 채널이 다양해야 한 곳이 무너져도 또 다른 곳이 돼죠. 그런 측면에서도 도시 사람들이 유리해요.

또 기존에 도시에서의 인맥들을 자기 농장에 초대도 하면서 서서히 알려 나갈 수 있어요. 텃밭에서 키운 게 있으면 본인 SNS에다가 사진을 찍어서 "오늘 텃밭에서 수확을 했는데 식구도 적고 먹을 사람이 없다. 혹시 주변에 사 먹을 사람 없을까? 품삯은 건져야 하잖아." 이렇게 써 놓으면 친구들이 안타까워서라도 "나 한 단만 보내 줘" 하죠. 그럼 한번 먹어 보고 좋으면 그거 말고 다른 것도 시켜 보고, 주변에 소개도 해 주고, 지인들과 농장에 놀러도 오고, 소문이 그렇게 나는 거예요. 처음부터 "내가 농사짓는데 제값 받고 팔 데 없을까?" 하면서 전전긍긍하면 "쟤는 시골 가더니 돈밖에 몰라" 이렇게 돼요. 그럼 안 사 먹죠. "우리 집에 삼겹살만 사서 놀러 와라. 내가 밥하고 반찬은 맛있게 준비할게." 이러면 친구들은 다 놀러 오게 돼 있어요. 그렇게 자연스럽게 해야지 처음부터 너무 장삿속을 드러내면 안 된다는 거죠.

도시에 친구와 지인들이 있으니까 그 인맥을 활용할 수 있겠군요. 시골 사람들도 결국 도시로 파니까요. 선생님께서도 처음에 된장을 팔 때 부산에서의 인맥이 도움이 되었나요? 예전 동네에서 사 가는 분들도 있으세요?

선생님은 아침, 저녁
담백한 시골 밥상을 차려 주셨고,
절절 끓는 옛날 구들방에서
잠도 재워 주셨다.
마음 넉넉해지는 밤이었다.

그럼요. "쟤가 이제 시골에 가서 장을 한다더라. 물건은 틀림없다." 그렇게 소개에 소개를 해 주었죠. 자기가 직접 놀러 와서, 거들어 주면서 옆에서 보면 그게 제일 정확한 거예요. 그러니 믿고 계속 사죠. 저는 형제들에게는 부담을 안 줬어요. 보험도 강요하면 피하잖아요. 괜히 불편해질까 봐 처음부터 장은 사 먹든지 담가 먹든지 알아서 하라고 했어요. 진정한 승부는 모르는 사람에게 팔아야 되는 거죠. 가장 어리석은 사람이 형제간에 파는 사람이에요. 모르는 사람에게 제대로 된 평가를 받아야 해요. 내가 땀 흘려서 만든 걸 괜히 아는 사람에게 사정해서 팔 필요가 없어요. 최선을 다했으면 정당한 대가를 받고 팔아야 하고요.

지인들에게도 너무 팔려고만 안달하면 안 돼요. 그냥 "내가 오늘 머위를 뜯었는데 쌉싸름하고 입맛도 돌고 맛있어. 먹을 사람 있으면 삼겹살만 사서 놀러 와." 이렇게 말을 흘려요. 친구들이 오면 나도 즐겁잖아요. 친구들 오면 농장도 한번 구경시켜 주고, 팔 것도 보여 주고… 사람이 양심이란 게 있어서 얻어먹었으면 자연스레 무언가를 사게 되어 있어요. 직접 보면 믿음도 생기고요. 그렇게 연결된 사람이 100퍼센트 나의 고객이 되는 거예요. 말로만 소개받은 고객은 오래 못 가요. 친구를 사귀어도 그 사람 집에 한 번이라도 놀러 가서 사는 모습을 보는 것과 맨날 찻집에서 만나는 건 친근감이 다르잖아요. 똑같은 거예요. 그렇게 점차 손님도 늘어 가고 상품도 더 좋게 만들어 가면서 발전을 해 가는 거지 처음부터 너무 돈, 돈, 돈, 이러면 스트레스 받아서 숨넘어가요.

에고, 이제 저녁 먹고 자야죠. 사람들이 제가 초저녁부터 일찍 잔다고 흉봐요. 종일 여기저기 돌아다니니까 피곤해 가지고. 여기서 된장국 끓여서 밥해 줄 테니까 먹고 자요.

그녀에게선 다른 사람에게 기대지 않고 자신이 가진 것을 활용해서 살아가는 사람의 당당함과 여유가 느껴졌다. 인터뷰가 끝난 뒤 먹은 저녁과 아침상에서 맛본 된장과 쌈장도 그러했다. 집장 고유의 쌉싸름한 향도 잊히지 않는다. 자신의 말과 삶이 일치하는 사람을 만나는 것은 늘 설레는 일이다. 세상에는 드물지만 그런 사람들이 있다.

한 사람의 운명이란 게 참 우연히도 찾아오지만, 지나가는 우연을 운명으로 바꿔 내는 것은 '노력'이라는 생각이 들었다. 그녀는 부엌살림을 싫어했다가 우연히 장을 담그며 재미를 느꼈고, 또 아무런 지식도 없이 시작했지만 열심히 연구하며 장맛 내는 법을 스스로 터득했다. 그저 얻은 성공이 아니었다. "지난 10년의 세월이 어찌 갔는지 몰라요"란 말에 담긴 삶의 무게가 히투루 느껴지지 않는 것은 그렇게 살아남기 위해 발버둥 치면서도 첫 마음을 잃지 않으려고 노력했던 땀방울들 때문이리라.

텃밭에서 뜯어 온 채소와 냉장고 안의 재료로 뚝딱뚝딱 맛깔스러운 밥상을 차려 내는 그녀의 손놀림을 보면서 자기다운 삶을 산다는 것, 자신이 지닌 소질을 살린다는 것은 이처럼 솜씨 좋은 살림살이와 비슷하지 않을까, 하는 생각을 했다. 일본의 인문학자 우치다 타츠루는 이렇게 말했다. "우리가 살아가는 조건은 '이미 주어진 것'입니다. 우리는 내던져진 채 이 세상에 태어납니다. 우리가 할 수 있는 것은 두 손에 쥐어진 자원을 활용해 최고의 성과를 내놓는 것, 그것뿐입니다. 이미 있는 식재료로 최고의 요리를 내놓는 마음가짐과 같은 거지요."

　시골에서 산다는 것은 도시에서 한껏 부풀어 있던 헛욕심의 바람을 빼고 자신이 현재 지닌 것이 무엇인지를 찬찬히 살피는 일이다. 또 농사를 짓듯 자신이 할 수 있는 일에 최선을 다한 뒤, 나머지는 자연이 채워 주기를 기다리는 일이다. 그러면 아마도 별 좋은 날 널어 말린 빨간 고추가 제 속맛을 찾아가듯, 바쁜 도시 생활에서는 보잘것없어 보여 무심코 지나쳤던 자신의 소질이 자연스럽게 드러나게 될지도 모른다. 평범한 우리들의 재능은 아마도 그렇게 우연한 기회에 발견되어, 깊은 장맛처럼 서서히 발효되고 익어 가는 그 무엇일 게다.

　지나가는 말로 자식들에게 장 담그는 노하우와 사업을 물려줄 것인지를 여쭤 보았다. 여기에 그녀는 "장은 부지런해야 담그는 것이라서…"라고 동문서답을 했다. 그런데 한 번 더 생각해 보니 틀린 답이 아니다. 사실 장 담그는 일은 1년에 3~4개월만 바쁘면 되는 일이다. 그럼에도 농사와 마찬가지로 제때 해야 할 일을 하는 것이 중요한 일이다. 농부 시인 웬델 베리는 '신발에 똥거름이 묻었는데도 그냥 두었다가 풀이 안 자라는 자리에 와서야 닦아 낸 농부'의 이야기를 들려주면서 무엇보다 항상 관심을 쏟는 것이 중요하다고 했다. 무슨 일이든 제대로 하려면 이처럼 늘 마음에 품고 있어야 한다.

　제때 해야 할 일을 하고 늘 관심을 쏟는 것, 이것이 아마도 그녀가 말한 부지런함의 기준일 것이다. 또한 이것은 좋은 삶의 비밀 레시피이기도 하다.

1   시골의 삶은 내 노력이 절반, 하늘이 주는 것이 절반이다. 그러니 해야 할 일에 최선을 다하고 쓸데없는 걱정은 자연에 맡기도록 하자.

2   조금 서툴러도 자신의 손으로 무언가를 만들어 보는 건 어떨까? 내 몸으로 직접 무언가를 해 보는 과정에서 잡념이 없어지는 건 기본, 자신도 몰랐던 숨은 재능을 발견하는 것은 덤이다.

3   귀촌할 때의 첫 마음을 잊지 말자. 할 수 있는 만큼 하면서 자신의 능력에 맞게 조금씩 범위를 넓혀 나가자. 첫 마음을 잃고 헛욕심을 따라가는 순간, 시골 생활의 여유도 같이 사라진다.

4   즐기는 자가 가장 오래간다. 너무 돈, 돈, 돈 하다 보면 자신도 주위 사람도 쉬이 지친다. 자신이 하는 일을 블로그 등으로 조금씩 알리고 친구들을 초대해서 이야기도 나누다 보면 자연스레 자신의 진짜 고객들이 하나둘 생겨나게 된다.

적은 돈으로
풍성하게 일상 가꾸기

정청라   전남 화순. 〈할머니 탐구 생활〉 저자

"시골에선
굶어 죽게 내버려 두지 않아요"

우연이었다. 책장에 꽂혀 있는 많은 책들 중에 그날따라 '할머니 탐구 생활'이라는 제목이 눈에 들어온 건. 가볍게 읽으려고 뽑은 그 책을, 결코 가볍지만은 않은 내용임에도 불구하고 푹 빠져 단숨에 읽었다. 스물아홉에 귀농한 처녀가 지난 10년간 만난 할머니들에 대한 이야기였지만, 동시에 그녀가 책에서 표현했듯 '덜 여문 새댁이, 단단히 여물어 한 알의 씨앗이 되어 가는 할머니들의 삶을 흘깃거리며 삶의 방향키를 잡는 여정'에 관한 내용이기도 했다.

그녀는 도시에서 나고 자랐지만, 어렸을 때부터 시골에 대한 아련한 향수 같은 걸 가지고 있었다. 초등학교에 입학할 즈음 2년 정도를 부모님과 떨어져 해남에 있는 외갓집에서 지냈는데, 그때 외할머니에게 느낀 뭉클함이 그런 동경을 불러일으켰던 모양이다. 그녀는 외할머니 품에서 나던 불 냄새와 손톱 밑에 까맣게 때가 낀 할머니의 손을 그리워했다. 도시에 살면서 하얗고 반질반질한 자신의 손을 보면서, '이건 아닌데' 하고 생각했던 적도 있었다 한다. 그녀는 책의 맺음말에 이렇게 썼다.

"누군가 내게 충고했다. 시골은 인생의 종착점이 아니더냐고. 젊은 나이에 세월을 허비하지 말고 도시에서 이것저것 경험하며 살다가, 이다음에 나이 들면 내려와 살라고. 도대체 꼬부랑 할망구들 사이에서 무슨 재미가 있고 배울 게 있겠느냐며…. 하지만 나는 그분의 말에 동의할 수 없었다. 내 생각에 도시가 온실이라고 하는 부자연스러운 환경이라면 시골은 온실 밖의 세상이다. 온실 안에 사는 사람들은 겉보기엔 삶을 화려하게 꽃피우는 듯해도, 안으로는 생명의 기운이 메말라 있다. 반면 시골 사람들, 적어도 시골에서 내가 만난 할머니들은 초라하고 볼품없는 겉모습과 달리 그 내면에는 무한한 힘을 지니고 있었다."

책을 읽는 내내 그녀에게서도 그런 내면의 힘이 느껴졌다. 흡사 법정 스님이나 니어링 부부의 책을 읽는 듯한 인상을 받았다. 문득 궁금했다. 어떤 이유로 서른도 채 되지 않은 나이에 시골로 내려갔으며, 또한 어떻게 마흔도 되지 않은 나이에 이런 깊은 글을 써 낼 수 있는 건지. 묘한 질투심에 사로잡혀 마치 스토킹이라도 하듯 인터넷을 뒤적여 그녀에 대한 정보를 캤다. 소심하게도 그녀 역시 평범한 직장인이었다는 사실에 약간의 안도감을 느꼈달까.

대학을 졸업하고 광고 회사에서 카피라이터로 일하면서 그녀는 자주 회의감에 젖곤 했다. '내가 바라던 삶이 이런 것이었나.' 회사를 옮기고 여유로운 시간을 보내고 취미를 가져 보아도 여전히 뭔가 허전함이 남았다. 그러던 차에 우연히 인사동에서 귀농학교 현수막을 보았고, 가벼운 호기심으로 등록을 한 것이 그녀의 삶을 백팔십도로 돌려놓았다. 그녀는 그곳에서 고민하던 것의 뿌리를 만나게 되었다. 그녀는 자신이 돈의 노예가 아니라 생명의 주체로서 삶을 알차게 꾸리고 싶어 한다는 것을 깨달았다. 귀농을 간절히 꿈꾸게 된 것은 그때부터였다.

그 책이 우리 집 서재의 책장에 꽂혀 있는 이유가 아내의 직장 선배가 쓴 책이었기 때문임을 뒤늦게 알게 되었다. 연락처를 주면서도 아내는 선배가 지금 임신 마지막 달인 데다 인터뷰를 잘 안 하는 편이라 수락을 해 줄지 모르겠다고 했다. 그런데 웬걸, 우리의 자초지종을 듣고는 바로 수락해 주었을 뿐만 아니라 곧 출산할 것 같으니 어서 오라는 말까지 덧붙였다.

설레는 마음으로 전라남도 화순으로 향했다. 그녀의 집은 '이런 곳에도 사람이 산다니' 싶을 정도로 외진 곳에 있었다. 버스가 들어오지 않는 것은 물론 작은 구멍가게 하나 없었고, 민가들도 찾아보기 힘들었다. 하얀 목련이 환하게 만개한 날, 낮은 담벼락이 있는 옛날 시골집에서 배가 남산만 한 그녀를 만났다. (실제로 인터뷰한 지 열흘이 지나서 그녀는 건강한 셋째를 출산했다.)

지금까지 인터뷰를 많이 안 하신 걸로 아는데, 어떻게 저희 인터뷰에는 응해 주셨나요?

예전에는 인터뷰를 잘 안 했어요. 본인이 찾아가서 직접 지혜를 구하는 게 아니라, 남이 인터뷰해 놓은 걸 수동적으로 받아먹는 건 큰 도움이 안 될 것 같아서요. 특히 TV는 너무 쉽게 흘러서 금세 지나가 버리니까 구경거리밖에는 안 되는 것 같아 더더욱 거절했고요. 가끔은 스토리를 미리 기획해 와서는 제 이야기를 그 스토리에 억지로 끼워 맞추려는 경우가 있기도 했어요.

그러다가 박노해 선생님의 사진 에세이 《다른 길》을 보고는 마음이 바뀌었어요. 도시에 사는 많은 사람들도 '다른 삶'을 목말라하지만 어떻게 해야 할지 방법을 잘 몰라서, 그리고 주변에 그렇게 살아가는 사람들이 없어서 아예 시골에 대한 생각 자체를 닫아 버리고 사는 것 같아서요. 단지 잘 모른다는 이유로 귀농을 '불가능한 현실'이라고 단념하거나, 아예 막연한 꿈으로 치부하는 일이 없으려면 제 이야기라도 들려주는 게 좋겠다 싶었죠. 다른 삶이 있다는 걸 모르면 도시 사람들은 아예 꿈조차 꾸지 않을 테니까요.

실은 방금 하신 이야기가 저희가 이 책을 쓰려는 이유예요. 여러 갈래의 다른 길이 존재하는데 도시에서는 주변에 그런 길을 가는 사람이 없다 보니 아예 생각을 닫고 사는 사람들이 많거든요. 일부러라도 다른 삶의 방식들을 보게 되면 용기도 얻고 다양한 길이 있다는 것도 알게 될 텐데 말이죠.

맞아요. 사실 귀농이란 게 거창하지 않아도 되고, 남 보란 듯이 살 필요도 없고, 굳이 사명감 가질 필요도 없는 건데 다들 좀 어렵고 거창하게 생각하는 경향이 있어요. 그냥 "나답게, 좀 편안하게 살아 보자" 하고 마음을 풀어 놓으면 얼마든지 가능한 일인데… 아무래도 시골을 잘 모르다 보니 괜히 긴장하고 두려워하는 것 같아요.

사실 저도 처음부터 귀농에 확신을 가진 건 아니었어요. 처음엔 그저 "1년만 살아 보자" 하고 내려왔죠. 친구랑 둘이서요. 그렇게 1년을 살아 보니까 길이 보이더라고요. 오히려 '아니, 여기서 왜 못 살아?' 하는 생각마저 들었어요. 이제 도시에서는 못 살겠다 싶었죠. 조금만 용기를 내어 현장을 바꾸고 몸을 바꾸면 괜한 걱정이나 두려움도 자연스럽게 가시는 것 같아요.

1년만 살아 보자

처음 시골 내려올 생각을 했던 때 이야기를 들려주세요. 인사동에 걸린 귀농학교 현수막을 보고 호기심에 수업을 들었던 게 계기였다고요?

그때가 광고 회사를 다니면서 정말 힘들었던 시기였어요. 매일 새벽 2~3시까지 일하고, 작은 실수 하나에도 커다란 차질이 빚어져서 항상 긴장해야 했죠. 과한 스트레스 때문에 누가 탁 건드리기만 해도 왈칵 눈물을 쏟을 것 같던 시기였어요.《모모》같은 동화책을 읽는 것으로 마음의 위안을 얻으면서 겨우겨우 살아갔죠. 작은 어린이책 출판사로 회사를 옮기고 요가나 운동, 사진 등의 취미생활을 하면서 가까스로 숨만 쉬면서 살았어요.

그러다가 인사동에서 우연히 귀농학교 현수막이 붙은 걸 봤어요. '귀농학교라니, 대체 뭘 배울까?' 너무 궁금한 거예요. 친구랑 둘이 한번 가 보자고 했죠. 결과적으로 그 학교에서 너무 엄청난 걸 배우게 됐어요. 지금 귀농학교는 많이 달라진 것 같은데, 그때만 해도 귀농학교의 수업은 '생각의 뿌리'를 바꾸는 교육이었어요. 귀농은 단순히 생계를 농업으로 바꾸는 게 아니고 삶의 방식 자체를 전환하는 것이다, 이렇게 가르쳤죠. 지금까지 자본주의 사회에서 길들여진 대로 살아왔다면, 귀농을 통해 내가 주인이 되어서 모든 걸 자립하는 삶을 살자는 것이었어요.

3개월간 귀농학교를 다녔고, 그걸 통해 귀농한 사람들을 알게 되어서 이

집 저 집 놀러 다녔죠. 직접 가서 보니까 이 집에 가면 이 집만의 분위기가 있고, 저 집에 가면 또 저 집의 분위기가 있는 거예요. 무엇보다 다들 자기답게, 개성 있게 사는 것 같아 보였어요. 도시에서는 다 상자 같은 공간에서 비슷비슷한 패턴으로 사는데, 시골에는 열 사람을 만나면 열 사람의 삶의 방식이 다 다르더라고요. '우린 너무나 규격화된 삶을 당연하게 받아들이며 살고 있구나' 하는 생각이 절로 들었어요. 귀농한 사람들을 보면서 '이렇게도 얼마든지 살 수 있는데' 하고 깨달았죠. 그래도 시골의 삶이 두려워서 한참 머뭇거렸어요. 덜컥 시골로 내려갈 만큼 간이 큰 성격이 못 되었거든요. 귀농학교를 마치고도 한동안은 큰 변화 없이 그냥 살았어요.

혼자 무작정 시골로 간다는 게 굉장히 무서운 일이었을 것 같아요. 마음과 실천은 전혀 다른 문제니까요. 결국 어떻게 결심하게 된 건가요?

망설이고 있을 때에 아버지께서 식도암 판정을 받으셨어요. 다니던 출판사를 그만두고 아버지 옆에서 돌봐 드렸는데, 결국 3개월 만에 급작스럽게 돌아가셨죠. 그때 '사는 게 한순간'이라는 생각이 들었어요. 병원에 있는 다른 환자들을 보면서도 진짜 잘 죽어야겠다는 생각을 많이 했어요. 잘 죽으려면 정말 잘 살아야겠다는 다짐도 했고요.

그렇게 고민하다가도 당장 귀농하려니 겁이 났어요. 그러던 중에 경기도 시흥에 있는 대안학교 생활교사로 일하게 됐어요. 대안학교에서 교사로 지내다 보면 귀농에 더 가까워질 것 같았거든요. 어느 날 아이들과 같이 합천으로 들살이를 갔는데 '구륜 아범'이라 불리는 정상평 선생님을 만나게 되었고 그분의 삶에 반해 버렸어요. 본래 청학동에 계셨던 분인데 합천으로 오셔서 산 위에서 농사를 짓고 사셨어요. 뼛속 깊이 자연인이셨죠. 방학하면 내려가 그분 일을 도와드리면서 같이 지내곤 했어요. 어느 날 학교 아이들 몇 명을 데리고 그분 오두막을 찾아갔는데 학교에서는 그렇게 장난꾸러기이던 아이들이 구륜 아버님이 말하면 고분고분 잘 따르더라고요. 그날 볏짚이 잘 마르도록 일렬로 세우는 일을 했는데, 제가 너무 일을 못하니까 한 아이가 이래요. "학교에서는 선생님이라 뭐든 잘하는 줄 알았는데, 이렇게 중요한 것도 못하면 어떻게 해." 그때 뒤통수를 한 대 맞은 것 같은 느낌이었어요. '내가 입으로만 이렇게 살아라, 저렇게 살아라 했던 거였구나. 내 말에 힘이 없었구나' 하고 알게 된 거죠. 그러면서 '더는 껍데기로 살 수 없겠다. 진짜 알맹이로 살아야겠다' 하는 결심이 번뜩 들었어요. 결단을 내리고 애들에게 먼저 올라가라고 하고 저는 남아서 구륜 아버님께 "저 빈집 좀 알아봐 주십시오" 부탁드렸어요. 올라와서 그 학기까지만 마치고 2월에 합천으로 내려갔죠.

선생님이 소개해 주셔서, 서정홍 시인님 바로 아랫집에 둥지를 텄어요. 재미있는 게, 제가 합천으로 놀러 다닐 때 그 집에 제 남편이 살고 있었대요. 그 사람이 나중에 제 짝이 될지는 전혀 몰랐죠.(웃음)

두 분 만나게 된 이야기가 사뭇 궁금하네요.

처음에 합천으로 갈 때는 정말 "1년만 살아 보자" 하고 내려갔어요. 서울집에도 1년만 지내 보고 힘들면 다시 올라오겠다고 했고요. 그런데 1년 살아 보니까 충분히 살겠더라고요. 그런데 하나가 너무 아쉬운 거예요. 혼자다 보니 힘에 부쳐서 나무꾼이 너무 필요하더라고요. 무거운 것을 들거나 부엌 구석에서 쥐를 만날 때, 땔감이 떨어졌을 때 옆에 있어 줄 사람이 절실했어요. 그래서 '나무꾼이 필요합니다' 하고 간절하게 기도를 드리곤 했어요.

그러던 즈음에 평소에 좀 특이하다고 생각했던 남자 한 명이 저를 찾아온 거예요. 먹는 거나 생각하는 방식이 하도 독특해서 주변에서 별난 사람으로 이름을 떨치던 사람이었어요. 하루는 저 사람이 제게 찾아와선 대뜸 좋아한다고 고백을 하더라고요. 그런데 고백을 하고 나선 "저는 마음을 고백했으니 이제 됐어요. 머리 깎고 산에 올라가서 살겠어요" 하는 거예요. 좀 이상한 사람 아니에요? 작전이었는지도 모르지만요.(하하) 그래서 제가 "왜 산에 들어가요? 기왕 이렇게 된 거, 젊은 남녀가 한번 만나 보면 되지 않겠어요?"라고 했지요. 물론 가벼운 마음이었어요. 시골에 1년만 살아 보자 했던 마음처럼 그저 '1년만 만나 보자' 생각했던 거죠. 그렇게 만나기 시작한 지 1년도 안 돼서 결혼해도 되겠다는 확신이 섰고, 이렇게 아이까지 낳게 되었네요.

두 분의 스토리가 참 재밌네요. 사실 가볍게 말씀하셨지만 아주 중요한 삶의 태도라 생각해요. '한번 살아 보자' 하면서 실험하는 태도 말이에요. 시골에서 실험하는 1년 동안에 구체적으로 뭘 하셨어요?

처음엔 굶어 죽지나 않을까 걱정했어요. 조그만 밭에서 매일 일을 했지요. '설매실' 할머니 집 바로 아래에 있는 밭이었는데, 제가 밭에서 일하다가 고단해 하고 있으면 어김없이 설매실 할머니의 "쉬다 해라!"는 말이 들려왔죠. 할머니가 소주 들고 오셔서 부침개를 부쳐 주시고 술도 같이 마시곤 했어요. 알딸딸하게 취하면 할머니는 흥에 겨워 노래를 부르고 춤도 추시고, 저는 드러누워 하늘을 보고 매일 함께 놀았어요. 같이 쑥 뜯으러 다니고, 소나무 껍질을 벗겨서 송기떡 해 먹고, 가마솥 가득 도토리묵 쑤고, 토란탕도 끓이고… 정말이지 항상 건수가 있어서 심심할 틈이 없었어요.

게다가 농사에서 인생까지 하나부터 열까지 참 많이도 알려 주셨어요. 콩 심는 간격부터 모내기 요령, 사람답게 사는 법 등등 사소한 것에서 심오한 것까지 설매실 할머니에게 모두 배웠어요. 그러면서 차차 시골 생활에 적응했던 것 같아요.

그 1년 동안 즐겁게 생활했던 것 못지않게 불안함도 있었을 것 같은데요.

불안했죠. 언제부턴가 이상하게 종일 배가 고프더라고요. 초반에요. 먹어도 먹어도 배가 고프고 누우면 치킨, 피자가 머리 위에서 둥둥 떠다녀서 통

"나무꾼이 필요합니다"라는
기도에 대한 응답인지,
나무꾼으로 등장한 이 남자는
어느새 세 아이의 아빠로
그녀 곁을 지켜 주고 있다.

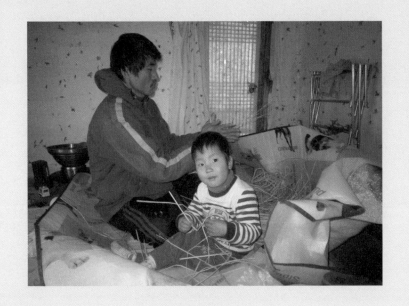

잠을 잘 수가 없었어요. 구륜 아버님께 이 이야기를 드렸더니 "굶어 죽을까 두려워하는 불안이 네 안에 있는 것 같다"고 말씀하시더군요. 정말 그 말씀이 맞았어요. 원인을 알고 나니까 거짓말처럼 허기가 싹 사라지는 거예요.

시골에서 1년 살아 보니까 봄에는 나물, 여름에는 각종 열매들, 가을에는 곡식과 채소… 철마다 먹을 게 생기더라고요. 정말 하늘에서 굶겨 죽이지는 않는다는 걸 확인했죠. 시골에 살면서 굶어 죽기는 정말 어렵겠다는 확신이 들었어요. 1년을 살면서 몸으로 직접 체험을 하고 나니까 두려움이 사라지면서 '살 수 있겠다' 싶더라고요.

시골에서의 수입과 지출

결혼하고 아이들도 생기면서 아무래도 지출이 많아질 수밖에 없었을 텐데, 지금까지 주로 농사로 돈을 벌어서 생활하셨나요?

농사로 돈을 만들기는 어려워요. 특히 저희처럼 농약 안 치고 하는 농사는 더더욱 그렇죠. 그런데 희한하게 돈 쓸 일이 생기면 돈 벌 일도 함께 생기더라고요. 합천에 있을 때에는 효소를 많이 담가서 팔았어요. 또 밤이 유명해서, 밤 수매를 한 철 하면 100만 원에서 200만 원 정도 벌 수 있었어요. 제가 하던 일이 책을 만드는 일이다 보니 프리랜서로 어린이책 원고를 써서 벌기도 했고, 신랑이 인구주택 조사 같은 아르바이트를 해서 200만 원 남짓 되는 돈을 벌기도 했어요. 해마다 돈 벌 일들이 생겨요.

농사는 텃밭을 짓긴 지었는데, 합천에 있을 때는 땅이 작아서 우리 가족이 1년 먹을 것을 다 자급하지는 못했어요. 그런데 여기 화순으로 옮겨 와서는 한 해 우리 가족이 먹는 만큼은 농사가 지어지더라고요. 이제는 충분히 자급자족할 수 있을 정도가 되었죠. 이게 참 놀라운 건데, 농사로 자급자족을 할 수 있게 되니까 신기하게도 자신감이 생기는 거예요. 두려움도 확 줄었고요. 세상과 단절되더라도 먹고살 수 있으니까요. 텃밭에서 거둬 먹을 수 있으니 돈도 크게 필요하지가 않더라고요. 시골에 와서 모든 사람이 농사를 지어야 한다고 생각지는 않아요. 그런데 어쨌든 자기 가족 먹을 정도만 농사로 지을 수 있으면 어떤 일이든 자신감 있게 할 수 있다는 생각이 들어요.

화순으로 옮겨 올 당시, 땅과 집은 사서 오셨어요?

논 560평과 이 집과 터 200평을 사서 왔어요. 논은 평당 2만 5천 원, 총 1500만 원. 집과 텃밭은 2500만 원. 다 합쳐서 4천 만 원에 샀지요. 전라도 남쪽이다 보니 쌌어요. 그런데도 동네 사람들은 비싸게 샀다고 난리였죠. 밭은 나중에 평당 만 천 원씩 해서 700평 정도를 더 샀고요.

한 달 생활비는 대략 얼마나 들어가나요? 독자들을 위해서 조금 구체적으로 말씀해 주시면 좋을 것 같은데요.

가족이 먹을 것을 농사로 지으면 생활비 이외에는 크게 돈이 필요 없어요. 생활비도 핸드폰과 전화비, 전기료, 건강보험료, 이 정도뿐이에요. 한 달에 30만 원, 아무리 많아도 50만 원이 채 안 들어가요. 건강보험료는 농업인이라 경감되어서 3만 8천 원, 전기세는 많이 써도 만 원을 안 넘고요, 보일러 대신에 구들과 난로, 화덕이 있으니 기름값은 들지 않지요. 물은 산에서 흘러서 내려오는 거니까 수도세도 없고요. 신랑과 제 핸드폰은 알뜰폰 요금이라 둘이 합쳐도 만 원을 넘지 않아요. 집전화는 만 원 정액제고, 인터넷과 함께 묶으니까 4만 원 정도 나와요. 밖에 나가서 뭐 사는 것 빼면 20만 원이 채 안 들죠. 그런데 가끔씩 읍내에 나가면 사 먹기도 하고 사고 싶은 것도 있으니 그걸 포함하면 대략 40만 원 내외로 나오는 것 같아요.

그녀는 아이들의 '자립'을 무엇보다 중요하게 생각한다.
장난감을 사 주지 않는 것도 아이들의 '스스로 감당하는 힘'을
떨어뜨리지 않기 위해서라고.

아이들이 한창 클 때니까 장난감도 사야 할 텐데요?

장난감은 안 사요. 애들 교육에서 제일 중요한 건 '결핍'이라고 생각하거든요. 부모는 더 채워 주려고 하는데 그러면 그럴수록 아이 스스로 끌어내는 힘이 약해져요. 저는 자식한테 너무 많이 주려고 하면 안 된다고 생각하고, 오히려 덜어 내려고 노력하는 편이에요. 애니메이션 〈센과 치히로의 행방불명〉에서 마녀 할머니가 거대한 아이를 키우는 모습 보면서 요즘 사람들 모습 같다고 생각했어요. 언제까지 그 무거운 아기를 업고 다닐 것이며, 언제까지 그 아이를 감당할 거예요? "웬만하면 스스로 감당해라," "힘들어야지 (이겨 낼) 힘이 생긴다" 이렇게 이야기해 주면서 강하게 키우고 있어요. 괜히 해 줄 것 다 해 주고 죄책감 느낄 필요는 없다고 생각해요.

저기 우리 아이들이 카드 만들어서 노는 것 보셨죠? (정말 아이들이 조그마한 종이에 알록달록 예쁘게 그린 그림 카드를 수십 장 들고 놀고 있었다.) 저희 아이들은 직접 카드를 그리고 장난감을 만들어서 놀아요. 정말 잘 그리고 잘 만들고 잘 놀아요. 아이들도 자급자족이죠.(웃음) 옷도 지금까지 양말 세 켤레 사 준 게 다예요. 거의 다 친척들과 친구들에게서 얻어 입혔어요. 도시에서는 아이들 옷을 어디 줄 데가 없다고 하더라고요. 사실 얻어만 입혀도 좋은 옷들, 거의 새 옷 같은 옷들이 정말 많아요. 아이들은 브랜드 같은 걸 따지지도 않으니까 신경 쓸 필요도 없고요.

농사를 지으면 먹는 것은 해결이 되고, 나머진 아껴서 살면 되는 건 알겠어요. 그래도 혹시 모를 상황에 대비해서 목돈이 좀 필요하지는 않나요?

이제는 돈 쓸 일이 있으면 돈 벌 일도 함께 생긴다는 믿음이 있어요. 경험이 여러 번 반복되다 보니까 자연스럽게 그런 믿음이 생긴 거예요. 예를 들어서 태풍 '볼라벤' 때 옆 축사의 지붕이 날아와서 저희 집 지붕 한가운데를 찍어 버렸어요. 지붕 전체가 흔들거려서 수리하느라 마을회관에서 한 달을 살았죠. 그때 모아 둔 돈도 없고 자재도 없었어요. 그런데 신기하게도 한 출판사에서 옛날이야기들을 묶는 시리즈 책 세 권을 편집하는 일을 의뢰하는 거예요. 일을 맡아서 그 돈으로 지붕을 고쳤죠.

　　살면서 이런 경험들을 몇 번 하니까, 큰돈 쓸 일이 있으면 큰돈 벌 일이 생긴다는 믿음이 생겼어요. 저는 그래서 돈에 대해서는 두려움이 없어요. 얼마만큼의 목돈을 가져야 내가 진짜로 안심을 하겠나 싶기도 하고요. 그런 건 한이 없잖아요. 어쨌든 하늘에서 우리를 태어나게 해 준 이상 어떡하든 살게 해 준다고 믿으면서 살고 있어요.

목돈은 그렇다 해도 생활비가 50만 원 안쪽이라는 게 믿기지가 않네요.

　　기본적으로는 그래요. 차가 없어서 그런 것도 있고요. 몇 년 전까지 차를 가지고 있었는데 그때는 밑 빠진 독 같은 느낌이었어요. 그런데 차가 없으니까 비용이 많이 줄더라고요.

소박함이 열어 준 새로운 지평

차가 없다고요? 하루에 겨우 버스 몇 대 지나가는 시골에선 차가 필수이지 않나요? 이곳은 버스가 다니는 길에서도 한참을 더 들어와야 할 텐데….

　　의도해서 차를 없앤 건 아니에요. 오래 쓴 차라서 폐차시킬 수밖에 없었어요. 엔진을 갈아야 해서 고칠까 말까 고민을 많이 했죠. 남편은 없어도 괜찮다 하는데, 저는 차가 없으면 아무래도 세상과 단절되는 느낌이 들어서 망설였어요. 저희 집에서 버스를 타러 가는 데만 걸어서 한 시간이 걸리니까요. 가끔씩 친구들을 만나러 가고 싶을 때도 있고, '마실장'이라는 마을 장터에 나가서 무언가를 사고 싶은 마음도 있으니까. 사실 제가 제일 포기하기 어려웠던 건

공중목욕탕이었어요. 목욕은 아무래도 시골집에서 혼자 하기 어려우니까요.

그래서 저는 차 없이는 안 되겠다고 했는데, 신랑이 "없으면 없는 대로 적응할 거야" 하는 거예요. 둘이서 의논해도 결론이 안 나길래, 책으로 점치는 걸 하기로 했죠. 왜 그런 거 있잖아요, 책 아무 페이지나 펼치면서 '몇 페이지 몇 줄' 하는 거. 그래서 카센터에 둘이 앉아서 거기 있는 책 한 권을 집어 들고 딱 펼쳤는데 "사람은 어떤 상황에서든 유연하게 대처할 수 있다"는 구절이 딱 걸리는 거예요.(하하) 그래서 '에이 모르겠다' 하고 차를 폐차시켰죠.

하하하, 왠지 상상이 되네요. 그런데 말씀은 그렇게 하셔도 정말 배짱이 대단하시네요. 차 없이 산 지는 얼마나 되셨어요? 불편하지는 않았나요?

3년 정도 됐어요. 차를 없애고 나니 정말 새로운 삶이 펼쳐지더라고요. 쓸데없이 밖에 나가는 횟수도 줄었고, 공중목욕탕 없이도 집에서 목욕을 잘 할 수 있게 됐어요. 차가 없으니까 하늘에서 살다가 땅으로 내려온 느낌이에요. 삶을 바라보는 방식 자체가 아예 달라졌다고 할까요. 차가 있으면 가고 싶은 데가 있을 때 대충 짐을 싸서 휙휙 싣고 떠나죠. 그런데 차가 없으면 '뭐랑 뭐를 싸 가지고 몇 시에 일어나서 어디로 가서 몇 시에 출발한다'는 식으로 철두철미하게 계획해야 해요. 맛집을 찾을 때도 차가 있으면 가는 동안 실시간 검색해서 바로 찾아갔는데, 이제는 그럴 수가 없어요.

재미있는 게, 그러면서 생각지도 못한 '뜻밖의 맛집'들을 발견하게 된다는 거예요. 왜 유명한 맛집치고 정말 맛있는 집이 드물잖아요. 그런데 걸어 다니니까 오히려 물어물어 현지 동네 사람들이 가는 진짜 맛집을 찾게 돼요. 사람들도 더 자주 마주치게 되고요. 우연히 가다가 나를 태워 주는 사람, 버스 기다리면서 만나는 할머니, 버스 안에서 마주친 오랜 인연들 등등. 차가 있을 때는 내가 고르는 대로 딱딱 연결되는 대신 '우연'의 여지가 거의 없었는데, 지금은 많은 변수 속에서 이야깃거리가 풍성해져요. 일상이 하나의 여행이

178

되는 거죠. 마실장에 갈 때도 '비빌 언덕'을 먼저 생각하고 동선을 짜요. 누가 보성에 사니까 보성 가서 그 차를 얻어 타고 장흥으로 가면 되겠다는 식으로 요. 그러면서 한 사람 한 사람이 소중해지더라고요.(웃음) 공동체가 그렇지 않나요? 언제 이 사람의 도움을 받을지 몰라요. 언제든 비빌 언덕이 있어야 하니까 한 사람 한 사람과의 관계에 더 마음을 쓰게 되고, 내가 할 수 있는 것은 최대한 마음을 다하게 돼요. 신세를 져 봐야지 다른 사람에게도 베풀 수 있게 되더라고요.

앞으로도 차를 사지 않을 생각이세요? 그래도 없으면 불편할 텐데요.

불편한 게 왜 없겠어요. 버스 타러 나가는 데만 한 시간을 걸어야 하는데요. 아이들을 데리고 어떻게 가나 싶어서 처음엔 눈앞이 캄캄했죠. 그런데 몸이 정말로 바뀌어요. 덩달아 생각도 바뀌고요. 처음엔 아이들 데리고 나갔다가 오면 다리에 알 배고, 녹초가 되어 누워서 "아이고 다리야" 했어요. 지금은 그런 게 없어요. 둘째가 이제 네 살인데 거의 3킬로미터까지는 혼자서 걸어가요. 정말, 애들을 위해서라면 차가 없어야 한다는 생각이 들 정도예요. 많은 사람들이 아이들 때문에 차를 산다고 말하지만, 실제로 차 없이 살아 보면 아이들이 대중교통에 잘 적응한다는 걸 알게 돼요. 오히려 자가용을 타고 가면 아이들은 가는 내내 자거나 힘들어하죠. 버스 안에서는 여러 사람을 만나니까 아이들도 훨씬 덜 지루해하고요. 돈을 아끼는 건 덤이에요. 차가 없으니까 쓸데없는 외식도 확실히 줄어들고요.

걸어 다녀 보면 알지만, 버스 타러 나가는 길이 생각보다 즐거운 나들이 길이 돼요. 산딸기나 오디, 버찌도 따 먹고, 달래 씨앗도 따고, 길 한가운데 죽어 있는 뱀을 찬찬히 관찰하기도 하고, 다람쥐 뒤를 쫓기도 하고요. 차를 타고 다닐 때는 그냥 지나치고 말았을 것들이 두 발로 걷는 길에서는 풍경과 하나로 어우러지죠. 고생을 무릅쓸 때 삶의 새로운 차원이 열린다고 믿는 것도 이

"버스 타러 나가는 길이 생각보다 즐거운 나들이 길이 돼요.
차를 타고 다닐 때는 그냥 지나치고 말았을 것들이
두 발로 걷는 길에서는 풍경과 하나로 어우러지죠.
차를 버리고 삶을 바라보는 방식 자체가 아예 달라졌어요."

때문이에요. 처음에 폐차할 때는 정말 손발이 잘리는 느낌이었어요. 그런데 이제 알겠어요. 오히려 그전에는 언제든 떠날 수 있다는 생각 때문에 '지금 이 자리'에 없었던 것 같아요. 맨날 집은 어수선하고 농사는 또 농사대로 엉망이 었죠. 며칠만 나갔다 와도 농사 때를 놓치기 쉬우니까요. 차가 없어지고 난 다음부터 농사가 잘돼요. 집 안도 비로소 정돈이 되고요. 혼이 나갔다 이제야 제 자리로 돌아온 느낌이 들어요.(웃음)

놀랍네요. 그런데 솔직히, 이런 이야길 들으면 저부터 '너무 좋긴 한데, 과연 내가 따라 할 수 있을까?' 하는 마음이 드는 건 어쩔 수 없네요. 저처럼 "나는 안 될 거야" 하는 독자들에게 무엇을 조언해 주고 싶으세요?

　　직접 해 보는 수밖에 없어요. 인생은 이렇게도 살 수 있고 저렇게도 살 수 있어요. 너무 거창하게 생각할 필요 없어요. 이렇게 살아 봐서 아니면 다르게 살아 보거나 예전으로 돌아가면 돼요. 누가 어떤 시선으로 보건 신경 쓰지 말고 다양하게 살아 보라고 권하고 싶어요. 저희가 어떤 거창한 큰 뜻이나 신념을 가지고 차 없이 사는 게 아니에요. '이렇게도 살 수 있구나' 해서 조금씩 줄이기 시작한 거죠. '생각보다 할 만하네' 이런 생각이 드니까 계속 없이 지내는 거고요. 솔직히 이 홀가분함을 무거운 차와 바꾸고 싶지 않아요.

그게 잘 안돼요. 뒤처질까 봐서요. 트랙을 한번 벗어나면 다시 돌아오기 어려울까 봐 쉽게 못 벗어나죠.

　　세상을 보는 시선이 너무 밖으로 향해 있어서 그런 것 같아요. '보란 듯이 사는 삶'에 익숙해져 있어서요. 저는 제 마음 편하게 사는 게 좋아요. 결혼 전에는 집에서 착한 딸로 순종하며 살았지만 결정적인 것은 강하게 고집을 피웠어요. 그런 고집이 있었으니까 시골에 내려와 사는 것 같기도 하고요. 시골에서 사는 사람들 보면 다들 한고집 하죠.

일상이 곧 자기실현의 장

《할머니 탐구 생활》이란 책에서 이런 말을 하셨어요. "시골에 살면 생활비가 적게 드는 건 사실이지만, 돈을 쓰려고 들면 돈 쓸 일은 여전히 많다. 욕망의 바람을 빼야지 비로소 생활비가 대폭 줄어든다." 어떤 뜻인가요?

제 경우는 시골에서 살면서 제일 버리기 힘든 게 입맛이더라고요. 초기에는 읍내에 나가 빵집 근처를 지나가면 "와, 진짜 맛있겠다" 하면서 뭐라도 꼭 하나 사 먹곤 했어요. 내가 그걸 스스로 채울 수 없다고 생각했으니까요. 그런데 그런 욕망은 그냥 저절로 없어지지는 않더라고요. 제가 직접 뭔가를 만들어 내기 시작하니까 그제야 그 욕망이 달라져요. 언제나 빵집 앞에서 약해졌는데, 제가 빵을 만들게 되니까 아무리 빵집 빵이 맛있게 보여도 '내가 만든 게 제일 건강하고 맛있어' 하는 생각이 분명해지더라고요. 그러니까 지금은 빵집 앞을 지나가도 '흠, 저거 뭐 들어가는지 뻔히 보이는데, 내 빵이 더 건강하고 맛있지' 하면서 무심히 지나가게 돼요.

제 기호대로 만들면서도 건강은 해치지 않게 만들 수 있으니까 욕망의 방향이 바뀌어요. 입맛에 맞으면서도 기름이나 버터, 이스트 없이도 빵을 만들 수 있는데 그런 빵은 안 팔아요. 유기농 밀가루라고 해도 자세히 보면 다 깎아 낸 것이고요. 그런 '제품'들의 허상을 알고, 내가 그 허상을 깰 수 있다 보니까 욕망의 방향이 바뀌면서 이전의 본능적인 욕망이 조절이 돼요.

'욕망의 방향이 바뀐다'는 표현이 공감 가네요. 그건 무언가를 '가지고 싶은 욕망'에서 나로 '존재하려는 욕망'으로 바뀐다는 의미일까요?

그렇게 볼 수 있겠네요. 맛있는 빵으로 배를 채우고자 하는 욕망에서 맛있고 건강한 빵을 만들어서 스스로 만족하려는 욕망으로 바뀌는 거죠. 그런 존재욕이 제법 채워지면 필요 이상의 소유에는 크게 연연하지 않는 듯해요.

"제 기호대로 만들면서도
건강은 해치지 않게 만들 수 있으니까
욕망의 방향이 바뀌어요.
빵으로 배를 채우고자 하는 욕망에서
맛있고 건강한 빵을 만들어서
스스로 만족하려는 욕망으로 바뀌는 거죠."

가지려는 욕망이 나를 사로잡기 시작하면 바닷물로 갈증을 채우려는 것처럼 충족되지 않은 채 계속해서 그걸 갈망하게 되잖아요. 그렇게 다른 것에 사로 잡혀서 살고 싶지 않아요. 내가 삶의 주인이 되지 못하니까요.

그런데 지나치게 줄이다 보면 되려 삶이 복잡해지지 않나요? 자동차를 포기하니 아이들과 오래 걸어야 하고 미리 계획도 세워야 하는 등 번잡해질 듯한데요.

저희 부부가 추구하는 건 생활을 단순화해서 내 일에 집중하자는 게 아니에요. 오히려 번거로우면 번거로운 대로 그 과정까지 즐기면서 놓치지 않겠다는 거죠. 가끔씩 초등학교에 강의를 나가는데 새벽같이 갈 수 없으니까, 그 전날 걸어 나가서 버스를 타고 그 학교에서 가장 가까운 이웃집에서 하룻밤 신세를 져야 해요. 그런데 이 과정이 번잡스럽다기보다는 오히려 제 마음을 더 집중시켜 줘요. 제가 쉽게 만날 수 있는 사람들이면 쉽게 대할 텐데, 우여곡절 끝에 찾아가서 만난 인연이다 보니 만남의 시간이 더 각별하고 밀도가 높아지죠. 옛날에는 삶의 리듬과 박자를 모르고 닥치는 대로 살았는데, 지금은 미리 준비를 해 놓고 기다려요. 무엇을 하든 기다려서 만나는 것이기 때문에 마음이 오롯이 거기에 집중이 되어서 번잡한 것과는 달라요. 산만함이나 복잡함은 분산되는 것인데 이런 준비하는 과정은 오히려 집중이 되지요. 더 심사숙고하게 되고요.

과정 그 자체에 집중하고 그러면서 즐길 수 있다니… 정말 필요한 가르침이네요. 만약에 생활의 큰 비중인 밥하는 시간을 줄이고 남는 시간에 좀 더 생산적이고 의미 있는 일, 예컨대 책 쓰는 일을 하는 게 낫지 않느냐고 묻는다면요.

솔직히 말해, 삼시세끼 해 먹고 사는 일보다 더 즐겁고 좋아하는 일이 없어졌어요. 시골에서 살면 살수록 밥해 먹고 사는 것 자체를 즐기게 돼요. 한 몸처럼 익은 것이기도 하고요. 몸의 한 부분을 뚝 잘라 내서 움직일 수 없듯이, 밥 먹는 걸 덜 중요하게 여길 수 없게 됐어요. 제겐 밥 먹는 것만큼이나 육아도 마찬가지예요. 많은 사람들이 어린이집 같은 데 아이를 맡기고 그 시간에 하고 싶은 걸 자유롭게 하라고 얘길 해요. 그런데 저는 그냥 애들과 어우러져서 함께하는 일상이 이미 한 몸처럼 편안해요. 이미 하나인데 일부러 뚝뚝 분질러서 이 일은 이 일, 저 일은 저 일 나눌 필요가 없어요. 생활이 곧 도 닦는 일이 되었다고 할까요. 밥하고 애 키울 시간을 줄여서 남는 시간에 따로 도를 닦는 게 아니라, 그냥 애 키우고 밥하는 것 자체가 도를 닦는 일이라고 생각해요. 생활이야말로 최고의 자기실현 방법이라는 걸 이제는 알고요.

예를 들어서 몸 바지런히 움직여서 밥해 먹고 사는 게 운동인데, 굳이 헬스클럽 가서 돈 쓰면서 땀 흘릴 필요가 없어요. 도시는 모든 게 딱딱 분리가 되어 있어요. 전 오히려 그게 더 비효율적인 삶이 아닌가 싶어요. 한 덩어리로 살면서 이것도 품고 저것도 품으면서 온전히 살 수 있는데, 굳이 분리해서 오히려 번잡하게 된 게 아닌가…. 인생의 의미는 다른 데 있는 게 아니라 일상에 있다고 생각해요. 그래서 일상을 충실히 살면 절로 그 의미를 알게 된다고 믿고요.

본래 한 덩어리인데 굳이 분질러서 복잡하게 살 필요가 없다, 공감이 되는 말이네요. 그런데 세끼 밥하고 농사짓고 아이들까지 돌보려면 여유시간이 없지 않나요? 책을 읽거나 글을 쓸 짬이 많이 안 날 것 같은데요.

아니요!(웃음) 책 읽을 시간 많아요. 저 한가해요. 종일 농사나 집안일에 매달리는 게 아니니까요. 게다가 텔레비전이나 게임 같은 오락이 없으니까 주로 책을 봐요. 아이들 교육도 결국 책을 읽어 주는 거니까 많이 읽게 되고요. 제 큰아들은 심지어 여호와의 증인이 가져오는 〈깨어라〉 잡지도 기다렸다가 받아서 열심히 읽는걸요.(하하) 그분 오시면 너무 반가워하고, 표지 그림 보면서 지구냐고 물어보기도 하고요. 글은 주로 자다가 새벽에 일어나서 써요. 정기적으로 쓰는 건 가톨릭 뉴스 〈지금 여기〉에 쓰는 글인데, 이런 건 마감날짜 바로 전날 새벽에 일어나서 후다닥 쓰죠. '똥줄 효과'라고 닥치면 나오는 게 있어서요. (하하)

풍성한 이야깃거리가 가득한 시골

짐작건대 친구들은 도시에서 일을 하며 배우고 있는 걸 생각하면 뒤처지는 거 아닌가 불안해했을 법한데, 시골에 와서 따로 뭔가를 배우지는 않았나요?

초기에는 도시에서 살던 습관이 있어서, 한 달에 한 번씩 그림책 공부하러 서울에 올라갔었어요. 글쓰기에 대한 미련이 많이 남았던 거죠. 동화작가 채인선 선생님의 워크숍을 들은 후 소모임 만들어서 함께 공부하고 전시회를 하기도 했어요. 사실 시골에 처음 내려올 때만 해도 '이제 책은 쳐다도 안 본다'는 마음이었는데, 막상 내려와 보니까 시골 일상에서 이야깃거리가 계속 생기는 거예요. 도시보다 시골이 훨씬 이야기할 게 많더라고요. 그래서 나도 모르게 그걸 어떻게 풀어내고 표현해야 할지를 고민하고 있더라고요. 도시에서는 '뭘 써야 하지?' 하는 글감이 늘 고민이었는데, 시골에는 일상에서 글감이 넘쳐 나서 고민일 정도예요.

사람이나 사건과 마주침이 더 많은 도시가 말할 거리가 많을 것 같은데, 그 반대인가 보죠? 왜 시골의 삶에 이야깃거리가 더 많나요?

몸으로 삶을 직접 만나니까 그런 거예요. 도시에서는 내가 직접 경험한 것이라기보다는 어디서 읽은 것, 들은 것 등을 재해석해서 글을 짓는 경우가 대부분이죠. 그런 간접 경험도 내 것이긴 하지만 엄밀히 말해 그건 진짜 내 것이 아니잖아요. 시골에서는 쑥국 한 그릇을 끓이더라도 종일 가시덤불에서 손 찔려 가면서 쑥 뜯고, 몇십 분 동안 추려서 갈고, 콜록거리며 연기 마셔 가며 불 때느라 고생해야 해요. 그러니 이야깃거리가 풍성할 수밖에요. "쑥국은 참 향긋하다"라는 말의 무게가 도시에서 쓰는 것과 시골에서 직접 몸으로 부딪히며 느끼면서 쓰는 것과는 다르죠. 글의 '결'도 완전히 다르고요. 이건 제가 출판사에서 일할 때에도 몰랐던 사실이에요.

그래서인가요, 《할머니 탐구 생활》을 읽어 보니 부러울 정도로 글이 깊더라고요. 글을 써서 베스트셀러 작가로 유명해지고 싶은 마음은 없나요?

만약에 먹고살 길이 막막하면 그런 것에 대한 미련이 클 것 같아요. 그런데 지금은 우리 가족이 먹고살 수 있는 걸 직접 만들 수 있고 자급자족이 되니까 먹고사는 문제에 크게 매달리지 않게 돼요. '책이 많이 팔려서 돈을 벌면 이 돈으로 뭘 해야지' 하는 것도 별로 없고요. 아무리 돈을 많이 벌어도 제가 직접 차려 낸 밥상만큼 맛있고 건강한 밥상을 다른 누가 차려 줄 거라고 생각하지 않으니까요. 사실 "돈이 많으면 그걸로 당장 뭘 할 건데?" 물으면 할 말이 별로 없어요.

책은 앞으로도 계속 펴낼 생각인가요? 그 재능을 묻히기엔 너무 아까운데요.

책으로 펴내는 건 몰라도 글은 계속 쓰고 싶어요. 글이라는 것 자체가 주는 힘이 되게 큰 것 같아요. 글이 삶을 만들어 가죠. 저는 그냥 이렇게 편하게 살고 싶은데, 글은 항상 좀 더 의미 있게 살라고 저를 끌고 가요. 글이 저의 약한 의지와 모난 성격을 잡아 주는 수련의 도구가 되는 거예요. 게다가 제 글도 이렇게 의미 있게 봐 주시는 분들이 계시니까 계속 쓰고 싶고요.

서점에 가 보면 주로 주류의 사람들과 도시 사람들의 이야기가 대부분이에요. 시골에도 나름의 삶이 있는데 시골의 이야기는 묻히거나 베일에 가

시골의 삶은 단순한 듯 보이지만
그 속은 즐겁고 감각적인 이야기들로 가득하다.
몸으로 부딪힌 삶의 이야기는 마음으로 곧장 스며든다.

려지거나 혹은 너무 과장되어 있죠. 그래서 제 글을 통해 솔직담백한 시골의
삶을 책으로 내서 보여 주고 싶어요.

시골생활 10년을 돌아보며

벌써 시골 10년 차가 되셨네요. 그동안 무엇이 제일 달라졌다고 느끼나요?

무엇보다 몸이 바지런해졌어요. 도시에서는 머리로 생각만 했죠. 그때
는 '생각'이 나를 이끄는 원동력이라고 여겼는데 지금은 생각은 진짜 거품 같
다는 걸 이해하게 됐어요. 내 몸이 움직여서 달라지지 않으면 삶은 바뀌지 않
는다는 것도 알게 되었고요. 원래 게으른 편인데도 가능하면 몸을 놀게 하지
않으려고 많이 노력해요. 《할머니 탐구 생활》도 그래서 시작한 거예요. 할머
니들을 보면 정말 쉬지 않고 일하시거든요. 그게 삶의 비법인 것 같아요. 망상
에 빠지지 않고 자기 삶을 살아 내는 비법요. 잡념이 끼어들 새가 없도록 몸을
바지런히 움직이는 거죠. 그래서 일상에서 지지고 볶고 하는 것은 도시 사람
들과 똑같지만 시골 할머니들은 큰 고민이나 걱정이 없으세요.

도시 사람들은 너무 몸을 안 움직여요. 고정된 자세로 오랫동안 머리만
굴리며 일하죠. 그러다 보니 머리 따로 몸 따로 분열된 삶을 살고 있다고 생각
해요. 일단은 내 몸을 움직여서 무언가 만들어 내고, 몸을 움직여서 무언가 주
변이 달라지고, 이런 것들을 스스로 자꾸 확인해야 삶과 앎 사이의 간극이 없
어질 텐데요. 그러면 생각이 아니라, 일상이 삶을 이끌게 돼요.

그 10년 동안 힘든 일도 많았을 텐데, 무엇이 가장 힘들었나요?

어려운 일이 왜 없었겠어요. 무엇보다 관계 때문에요. 마을 사람들과 함
께 살아가는 일이 너무 힘들어서 이사를 가고 싶었던 때도 있었어요. 예를 들

어, 여덟 살인 첫째 다울이를 학교에 안 보낸다고 뒷집 아저씨께서 저희 부부를 아동학대로 신고한 일이 있었어요. 저희 나름의 철학과 방법으로 집에서 가르치는 건 모르시고요. 또 어떤 분은 개한테 사료 안 먹이고 밥만 준다고, 술 먹고 찾아와서는 동물 학대하지 말라고 호통치기도 하셨죠. 저는 개인적으로 동네 분들이 농약병을 함부로 버리고 쓰레기를 태우는 것 때문에 괴롭기도 했고요. 힘든 일이 많았죠. 그럼에도 불구하고 서로 마주쳐 서로를 이해하는 일이 가치 있다고 여겨서 마음을 다스리며 맞춰 살아가고 있어요.

혹시나 독자 분들께서 오해 마셨으면 해요. 제 인터뷰가 행여나 '도시는 지옥, 시골은 천국'이라고 들릴까 봐 조심스럽네요. 사람이나 상황에 따라, 시골에서도 얼마든지 지옥을 경험할 수 있으니 환상은 갖지 말라고 당부드려요. 어디서건 자기가 바로 서서 꿈을 현실로 만들어 가는 게 중요하니까요.

결국 공간이 아닌 마음가짐의 문제군요. 시골이든 도시든 나름의 어려움은 있으니까요. 이십 대에 귀촌하셨는데, 젊어서 시골에 오길 잘했다고 생각하세요?

진짜 잘했다고 생각해요. 더 빨리 올 수 있었다면 좋았겠다 싶을 정도로요. 시골을 즐기려면 몸이 바뀌어야 한다는 말씀을 드렸잖아요. 몸은 최대한 젊을 때, 최대한 부드러울 때 바꾸기 쉬운 거예요. 그때 몸에 익어야지 나이 들어서 뻣뻣해지면 지금 받아들일 수 있는 것보다 훨씬 못 받아들여요.

된장 하나를 담가도 해마다 맛이 다르고 이런저런 경험 속에서 맛이 깊어져 가는 건데, 조금이라도 빨리 경험해서 거기서부터 나만의 경험을 하나씩 쌓아 가야 그게 자신의 삶이 되는 거라 생각해요. 나이 들어서 로봇처럼 이미 굳어 버린 몸을 가지고 옛날 경험과 편견들을 짐짝처럼 다 짊어지고 와서 시골에서 살려면 쉽지가 않아요.

책에서 쓰신 것처럼 "젊은이가 시골 할망구들 사이에서 뭘 배우겠냐. 젊었을 192

땐 꿈을 펼치고 나이 들어서는 삶을 돌아보는 장소로서 시골에 와야 한다"는 말을 하는 사람들이 많아요. 이에 대해서는 어떻게 반론하시겠어요?

우리는 인생에 뭔가 거창한 의미가 있다고 생각해요. 그래서 열심히 배우고, 열심히 추구하죠. 그런데 사실 일상을 떠난 배움과 추구는 깊이가 얕아요. 겉으론 그럴듯해 보여도 조금만 들어가 보면 금세 밑천이 드러나게 마련이죠. 할머니들을 보면 일상의 위대함을 알 수 있어요. 저도 처음에는 빈집처럼 보이는 집에서 유령처럼 살아가는 할머니들이 이상하게만 보였어요. 나보다 훨씬 모르는 분들이고, 왠지 답답하고, 괜히 참견하는 분들이라 생각하기도 했죠. 그런데 가까이서 바라보면서 할머니들의 강인한 생명력과 지혜에 넙죽 엎드리게 되더라고요. 나물 캐러 산을 가 보면 저보다 훨씬 산을 잘 타시고 속속들이 뭐가 있는지 다 보시고, 뚝딱뚝딱 말만 하면 다 고쳐 내시고, 청국장 하나를 끓여도 훨씬 깊은 맛을 내고, 글자도 못 읽는 분이지만 훨씬 지혜로운 말들을 하시고… 정말 어디다 내놔도 생존할 수 있는 분들이더라고요.

도시 사람들은 뭔가를 돈으로 시고 누리는 능력은 있을지 몰라도, 자기 스스로 만들어 내고 찾아내고 창조하는 능력은 점점 퇴화하고 있어요. 그런데 시골 할머니들 안에서 그걸 발견하고 정말 뒤통수를 한 대 맞은 느낌이었어요. 예컨대 할머니들은 항상 '함께 살아야 한다'는 마음을 가지고 계세요. "혼자 먹으면 맛있간디? 같이 노나 먹어야지 맛있제. 이거 다 뭐 할 거여. 있을 때 노나 먹는 거지" 하는 식이에요. 서로 티격태격 싸우기도 하시지만 할머니들은 그러면서도 모두 함께 가야 한다는 생각을 가지고 사시죠.

도시에서 살 때는 제가 제법 현명하다고 생각했는데, 막상 시골에서 살아 보니까 철저한 도시인이라는 걸 알게 되었어요. 니 것 내 것 딱딱 나누고, 내 건 뺏기기 싫어하고, 그런 모습들이 저한테 되게 많더라고요. 그러다가 할머니들의 풉풉 퍼 주시는 그 손 한 번에 마음이 허물어지고, 또 허물어지고, 그런 일이 반복되면서 나눔이 머리로만이 아니라 진짜 생활로 다가왔던 거예요. 시골에 와서 막상 열어 보니 제 이기적인 모습에 스스로 움츠러들었는데 할머니들이 툭툭 건드려 주니까 열리고 또 열렸던 거죠. 그러면서 '행복하게 산다는 게 참 별거 아니구나. 그냥 내 밥그릇에 있는 밥 한 술 남한테 퍼 주면서 같이 먹으면 더 맛있게 먹을 수 있는 거구나' 그런 생각들이 자연스럽게 제 안에 자리 잡게 된 거예요.

지금 생활에 아주 만족하시는 것 같아서 참 보기 좋아요. 부럽기도 하고요. 앞으로는 어떻게 살고 싶나요?

제 앞에 먼 미래가 있다고 생각하지 않고 살려고요. 오늘 하루가 제게 최대한 가까운 미래죠. 하루를 알차게 보내면서 살 생각이에요. 식물은 어떻게든 기어이 햇빛 쪽으로 줄기를 뻗으면서 살아 내잖아요. 지금까지는 그렇게 살아온 것 같아요. 이제는 자급자족으로 어느 정도 뿌리를 내리고 불안과 두려움에서 벗어났다는 생각이 들어요. 제가 좀 안정되니까 이제는 다른 사람들의 삶이 보이기 시작해요. 원래 제 성향 자체가 좀 은둔자 기질이 있어서 사회문제에 관심이 없었는데, 요즘은 세상 소식에 민감해져요.

원자력 발전소나 송전탑 같은 문제, 학교폭력 같은 아이들 교육 문제…. 그래서 녹색당에도 가입하고 교육협동조합 준비 모임도 하고 있어요. 그런 새로운 사람과 사람 사이의 연결을 통해 새로운 삶을 계속 만들어 내는 것에 관심이 많아졌어요. 시골에 살아 보니 내가 혼자 살 수 있다는 건 교만인 것 같아요. 공동체가 강해져야 제가 강해진다는 것도 알게 되었고요.

오늘 인터뷰 감사합니다. 이야길 듣다 보니 고민이었던 게 더는 고민이 아니게 되네요. 귀촌이 별것 아니라는 생각마저 들고요.

(웃음) 맞아요. 그냥 와서 즐겁게 지내면 돼요. 그게 바로 제가 하고 싶은 이야기예요.

　　　　　그녀의 담담한 이야기를 듣는 동안, 마음속에서 '난 대체 뭘 고민하고 있는 거지?' 하는 생각이 여러 번 들었다. 크게 바라거나 이루고자 하는 것 없이 삶을 자족하며 지금 이 순간을 사는 그녀가 대단해 보이면서도 한편으로는 그다지 어려울 게 없어 보였다. 그냥 욕심을 내려놓고 지금 여기서 펼쳐지는 것들을 경험하고 즐기면서 살면 되는 것 아닌가. 갑자기 귀촌을 준비한답시고 이렇게 인터뷰까지 하고 있는 스스로가 조금 우습게 느껴졌다.

　　삶의 풍요로움이 수입의 크기에 달려 있는 것은 아닐 것이다. 미래가 아닌 지금을 살고, 사소한 것에서 행복을 만나며, 불편함 이면을 새롭게 바라보고, 이웃과 나눌 줄 아는 삶의 태도야말로 풍성함의 비결임을 그녀는 삶을 통해 증명하고 있다는 생각이 들었다. 그래서인지 '인생의 의미는 일상 속에 있다'는 그녀의 단순한 말이 가슴을 파고들었다. 그 말을 들으면서 나는 언젠가 읽었던 틱낫한 스님의 책 한 구절을 떠올렸다.

　　"설거지 하는 법에는 두 가지가 있지. 하나는 그릇을 깨끗하게 하려고 설거지를 하는 것이요, 다른 하나는 설거지를 하려고 설거지를 하는 걸세. 자네는 설거지를 하려고 설거지를 해야 하네."

　　당시에는 알쏭달쏭했던 이 말을 이해하게 된 것은 몇 년이 지나서였다. 스님이 강조하고자 했던 것은 설거지를 할 때에는 다른 생각 없이 설거지에만 마음이 머물러야 한다는 것이었다. 설거지를 하면서 끝났을 때의 깨끗함과 해방감을 생각한다면, 그래서 마치 성가신 일을 처리하듯 서둘러 그릇을

씻게 된다면 설거지하는 동안 '지금, 여기'에서 알차게 살지 못한 것이라는 의미였다. 그런 식이라면 설거지가 끝난 후에 마시는 커피 한잔 역시도 제대로 마실 수 없을 것이다. 커피를 마시면서 다음 번 일을 생각하느라고 자기 손에 커피잔이 있는지조차 모를 테니 말이다. 일하기 위해 먹을 것을 대충 때우고, 퇴근하기 위해 밀린 업무를 해치우는 게 일상다반사인 현대인들은 그렇게 아직 오지도 않은 미래에서 헤매느라고, 자기 삶의 한순간도 알차게 살지 못하고 있다.

"번거로우면 번거로운 대로 그 과정까지 즐기며 놓치지 않으려 한다"는 그녀의 말에 고개가 끄덕여지는 것은, 그 속에 삶을 알차고 풍요롭게 사는 비결이 담겨 있기 때문이다. 어떤 목표나 목적 때문이 아니라 과정 그 자체에 오롯이 몰입할 때 우리는 행복감과 살아 있음을 느낀다. 비록 그 일이 밥 짓고, 빨래하고, 설거지하는 사소한 일일지라도 말이다. 과정 없이 결과만 누리고 살면서도 윤기 자르르하게 잘 사는 도시 사람들에 비해 볼품없는 결과일지라도 과정 하나하나를 놓치지 않고 음미하려는 그녀의 이야기에 오늘날의 우리가 귀를 기울여야 하는 이유다.

도시가 '미래'를 향해 끊임없이 달려가는 공간이라면 시골은 '현재'를 위해 느긋하게 머물 수 있는 공간이다. 그런 점에서 시골은 자연스러운 삶의 리듬에 몸을 맡긴 채 '설거지를 위한 설거지'에 몰두할 수 있는 곳이 아닐까. 내가 여기 서서 밥을 짓고 그릇을 닦고 있다는 사실이 그대로 삶의 기쁨이 되는 곳, 온전하게 나 자신으로 현재에 존재할 수 있는 곳, 일상이 곧 도량이며 생활이 곧 수행이 되는 곳, 큰 고민 없이 '살아감' 그 자체를 즐기며 음미하는 공간으로서의 시골, 욕심의 바람을 조금만 뺀다면 그리 어려운 일은 아니지 않을까.

1 귀촌을 거창하게 생각할수록 시골행은 멀어진다. '1년만 살아 보자'
는 실험정신으로 몸으로 체험하는 과정에서 두려움과 맞붙어 보는
건 어떨까.

2 아무리 귀촌이라 할지라도 우리 가족이 1년 먹을 만큼의 농사를 짓
는 것은 필요하다. 자급자족은 무엇이든 할 수 있는 자신감을 선사
할 테니까.

3 편리함의 자리에 삶의 우연성을 집어넣어 보자. '차 없이 살기/컴퓨
터 없이 살기/장난감 없이 살기…' 많은 우연과 변수 속에서 일상은
짧은 여행이 될 수도 있을 터.

4 욕망이 버거울 땐 욕망의 방향키를 돌려 보는 건 어떨까. 가지는 삶
에서 살아 있음 그 자체로. 그 방향키를 쥔 건 결국 몸으로 삶을 사는
나에게 있다.

5 생활이 곧 배움이며 수행이다. 세끼 밥을 짓고 청소를 하고 아이를
키우는 일에 온전히 집중해 보자. 인생을 잘 살려 하기보단 하루를
잘 살자.

홈스쿨, 학교 밖 시골에서
꿈꾸는 아이들

김형태·박미영 경남 합천, 북카페 토기장이의 집

"학교요?

가정이 교실이고 자연이 스승이죠"

처음 귀촌을 꿈꾼 것은 아이들 때문이었다. 아이가 자연과 더불어 자라게 하고 싶었다. 자연이 스승이 되어, 아이를 건강하게 빚어 줄 것이라 믿었다. 그런데 막상 귀촌을 결심하니 우선 아이들 교육 걱정부터 앞섰다. "학교는 어떻게 다니려고 그래?" "시골에는 또래 친구들이 없을 텐데…," "아이를 왜 마루타로 삼으려 하냐" 등 주변 사람들의 걱정 또한 한몫했다. 풍요로운 자연이 아이의 감수성에 미칠 영향만 생각했지 아이의 교육에 대해서는 구체적으로 생각을 해 보지 않은 것이 사실이었다. 주변의 걱정이 더해질수록 내 안의 두려움도 함께 커져 갔다.

'홈스쿨(home-school)'이라는 말을 들어 보긴 했지만 한 번도 적극적으로 알아보려고 하지 않았다. 내게는 그럴 능력도 여유도 없다고 생각했기 때문이다. 주변에서 홈스쿨로 아이를 잘 키웠다는 부모는 고사하고 시도를 해 봤다는 부모 이야기조차 들은 적이 없었다. 그러다 우연히 한 기사에서 홈스쿨로 아이 셋을 키웠다는 목사 부부의 이야기를 읽게 되었다. 그들의 세 자녀는 초등학교만 졸업하고 본인들의 선택으로 홈스쿨을 시작하게 되었단다. 어느덧 10년이 지나 큰딸이 벌써 스물셋이 되었다.

첫째 딸은 생명을 살리는 농사를 지으며 글을 쓰는 '농부 시인'이 되었다. 열여덟 살에 친구들과 함께 떠난 300일간의 '공감 유랑'이 그 계기가 되었단다. 어릴 적부터 건강한 쿠키와 케이크로 세상을 행복하게 만드는 꿈을 꾸었던 둘째 딸은 뮤지컬에 매료되어 지금은 뮤지컬 극단에서 공부하면서, 극장 티룸에서 파티셰로 일하고 있다. 음악을 좋아하는 열아홉의 막내아들은 자작곡을 만들고, 〈청소년 기타 교실〉을 운영하고, 근처 중학교에 방과후학교 강사로 출강하기도 한다.

무엇보다 그들은 홈스쿨이란 대안을 제시하고 자신들을 이끌어 준 부모에게 '감사하고 있다'고 했다. "엄마 아빠를 생각하면 답이 안 나온다"는 자녀들이 대부분인 요즘, 대체 무엇을 어떻게 가르쳤기에 아이들이 모두 부모를 존경한다고 말하는 걸까? 엄마인 박미영 씨가 쓴 글에는 다음과 같이 담담하게 적혀 있을 뿐이어서 더욱 궁금해졌다. "우리 부부는 아이들에게 학교 공부 대신 뭔가를 애써 가르치려 했던 적이 없는 것 같다. 그저 함께 책 읽고 토론하고 자기 생각을 글에 담아 나눴다. 그것이 우리가 하는 공부 전부였다."

늘 시골에서의 삶을 꿈꾸었던 그들은 5년 전 경주를 떠나 청송과 산청을 거쳐 현재 경남 합천 황매산 자락에 보금자리를 마련했다. 좋은 인연의 도움을 받아 작은 가정집에 둥지를 틀고, 비어 있는 옆 공간을 활용해서 〈토기장이의 집〉이란 북카페 겸 교육공간을 열 수 있었다. 이곳을 찾은 이들과 차를 마시고 자연스럽게 이야기를 나누며, 도시의 전유물로 여겨졌던 인문학 교육과 토론, 글쓰기 등의 수업을 진행하는 〈담쟁이 인문학교〉를 운영하고 있다.

세상이 시키는 대로가 아닌, 아이들이 꿈꾸는 대로 살게 하고 있는 이들 부부를 찾아 합천으로 향했다. 마을 어귀에 차를 세우고 초봄의 싱그러운 기운이 감도는 언덕을 조금 걸어 올라가자 〈토기장이의 집〉이 보였다. 카페 문을 열자 창고 벽돌과 원목 테이블과 벽난로가 한데 어우러진, 마치 오래된 성의 작은 다락방 같은 아늑한 공간에서 김형태, 박미영 부부가 밝은 미소로 우리를 맞아 주었다.

오래된 성 안의 다락방 같은 공간을
밝은 미소로 채우는 김형태, 박미영 부부.

좌충우돌, 홈스쿨 입문기

시골로 오시기 전부터 홈스쿨을 하고 계셨던 걸로 알아요. 당시만 해도 홈스쿨이라는 개념 자체가 낯설 때였는데, 어떻게 결심하게 되셨나요?

박미영(이하 '미영') 남편이 신학대학에서 공부할 때 기독교 교육학을 전공했어요. 수업을 듣다가 홈스쿨이라는 개념을 알게 되어서 집에 와서 그 이야길 하는 거예요. 그런데 저한테는 굉장히 이상적인 교육 같은 느낌이었어요. '그런 걸 우리 같은 보통 사람이 할 수 있나?' 하는 생각도 들고요. 그런데 남편이 그 말을 한번 하고 지나가는 게 아니라 그다음에도 계속 이야기하는 거예요. "나는 자연이 주는 영성이 있다고 생각한다. 자연 속에서 아이들을 홈스쿨로 키우고 싶다"면서요. 그러면서 "당신이 원치 않으면 하지 않겠다"는 말도 하고, 또 "하더라도 초등학교는 졸업한 후에 시작했으면 한다"라고 하더군요. 당장 하자는 것은 아니어서 안도했죠.

그런데 남편이 툭툭 던진 말이 계속 제 안에 머물러 맴도는 거예요. 그러다 보니 홈스쿨에 관한 책을 읽게 되고 홈스쿨을 하는 집에 탐방을 다녀오기도 했죠. 당시에도 홈스쿨을 하는 사람은 있었지만 대단히 파격적인 경우였어요. 특히 초등교육은 의무였으니까 교육기관에서도 홈스쿨을 하는 부모에게 법적 대응을 한다느니, 벌금(300만 원)을 물린다느니, 징역을 살게 하겠다느니 하는 식으로 협박을 하던 시절이었죠. 그때 시작하셨던 분들은 신념이 뚜렷하고 강직한 분들이셨어요. 그런 분들이 쓰신 책을 많이 사서 봤어요.

얼마나 막막하셨겠어요. 아이들은 처음에 홈스쿨을 어떻게 받아들이던가요?

김형태(이하 '형태') 저희 부부가 원칙으로 삼았던 게, 홈스쿨을 할지 말지는 아이의 선택에 맡기자는 것이었어요. 언제 시작할지도 아이가 선택하도록 했고요.

미영 　그래서 첫째 예슬이가 6학년이 되었을 때 아이에게 홈스쿨이라는 다른 방식의 교육이 있다는 것을 설명해 주면서 "친구들과 조금 다른 길인데, 한번 해 볼래?" 하고 말을 던졌어요. 예슬이가 좀 생각해 보겠다고 하더라고요. "이번 여름방학 때 내가 홈스쿨을 할 수 있는 사람인지, 실제로 홈스쿨을 하는 것처럼 지내볼게요" 하더군요. 덥석 하겠다고 하는 것보다 믿음이 가더군요. 그런데 여름방학이 가고 11월이 될 때까지 아무 말을 안 하는 거예요. 그래서 내심 '다행이다' 생각했죠. 저는 어찌 됐든 남편과의 약속을 지킨 셈이고 엄마로서 책임도 다했으니 굳이 다시 물어서 혹시라도 하고 싶게 자극할 필요가 없잖아요.(하하) 그래서 가만히 있었죠. 그런데 11월 말 즈음에 예슬이가 "엄마 그때 말한 홈스쿨, 나 아직 할 수 있어요?" 하고 묻더군요. 그때 가슴 한쪽에서 '쿵!' 하는 소리가 들렸어요. 겉으로는 내색 안 하고 "그럼, 가능하지"라고 대답하면서도 마음이 편치 않았죠.

하하. 정말 가슴 철렁하셨겠어요. 그렇게 예슬이가 초등학교를 졸업하고 스타트를 끊었군요. 아무래도 처음이다 보니 생각했던 것과는 많이 달랐을 것 같은데요.

미영 　저는 나름대로 많이 준비했다고 생각했어요. 책도 많이 보고 탐방도 하고, '만약 내가 홈스쿨을 하면 이렇게 해야지'라는 계획도 분명했죠. 그런데 수영을 책으로 자유형, 평영, 접영 다 열심히 공부했다가 물에 탁 빠진 기분이랄까요. 그냥 '어푸, 어푸' 하면서 허우적댔죠. 현실은 너무 다르더라고요. 어떤 홈스쿨 책에 보니까 "아이가 길을 가르쳐 주더라"라는 표현을 썼던데, 제 아이들을 아무리 바라봐도 그 길이 나올 것 같지는 않고(웃음), 제가 부모로서 뭔가를 열심히 해야 할 것 같았어요. 지금 와서 돌아보면, 그 괜한 책임감 때문에 많이 힘들었던 것 같아요.

예슬이는 학교 다닐 때에 굉장히 모범생이었어요. 학원을 다니거나 학습지, 과외를 한 적이 없는데도 자기 스스로 즐겁게 공부하는 편이었죠. 성적도 좋았고요. '가만히 두어도 제도권 안에서 잘해 나갈 아이인데, 부모가 굳이 이렇게 밖으로 빼내서 고생을 시키는구나' 하는 생각을 아주 많이 했어요. 저뿐만 아니라 예슬이도 힘들어하는 게 보였으니까요. 학교의 꽉 짜인 일정표에서 빠져나와서 갑자기 자유가 무한으로 주어지니까 어찌할 바를 몰라 하는 거예요. 그래서 같이 한 1~2년 힘들어했죠.

당시 저희는 경주의 황성동이라는 곳에 살았는데, 학원가 밀집 지역이었어요. 아파트 창문만 열면 학교를 파한 아이들이 빠르게 학원으로 빨려 들어가는 동선이 보여요. 그때마다 저는 부모의 개똥철학 때문에 아이들을 망치는 것 아닌가, 나중에 아이들이 "엄마, 왜 나를 이렇게 키우셨어요" 하면 어떡하지, 하는 불안에 떨었죠. 그럴 때면 정말 감당하기 힘들었어요.

그렇게 불안하거나 힘들 때는 어떻게 하셨어요?

미영 저희가 불안하다고 아이끼지 흔들어 놓을 수는 없잖아요. "엄마, 아빠하고 요 앞에 산책하고 올게" 한 다음 집을 나서서 차를 타고 어디론가 가서는, 남편에게 울면서 "여보, 나 불안해서 못할 것 같아요. 아이들을 망치면 어떡해요" 하소연하곤 했죠. 그런데 남편이 그때 어떤 해결책을 빨리 내놓으려고 하지 않더라고요. "당신 많이 힘들었겠다" 그렇게 토닥거려 주기만 했어요. 아이들을 기다려 준 것처럼, 그냥 나를 기다려 주고 감정적으로 보듬어 주었어요. 지금 와서 돌아보면 그게 훨씬 고수이고 강적의 방법이었던 것 같아요.(웃음) 그렇게 한바탕 울고 집에 오면 다시 시간이 흘렀고, 초기에는 그렇게 겨우 겨우 버텼어요.

그래서 저는 홈스쿨을 한다는 가정에는 "절대 부부가 합의하에 해야지 어느 한쪽이 강권해서는 안 된다"고 꼭 말해요. 부부가 확신과 믿음을 가지고 있어야 불안감이나 어려움을 함께 이겨 나갈 수 있으니까요.

다행히 두 분은 마음이 맞아서 잘 이겨 내신 것 같네요. 시간이 많이 흘렀는데, 지금 돌아보면 그 힘들었던 시기를 어떻게 평가하세요? 두 분도 처음 홈스쿨을 경험하신 건데 초기에는 아이들과 어떤 시행착오를 겪으셨나요?

미영 돌아보면 그때는 공교육의 여독(餘毒)을 빼는 과정이었어요. 초등학교만 다녔을 뿐인데도 저나 아이들 안에 습관이나 고정관념이 많이 쌓여 있었던 거죠. 예를 들어 학교를 대신해서 부모가 뭔가를 가르쳐야 한다는 생각 같은 것 말이에요. 그 1년은 '부모가 무언가를 해 줘야 한다'는 마음에서 '부모는 가급적 뭘 하지 말아야 한다'는 마음으로 변하기까지의 과정이었어요.

어쨌든 저희는 큰딸과 첫 1년 바짝 힘들었고, 2년째까지는 좌충우돌을 같이했어요. 2년 차에도 애써서 무얼 하지 않아야겠다는 생각 한 가지는 바꾸지 않으려고 대단히 애를 썼고요. 무언가를 가르치려고 했으면 차라리 쉬웠을 거예요. 사교육의 힘을 빌릴 수도 있었을 테고요. 그런데 부모가 가능하면 아무것도 하지 말아야 한다는 것이 저희의 원칙이자 철학이었죠. 그 2년 동안 이 원칙을 지키는 게 너무 어려웠어요.

나중에 '학교너머'라는 교육 네트워크를 만났어요. 당시 학교너머는 선생님들이 나서서 뭔가를 기획하는 곳이 아니었어요. 학생들이 기획해서 스스로 선생님을 섭외하는 방식이었어요. 지금은 학교너머가 많이 바뀌었지만, 예전에는 그랬어요. 그 활동이 아이들을 굉장히 성장시킨 것 같아요. 그 모임을 통해서 1년에 두 번 국토순례를 했었고, '공감 유랑'이라고 버스를 타고 300일 동안 전국을 여행하는 프로그램에 참여했어요. 그 여행을 시작할 때 아이들이 각자 목표를 정했는데, 예슬이는 시를 써서 1년 후에 시집을 내 보겠다고 정했죠. 결국 예슬이는 그 목표를 지켰어요. 그렇게 여행을 다녀온 후부터 예슬이가 굉장히 달라졌어요. 내면의 힘이 강해졌달까요.

부모의 개입을 최소화하는 게 원칙이라고 하셨는데, 아이들에게 그렇게 많은 자유를 주는 게 과연 교육적으로 좋은 일일까요? 지나친 자유가 자칫 방종으로 흐를 수 있고요.

형태 많이들 그렇게 생각하시죠. 제 생각엔 제도권 안에서 자유를 별로 가져 보지 못한 아이일수록 그걸 제대로 사용할 줄 모르는 것 같아요. 실컷 놀거나 사색할 시간이 없었던 아이에게 자유를 주면 방종이 되어 버리죠. 그런데 자신의 욕구가 충분히 채워진 아이에게 자유는 엄청난 에너지가 돼요.

미영 아기들이 태어나서 말을 배우는 시기가 되면 "엄마, 이건 뭐야? 이건 왜 그래?" 하고 끊임없이 묻죠. 이런 호기심, 알고 싶어 하는 욕구는 배변하고 싶은 욕구와 똑같은 본능이에요. 똥 마려울 때 똥을 누듯이 아이들은 본능적으로 배울 때를 알고, 놀이를 통해 스스로 배워 나가요. 그런데 아이들이 자연스럽게 '놀면서' 만들어 가야 할 무수한 창의성과 배움을 조기교육이라는 이름으로 덮어 버리고 있어요. 아이들 머릿속에 담긴 커다란 우주를 어른들이 규정한 몇 가지 도구를 통해 닫아 버리고, '하기 싫다'는 반항감이 마음에 새겨지도록 해요.

부모가 보기엔 아이가 책상에 앉아 있으면 공부를 하는 줄 알죠. 아이 입장에선 책상 앞에 있으면 엄마 아빠 눈을 속이고 무얼 해도 허락받는 상황이 되어 버려요. 그러니 마음껏 몸을 움직여야 하는 시기에 가만히 책상에만 앉아 있게 되죠. 그러다가 스무 살이 되어 대학에서 갑자기 자유가 생기면 어떻게 시간을 쓰며 놀아야 하는지를 몰라요. 저는 아이들이 몸으로 놀 때 진정한 배움이 일어난다고 믿어요. 놀면서 자기가 무얼 좋아하는지도 알고, 잘하는 것도 알게 되죠. 사색도 마찬가지예요. 아이들이 멍 때리고 앉아 있는 것처럼 보이면 부모님들은 대개 불안해해요. 사실은 그 아이들의 뇌 속에서 우주 폭발이 일어나고 있는데요. 아주 어린 아이들조차 자기의 삶을 스스로 고민하는 힘은 굉장히 강해요. 사실은 부모님이 그 사실을 믿지 않아서 모를 뿐이죠.

초등학교 때 예슬이 친구가 시험을 보고 나서 막 울더래요. 예슬이가 "너

왜 우니?" 하고 물으니까 70점 아래로 내려가면 엄마한테 매를 맞는다고 했다는 거예요. 예슬이가 집에 와서 한다는 말이 "시험 성적이 안 좋으면 가장 슬픈 건 자신인데, 왜 엄마가 매를 들지?" 하고 묻더라고요. 그 말, 맞지 않아요? 가족은 가장 슬플 때에 위로가 되는 존재여야 하는데 오히려 위협이 되고 있어요. 혼자서 가만히 사색하는 시간, 그리고 마음껏 몸을 움직여서 노는 시간을 많이 가진 아이들은 고유의 에너지가 있어요. 일단 자기가 무얼 배우고 싶어 하는지가 마음속에 담기기만 하면 배움으로 달려가는 힘이 엄청나죠. 그땐 부모가 막는다고 해서 막을 수 있는 정도의 힘이 아니에요.

홈스쿨의 핵심은 '홈'

처음에 김형태 선생님이 홈스쿨에 매료되셨던 건 공교육에 대한 문제점을 인식하셨기 때문일 텐데, 구체적으로 무엇이 문제라고 생각하셨나요?

형태 공교육에 대한 반발로 홈스쿨을 시작한 것은 아니에요. 저희를 두고 '공교육 안티' 세력으로 보시는 분들도 계시는데, 저희는 공교육에 반대하지 않아요. 홈스쿨을 시작할 당시에도 '공교육이 이게 문제다' 하는 생각을 깊이 했다기보다는 좀 더 건강한 교육을 위해서 다른 시도나 방법론이 개발되면 좋겠다는 바람이 도화선이었고요. 물론 공교육 현장에 대한 아쉬움은 있죠. 하지만 어디 피켓 들고 나가서 데모하고 싶은 정도는 아니에요. 다만 저희는 아이들이 제대로 된 공부를 했으면 좋겠다는 생각이었어요. 학교 책상 앞에서 배우는 공부보다 '공부의 범위'를 좀 넓히고 싶었고요. 학교에서 배우는 국영수는 굉장히 기초 학문이고, 그건 검정고시 수준으로만 해도 충분하다고 생각했어요. 그런 공부 외에 사람다운 사람이 되기 위한 공부를 좌충우돌해 가면서라도 배우면 좋지 않을까 생각했었죠.

홈스쿨이라는 개념을 처음 알고 아내와 이야기를 나눌 때도 저는 "꼭 하자"라고 강하게 이야기를 하지 않았어요. 왜냐하면 홈스쿨은 공교육, 대안교육, 체험교육, 또 무슨 교육 등 교육의 여러 형태 중 하나가 아닌 것 같아서였어요. 이건 그런 교육 방법이 아닌 철학, 원칙, 근본이라 생각했어요. 삶 전체를 결정하는 중요한 문제라고요. 지금도 그 생각에는 변함이 없고요.

홈스쿨이 교육의 한 방법이 아니라고 하셨는데, 알 듯 말 듯 하네요. 조금 자세히 설명해 주시겠어요?

형태 '홈스쿨'에서 방점을 찍을 곳은 '스쿨'이 아니라 '홈'이라는 생각이 들어요. 공교육을 하든 대안교육을 하든 홈스쿨을 하든, 중요한 건 가정이에요. 가정을 통해서 진정한 교육이 이루어진다는 이야기죠. 어디서 무슨 교육 커리큘럼으로 어떤 선생에게 배울지는 부차적인 문제고요.

미영 그래서 홈스쿨이 다른 교육들과 목적을 같이해서는 의미가 없다고 생각해요. 보통 공교육이든 대안교육이든 최종 목적지는 '대학'이에요. 저도 처음에는 홈스쿨을 하면서 아이들을 대학에는 보낼 생각이었죠. 그래서 일부러 홈스쿨 현장 사진이나 자료를 잘 모아 두었어요. 대학교 면접을 볼 때 참고 자료로 제출하려고요. 그런데 나중에 깨닫게 된 건, 대학을 목표로 해서는 홈스쿨이 의미가 없겠다는 것이었어요.

대학도 하나의 수단이고 도구에 불과해요. 그런데 대부분은 그걸 목적으로 삼죠. 많은 고등학생들이 대학을 왜 가야 하는지 별로 생각하지 않고 가요. '적어도 대학은 나와야 사람 취급을 받는다'는 사회적 통념 때문에 그런 것 같아요. 예슬이가 스무 살 때 어떤 예술 프로그램의 도우미로 참가한 적이 있는데, 그때 한 여중생이 예슬이에게 "언니는 대학 안 가요?" 그러더래요. "아직까지 생각이 없어"라고 했더니 중학생이 깜짝 놀라면서 "언니, 그럼 도대체 직업은 어떻게 구하려고 그래? 왜 이렇게 무책임해"라고 이야길 하더래요. 예

"아이들이 제대로 된 공부를 했으면 좋겠다고 생각했어요.
학교 책상 앞에서 배우는 공부보다
'공부의 범위'를 넓히고 싶었고요.
학교 공부 외에 사람다운 사람이 되기 위한 공부를
좌충우돌해 가면서라도 배우면 좋지 않을까 생각했어요."

슬이가 그 모습에 많이 놀라서 중학생 아이를 물끄러미 바라보다가, 괜시리 마음이 슬퍼졌다는 이야길 하더라고요.

슬프다 못해 안타깝죠. 중학생만 되어도 그 길이 유일한 길인 줄 아니까요. 트랙을 조금이라도 벗어나면 무책임한 행동이 되어 버리고요. 예슬이가 올해 스물세 살인데, 앞으로도 대학은 안 보내실 생각인가요?

미영 그건 예슬이가 선택할 문제예요. 사실 예슬이가 열일곱 살에 고등 검정고시를 봤어요. 그것 또한 본인의 선택이었죠. 열여섯 살 때 중등, 이듬해 고등 검정고시를 바로 이어서 보겠다고 하더라고요. 검정고시 준비할 때 저는 사법고시 공부하는 줄 알았어요. 온 집에 포스트잇을 다 붙여 놓고 매일 새벽까지 얼마나 공부를 열심히 하던지. 그래서 저희 부부가 "예슬아, 이건 '사법'고시가 아니야. 그냥 '검정'고시야"(하하) 이런 이야기를 계속해야 할 정도였어요.

그걸 지켜본 주변 사람들은 '아, 대학을 빨리 보내려고 검정고시를 보는 거구나'라고 생각했던가 봐요. 그래서 수능시험 즈음에 주변 사람들이 "수능 봤니?"라고 자꾸 물어보더라고요. 예슬이가 "아직까지는 대학이 필요하다고 느끼지 않아서 수능 안 봤어요. 나중에라도 대학이 필요하다고 생각되면 그때 생각해 볼 거예요"라고 이야기를 해요. 그 말을 옆에서 들으면서 저도 많이 놀랐어요. 자기 삶을 스스로 선택할 수 있는 사람이 되었구나 싶어 대견했죠.

뿌듯하셨겠어요. 지금 고등학생 중에 그렇게 대학을 하나의 '수단'으로 바라볼 수 있는 시각을 가진 친구들이 별로 없을 거예요.

형태 사실 무엇보다도 고마운 게 아이들이 저희에게 "이 길을 선택할 수 있게 제안해 주어서 고맙다"고 이야기한다는 거예요. 저흰 그러면 된 것 같아요. 아이들이 스스로 자기 삶을 선택하고 책임질 수 있는 힘을 가진 것 같아서 감사할 따름이에요.

미영 얼마 전 둘째 딸 예신이에게도 비슷한 일이 있었어요. 예신이는 지금 서울에 있는 청소년뮤지컬아카데미에서 공부하고 있는데 거기가 입시 연극으로 유명한 곳이에요. 그곳의 연출가 선생님께서 예신이에게 내년에 입시반에 들어오라고 제안을 했다더군요. 예신이가 "저는 연극을 하고 싶은 거지 대학을 가고 싶다는 생각을 해 본 적이 없어요"라고 했대요. 보통 그런 제안을 받으면 마음이 조금은 흔들릴 법도 한데 말이에요. 자기가 왜 이곳에 왔는지 목적이 분명하고 소신을 밝힐 수 있는 힘이 있는 것 같아서 저희는 뿌듯했어요.

형태 어쨌든 저희 아이들이 스스로 선택한 자신의 길을 기쁘게 가요. 자랑스러워하고요. 게다가 자기가 모르는 건 어린 동생에게라도 묻는 걸 부끄러워하지 않아요. 동생이 수학을 더 잘하면 스스럼없이 "너 이거 알아? 아, 그렇구나" 해요. 홈스쿨을 하면서 훈련이 되어서인지 모른다는 것에 대해 크게 부담감을 갖지 않더라고요. 어렸을 적부터 "모르는 건 부끄러운 게 아니야. 모르는 걸 아는 척하는 게 부끄러운 거야"라고 저희가 늘 이야기해서 그런 것도 같고요. 그래서 아이들끼리 서로에게 묻고 가르치고 배우고 공유해요.

막내아들은 어떤가요? 이제 고등학교를 졸업할 나이인데요.

미영 막내 수연이는 음악을 해요. 초등학교 4학년 때 학교를 갔다 와서 "엄마, 악보를 보면 저는 노래를 할 수가 있는데 다른 친구들은 못한대요" 하며 이상해하는 거예요. 그때 처음 이 아이가 음감이 있다는 걸 알았어요. 그런데 몇 년 전에 진지한 얼굴로 "엄마, 저 음악 해야겠어요"라고 하는 거예요. 저는 늘 음악을 했던 아이가 새삼스럽게 왜 그러나 싶어서 당연한 듯이 "응, 그래 음악 해"라고 했더랬죠. 그제야 아들이 자초지종을 털어놓더라고요.

수연이가 열네 살, 이제 막 홈스쿨을 시작할 때에 교회 선생님과 이야기를 했나 봐요. "저는 음악가가 되고 싶어요"라고 했더니 선생님들이 "음악을 전공하려면 돈이 얼마나 많이 드는 줄 알아?" "너희 아빠 목사 월급에 어떻게 그 돈을 대?" "남자 직업으로 음악가는 좀 그렇지 않니? 돈을 잘 못 버는데…" 이런 이야기들을 했나 보더라고요. 그 말을 듣고 수연이가 혼자서 걱정을 많이 했던지, 부모에게는 내색도 안 하고 그 꿈을 몰래 접었던 거예요.

자기가 음악에 대한 꿈을 계속 가지고 있다고 엄마 아빠가 생각할까 봐, 일부러 1년간 피아노도 안 쳤대요. 그래도 음악에 대한 갈증은 계속 남았던지 그걸 해소하려고 클래식을 많이 들었는데, 어느 날 〈위풍당당 행진곡〉을 듣는데 자기도 모르게 눈물이 막 쏟아지더래요. 그날, 그 곡을 듣고 제게 와서는 음악을 해야겠다고 이야길 한 거였어요. 아들의 이야기를 듣다가 "네가 생각하기에 엄마 아빠가 부자는 아닌가 보구나?" 했더니 피식 웃더라고요.(웃음) 아이들의 꿈을 가로막는 가장 높은 벽은 어른들인 것 같아요. 특히 "어떻게 벌어먹고 살 거냐"는 이야기들로 아이들 기를 죽이는 어른들이요.

아무튼 제가 그 얘기를 듣고 나서 "그랬구나… 수연아, 얼마든지 음악 해. 네 속에 음악이 흐르고 있는데, 음악을 해야지 그럼" 그러면서 한마디 덧붙였어요. "그런데 음악으로 돈을 벌 생각을 하면 안 된다. 그러면 음악을 기쁘게 할 수 있는 사람이 될 수는 없을 거야. 지금처럼 그냥 음악을 즐기면서 음악인으로 살아가면 돼" 이렇게요. 그 말이 무척 마음에 들었던 모양이에요.

그날 이후로 아들이 새로운 작곡을 하면 제일 먼저 저에게 들려줘요.(웃음) 엄마 잠깐 와 보라고 하고는 조명을 어둡게 해서 분위기 쫙 깔고, 저만 초대해서 자리에 앉히죠. 그리고 피아노 앞에 앉아서 제게 들려줘요. 사실, 엄마니까 아들이 〈학교종이 땡땡땡〉만 쳐 줘도 감동할 판에 멋진 연주곡을 들려주니까 너무 큰 감동을 받죠. "아들, 너무 멋져~" 하면서 반응을 해요. 그게 더 신나서 계속 저를 초대하는 건지도 모르겠어요. 아무튼 제가 그런 호사를 누리며 살아요.

책 읽기와 글쓰기, 그리고 여행

들어 보니 부모인 두 분께서 일반적으로 생각하는 선생님 역할을 하신 게 아니었네요. 그럼 커리큘럼은요? 정말 아무것도 정해진 게 없었나요?

형태 그나마 유일한 커리큘럼이라 부를 만한 건 책 읽기와 글쓰기였어요. 사실 이건 홈스쿨을 시작하기 전부터 했던 거였어요, 초등학교 때부터요. 책을 한 권 정해서 읽고, 그것과 관련해서 글을 쓰는 거예요. 그 외에는 특별히 아이들에게 강조해서 "이 공부는 꼭 해야 해" 하고 정한 건 없어요.

공식적인 독서토론은 한 달에 한 번이에요. 가족이 함께 정한 책을 한 달 동안 읽고 와서 토론하는 거예요. 함께 읽을 책은 처음에는 주로 제가 정했는데, 아이들이 크면서 각자에게 추천을 해 보라고 했어요. 지정도서는 한 달에 한 권이지만 한 달 동안 그 책만 읽는 게 아니니까, 아이들이 재미있게 읽은 책 중에 '이 책은 함께 읽어 봤으면 좋겠다' 하는 책을 각자 추천하는 거죠. 그러면 아이들은 자기 책이 독서토론회에 선정되게 하려고 다른 가족들을 설득해야 해요. 책의 요점 정리와 질문거리를 A4 한두 장으로 요약해 오고, 책을 다시 읽고 준비해서 가족들 앞에서 발표를 하죠. 그런 설득 과정들을 또 아이들이 재미있어하고요.

아마도 두 분께서 재미있게 유도를 잘하셨기 때문에 아이들 호응이 좋았겠죠. 독서토론은 어떤 방식으로 진행하셨나요?

형태 지난달에는 엘리자베스 퀴블러 로스의 《안녕이라고 말하는 그 순간까지 진정으로 살아 있어라》를 읽었는데, 이건 막내 수연이가 제안한 책이었어요. 죽음에 대한 책인데, 저희도 읽어 보고 참 좋았더랬죠. 그리고 이런저런 토론을 하는데, 이번 달에는 죽음에 대한 이야기를 했어요. 저희 부부도 구체적으로 죽음을 준비해 두어야겠다 싶었죠. 그래서 그날 토론하면서 "혹시라도 아버지나 어머니가 예기치 못한 일로 갑자기 죽음을 맞게 된다면 이렇게 하렴" 하고 아이들에게 일러 주었어요. 아이들도 자기에게도 언젠가 닥쳐 올 죽음에 대해 생각해 보고, 앞으로는 어떻게 살아야겠다는 이야기도 하고요. 뜻깊은 시간이었어요.

아이들이 어렸을 때에는 책을 정할 때, 책 읽기에 재미를 붙여 줘야 하니까 편하고 재미있게 읽을 수 있는 책들 위주로 정했어요. 감상문 같은 것도 없이 그냥 읽어만 오면 되게 했고요. 그러면 읽고 느낀 걸 편안하게 도란도란 이야기했었죠. 그때는 일부러 교육을 하려고 뭔가를 하지 않았어요. 교육적 의도를 가지고 했던 건 유일하게 칭찬이었죠. 아이들의 사소한 생각 나눔에도 "어떻게 그런 생각을 할 수 있었니?"라는 식으로 굉장히 긍정적으로 이야기해 주었어요. 그렇게 하니까 아이들이 책 읽는 것을 아주 좋아하게 되고 자연스럽게 책을 가까이 하게 되었어요.

저는 아이들에게 책 읽히는 건 좀 욕심을 냈어요. 어렵더라도 깊은 책을 읽히고 싶었죠. 책장 한 장을 넘기기 힘들더라도 부딪혀 보는 게 좋다고 생각했어요. 그런 저를 아내는 제지하는 편이었어요. 행여 아이들이 책 읽는 재미나 흥미를 잃어버릴까 봐 템포를 늦추곤 했죠. 어쨌든 저희 가족의 홈스쿨은 책 읽고, 글 쓰고, 토론하는 게 거의 핵심이었습니다.

독서와 글쓰기 이외에는 정규적인 커리큘럼이 없었나요?

형태 저희가 교육적으로 또 한 가지를 했다면, 그건 여행이었어요. 제가 목회자다 보니까 여행을 자주 다닐 만한 경제적인 여유가 없었어요. 그래서 여행통장을 따로 만들어서 매달 얼마씩 모았죠. 그리고 그 통장은 어떤 경우라도 손을 대지 않았어요. 목회자는 1년에 일주일의 휴가를 주는데, 그때 아이들 모두와 함께 여행을 갔어요.

그렇다고 여행을 통해 교육적으로 뭔가를 가르치려고 하지는 않았어요.

독서와 글쓰기, 여행은 홈스쿨의 유일한 커리큘럼이었다.
김형태, 박미영 부부는 이런 활동들이 아이들을 짓누르는 짐이 아닌
재미있는 놀이가 되도록 세심하게 신경을 썼다.

역사 지식을 쌓기 위해 문화제나 박물관을 가는 등 의도적으로 계획하지 않았죠. 그냥 가족들이 즐거운 추억을 쌓기 위해 갔죠. 가능하면 자연을 많이 찾아다녔어요. 거창한 풍광이 아니라도 즐길 만한 곳은 얼마든지 많아요. 가끔씩은 공동체에서 의미 있게 살아가는 분들을 만나 뵈러 가기도 했고요. 그분들의 집에 깃들면서 이야기를 듣고 그분들의 아이들과 자연스럽게 만나게 해주는 식으로 교제를 했죠.

부모와의 추억은 아이들이 평생을 살아가는 자양분이 된다는 생각이 들어요. 그래서 저희가 참 잘한 것 중 하나가 경제적으로 어려웠음에도 끝까지 여행을 놓지 않았던 것이라 생각하고요. 음식도 먹어 본 사람이 맛을 안다고, 아이들이 어린데도 혼자서 여행을 잘할 줄 알아요. 가끔씩 아이들끼리만 오랫동안 여행을 다녀오기도 해요.

아무래도 뭔가를 직접적으로 가르친 게 아니다 보니 질문이 많았을 것 같아요. 한창 호기심이 왕성할 때이기도 하고요. 어떻게 대응하셨어요?

형태 중간중간 아이들이 물으러 오면, 답을 알아도 일부러 안 알려 주었어요. 실제로 제가 몰라서 답을 못 알려 주는 경우도 있었고요.(웃음) 그런데 답을 알더라도 "다시 네가 생각해 보렴" 하고 돌려보내는 경우가 열 번 중에 거의 열 번이었어요. 그러면 혼자서 그걸 궁리해서 재미있는 이야기로 만들어 와요. 둘째 딸 예신이는 '근의 공식' 하나를 가지고도 얼마나 재미있는 이야기를 창작해 오는지 몰라요. "왜 제곱근을 씌우면 같은 것 두 놈만 밖으로 나오냐, 의리 없게. 남아 있는 애들은 외로워서 어떡하라고" 이런 식으로요.

아무튼 뭔가를 물으러 오면 "그래? 이건 이렇게 하는 거야" 하고 한 번도 답을 안 알려 줬어요. 돌려보내면 아이들이 결국은 답을 찾아요. 조금 시간이 더디다는 것뿐이지. 부모로서 힘든 건 그 더딘 시간을 기다려 주는 거예요. 그래서 조금 마음을 풀어 놓아야 해요. 사실 그거 모른다고 큰일 나는 것도 아니잖아요. 적당히 모르는 것도 있어야죠.

아무리 그래도 살면서 필요한 상식이나 기초 지식은 필요하잖아요. 국영수 등의 기초 지식은 어떻게 교육하셨나요?

형태 앞서 말했듯이 그런 공부는 검정고시를 통과할 정도만 해도 충분하다고 생각했어요. 따로 공부를 시키지는 않았죠. 그런데 때가 되니까 아이들이 알아서 해요. 그런 학과 공부들은 사실 요즘 인터넷 방송이 너무 잘되어 있어서 배울 곳이 많아요. 교과서나 참고서도 정말 상세하게 나와 있고요.

그런 학교 공부를 하는 스타일도 아이들마다 다 달라요. 큰딸은 범생 기질이라 치밀한 계획을 세우고 그걸 지켜 내죠. 반면 막내는 집중력이 좋아서 짧은 시간 내에 모든 걸 다 배워 버려요. 조금만 책을 봐도 맥락을 금세 파악하죠. 그래서 큰딸이 되게 억울해해요.(웃음) 그래서 저희는 큰딸에게는 "적당히 공부해라"라고 하고, 막내에게는 "계획을 세워서 해라. 이건 태도의 문제다"라고 강조했어요.

미영 막내 수연이처럼 이해력이 빠른 아이들에게 가장 위험한 게 반복학습이에요. 그건 이 아이에게 독이나 마찬가지죠. 앎에 대한 욕구가 급격하게 떨어지거든요. 그런데 공교육에서는 계속 반복을 해요. 학원에서 또 반복하고요. 그러면 이런 유형의 아이들은 호기심이 확 줄어들면서 힘들어하고 방황하죠. 오히려 이런 아이들은 훨씬 더 다양한 경험을 하도록 해야 해요. 여러가지를 배우게 자극도 해 주고요. 성실함은 다른 방식으로 잡아 나가야지, 똑같은 것을 반복하게만 해서 성실함을 훈련하려고 하면 안 돼요.

자연이 주는 영성

시골로는 왜 내려오시게 되었나요? 경주에서도 아이들은 잘 크고 있었고, 목
회활동도 안정적으로 하고 계셨던 걸로 아는데요.

형태 삶의 자리를 시골로 옮기고 싶어 했던 건 아주 오래전부터였어요.
그래서 일부러 아이들이 어렸을 때는 목회지를 시골로 선택했어요. 사실 경
주 말고는 목회지 대부분을 시골만 골라 다녔어요. 시골로 가고자 했던 건 '자
연이 주는 영성'이 분명히 있다는 생각 때문이었어요. 다른 이유는 없었죠. 사
실 이 말이 제 입장에서는 조금 막연한 것일 수 있어요. 왜냐하면 저는 도시에
서 나고 자랐으니까요. 그런데도 이상하게 시골에서의 삶이 가족들에게 또
다른 에너지를 줄 것이라고 옛날부터 생각했어요. 그런데 사역지를 정하는
게 제 마음대로 되는 게 아니니까 주저주저하면서 준비만 하고 있었죠. 당시
경주에서 큰 규모의 교회에 있었으니까 늘 바빴어요.

그러다가 몇 년 전에, 역사신학을 강의하시며 공동체성에 대해 늘 가르
침을 주시던 정성환 교수님께서 "김 목사, 언제까지 책상에 앉아서 준비만 하
고 있을 건가요? 유목민의 심정으로 떠나면 되지요" 하시는 거예요. 그때 '유
목민'이라는 말 한마디에 이래서는 안 되겠다 싶어서 바로 청송으로 떠났어
요. 지인이 작업장으로 사용하던 폐교 공간을 제공해 주셔서, 감사히 생각하
고 염치없이 그냥 갔죠. 그리고 9개월 만에 산청으로 이사하고 또 8개월 만에
여기 합천으로 와서 본격적으로 농부의 삶을 살게 되었어요. 직접 농사를 지
으면서 '자연이 주는 영성이 있다고 생각했던 게 맞았구나' 하는 걸 경험하고
있고요. 지금은 시골에 오기를 참 잘했다고 생각하죠.

처음에 아무런 준비도 없이 떠나셨다는 건데, 고생하지 않으셨나요?

미영 몸이 고생했죠. 정말 아무것도 없는 가운데 왔으니까요. 사실 무모

한 결정이었죠. 모아 둔 돈도 없고 부모 도움을 받을 수도 없었고 게다가 떠난 게 초겨울이었으니까요. 단열 안 되는 폐교에서 얼마나 추웠겠어요. 그런데 돌아보면, 저희가 그때 참 무모하게 행복했어요. 폐교 앞 청송사과 축제장에 눈이 쌓였는데, 아무도 밟지 않았다는 게 너무 신기하고 좋아서 아이들과 한참을 뒹굴기도 했고요. 다섯 식구 모두 과수원에 가서 아르바이트로 일하기도 하고요. 일주일에 3일 정도 일하면 한 주간은 먹고살 수 있었거든요.

형태 일당 5만 원에 다섯 식구니까, 그게 얼마예요.(하하)

미영 물론 남편은 많이 받고 아이들은 적게 받았지만, 어쨌든 하루에 20만 원 넘게 받았으니까 그걸로 일주일은 살더라고요. 그땐 정말 말 그대로 맨땅에 헤딩을 한 거죠. 그래도 참 행복했어요.

"무모하게 행복했다"는 말이 참 와 닿네요. '고생'과 '행복'은 반대말이 아니니까요. 그 이후에 어떻게 합천에 자리 잡게 되었나요?

형태 합천으로 이사한 지는 3년이 넘었어요. 이 〈토기장이의 집〉 카페는 저희가 임대한 공간이에요. 이 건물주인 분을 우연히 소개받았는데, 저희가 생각하고 있는 뜻을 좋게 봐 주셔서 많이 도와주셨어요. 처음에는 카페나 교육공간은 없고 집만 있었죠. 그러다가 제 생각을 듣고 카페와 교육공간을 2층으로 같이 지어 보자 하시는 거예요. 건물주인은 전문적으로 집을 짓고 구들을 놓을 줄 아시는 분이셨어요. 그래서 그분이 주로 일을 하시면 저랑 아들은 옆에서 도와드리는 식으로 10개월간 지어서 지금의 카페와 교육공간이 만들어졌어요. 저희가 예전부터 생각했던 인문학당을 해 볼 수 있는 환경이 만들어진 거죠.

아까 '자연이 주는 영성'이라고 표현하셨는데 어떤 의미인가요? 자연과의 '연결'을 말씀하시는 건가요?

형태 네, 맞아요. 아주 단순한 거예요. 흙을 직접 만질 수 있다는 것, 땅을 직접 갈아서 뭔가를 심었는데 싹이 나고 열매가 열린다는 것, 그런 게 주는 기쁨이 아주 커요. '땅에 씨를 심으면 당연히 싹이 나지'라고 단순하게 생각할 수도 있겠지만, 저나 제 가족들에게는 그게 남다르게 다가오더라고요.

아이들은 자유롭게 살아갈 수 있는 환경만 주어진다면 자기의 고유성을 찾아서 충분히 살아갈 힘을 내재하고 있어요. 어른들이 교육한답시고 자꾸 그걸 못하게 제지를 하니까 주저앉는 거고요. 그런 의미에서 보면 시골에서 아이들을 키우는 게 복잡하지 않다는 측면에서 유리해요. 단순화된 삶이 주는 혜택이랄까요. 게다가 아이들은 자연 속에서 많은 것들을 느끼고 배울 줄 알아요. 때 묻지 않은 감성이 있어서 그런 걸 거예요. 도시에서는 장난감에 오락에 맛있는 과자에, 온갖 유혹거리들이 많아서 자칫 주의력 결핍이 올 수도 있어요.

저희는 장난감을 안 사줬어요. 아이들이 알아서 폐품 주워 와서 만들곤 했죠. 그랬던 게 실력이 늘어서 지금은 저희 큰딸은 서각도 하고, 바느질도 하고, 캘리그라피도 하고, 커튼이나 식탁보도 만들어요. 어디 가서 배우지 않았어요. 그냥 혼자서 하다 보니 익히게 된 거죠. 아이들의 환경이 좀 자유로울 수 있다면, 어른들이 억지로 길들이려고 하지만 않는다면 어떤 환경에서든지 자기답게 자랄 수 있어요. 아무래도 시골이 유혹거리가 적고 자연에 접해 있어서 보다 적합한 환경이고요.

만약 아이들이 아주 어렸을 적부터, 그러니까 5년에서 10년 정도 더 일찍 시골로 내려왔다면 어땠을까요?

형태 그래도 자기답게 잘 컸을 거예요. 타고난 고유성이란 것은 인위적으로 누군가가 바꿀 수는 없는 거니까요. 사과는 사과의 맛을 낼 수밖에 없어요. 사과나무 자리를 옮긴다고 해서 배나무가 되지는 않듯이, 삶의 터전 문제는 아닌 것 같아요.

미영 사실 본격적인 귀촌은 5년 전에 했지만, 아이들은 아주 어렸을 때 시골에서 많이 컸어요. 저희가 전도사로 있을 때에 창녕 남지, 경산, 흥해 등의 시골로 가서 몇 년씩 지냈으니까요. 그때에도 저희 부부는 "아이들이 어릴 때 시골에서 키우고 싶다"는 이야기를 자주 했더랬어요. 저희 둘 다 도시 사람이라 시골 문화를 잘 몰랐지만, 책을 보면서 "우리 아이들은 흙을 밟으며 살았으면 좋겠다"고 자주 이야기했었죠. 그래서 목회활동을 시골로 많이 갔던 거예요. 그때는 제가 지금처럼 시골 생활에 적응을 잘하지는 못했어요. 그런데 아이들은 엄마가 데려다주지 않아도 친구들 잘 사귀고, 자연에서 뛰어놀고, 우르르 몰려서 어딘가를 다녀오고 그렇게 신나게 놀더라고요.

시골로 옮겨 오고 나서 아이들이 어떤 점에서 달라졌나요?

형태 제일 큰 혜택을 보는 건 큰딸인 것 같아요. 예슬이에게 저는 한 번도 "농사를 지어야 한다"는 식의 이야기를 한 적이 없어요. 제가 농사를 안 지어 봤으니까요. 그런데 '공감 유랑' 때 주로 시골로 여행을 갔었나 봐요. 마을에 가서 보름씩 먹고 자면서 농부들을 도와 논밭에 모종 심고 가꾸는 경험들을 했어요. 그러다 보니 자연스럽게 땅에 대해 관심을 갖게 되었고요.

청송에서 살 때에 처음으로 스무 평 남짓 되는 텃밭을 가꿨는데, 예슬이가 텃밭 가꾸는 걸 무척 재미있어하더라고요. 세 아이 중 유독 밭에 가서 앉아 있는 시간이 길었어요. 그런 경험들이 토대가 되어서 이제는 눈만 뜨면 밭에 가는 게 제일 행복한 아이가 된 거예요. 그러다가 어느 순간 예슬이가 '농부 시인'이 되겠다고 하더군요. 글과 삶으로 땅과 생명을 살리는 농부가 되겠다고요. 글 쓰는 건 워낙 어렸을 적부터 좋아하고 잘했어요. 하루도 거르지 않고 일기를 써서 지금까지 쓴 일기만 몇 박스가 될 정도죠. 스스로도 그걸 자랑으로 알고요. 그렇게 농사를 좋아하고 글을 좋아하니, 글 쓰는 농부가 된 거예요.

"아이들은 자연 속에서 많은 것들을 느끼고 배울 줄 알아요.
때 묻지 않은 감성이 있어서 그런 걸 거예요.
도시에서는 장난감에 오락에 맛있는 과자에, 온갖 유혹거리들이 많잖아요.
아무래도 시골이 유혹거리가 적고 자연에 접해 있어 적합한 환경이죠."

기꺼이 내주는 세상의 '큰 선생'들

예슬이를 가르쳐 주시는 선생님을 이 마을에서 우연히 만나셨다고요?

형태 네, 그게 참 절묘한 인연인 것 같아요. 만남의 복이기도 하고요. 저희는 합천으로 옮기기 전에는 몰랐는데, 이사 온 후에야 실제 농부 시인이신 서정홍 시인님이 저희 집 근처에 살고 계시다는 걸 알게 됐어요. 서 시인님도 예슬이가 자기처럼 농부 시인이 되고 싶어 한다는 걸 아시고는 되게 특별하게 생각하셨죠. 그래서 예슬이와 글쓰기 공부도 함께해 주셨어요.

예전부터 예슬이와 제가 가지고 있던 꿈 중에 하나가, 시골의 젊은이들을 모아 인문학교를 해 보는 거였어요. 시골 젊은이들이 도시로 가려는 마음을 돌아보고, 고향인 이곳을 새롭게 바라보며 나름의 뜻을 담아 정착할 수 있으면 좋겠다 싶어서요. 그런데 서정홍 시인님이 그 이야기를 듣고는 "예슬아, 우리 인문학교 같이해 보자" 하시는 거예요. 나중에 알고 보니 시인님이 예전에 〈강아지똥 학교〉라는 걸 한 적이 있으셨더라고요. 그런데 교사들이 다 떠나가면서 중단되었던 거죠. 그래서 저희 카페 교육공간에서 〈담쟁이 인문학교〉를 열게 되었어요. 벌써 시작한 지 3년이 넘었어요. 서정홍 시인님이 아니었다면 못했을 일이에요. 그렇게 예슬이가 여기 합천으로 내려와서 얻은 게 많네요. 자기 꿈도 찾고, 그걸 펼칠 공간과 스승도 만났으니까요.

나머지 두 아이에게도 개인적으로 지도해 주시는 선생님이 있나요?

미영 시기는 각자 달랐지만 예신이나 수연이도 좋은 선생님들을 만나서 배웠어요. 예신이는 베이킹에 관심이 많았는데 제가 "예신아, 빵이나 쿠키에는 몸에 안 좋은 것들이 많이 들어가던데, 엄마는 예신이가 몸을 건강하게 하는 베이킹을 했으면 좋겠다"고 했더니, 우리밀을 가지고 화학적 첨가물을 전혀 안 넣고 혼자서 이것저것 시도하는 거예요. 사실 베이킹파우더를 조금만

228

넣어도 빵이 확 부풀어 오르면서 부드러워지는데, 어린아이가 혼자 그 마음을 지키려고 애를 쓴 거죠. 저로선 약속을 지켜 주어 무척 고마웠어요.

오븐도 없어서 처음엔 밥통, 후라이팬에 빵을 만들었어요. 어느 날 이웃에게 작은 오븐을 얻어 와서 그걸로 베이킹다운 베이킹을 시작한 거예요. 오븐을 사 줄 수도 있었을 텐데, 저희는 아이들이 무엇을 시작할 때 처음부터 적극적인 지원을 하지 않아요. 충분히 무르익을 때까지 기다리죠. 얻어 온 낡은 오븐을 가지고도 폴짝거리며 좋아하고, 끊임없이 여러 가지 쿠키와 빵 만들기를 시도하는 걸 보면서 '이 녀석, 이 일을 계속하겠구나…' 싶더라고요.

하루는 예신이가 어디서 들었는지 우리 동네에 아주 유명한 파티셰가 있다고 하더라고요. 그래서 함께 찾아갔죠. 이 선생님도 조그만 녀석이 베이킹파우더도 안 쓰고 빵을 굽는다고 하니까 기특하셨던 모양이에요. 선뜻 예신이의 멘토가 되어 주시겠다고 하셨어요. 그 선생님의 추천으로 베이킹 공부를 본격적으로 해서 제과 제빵 자격증도 따고, 또 선생님 소개로 서울의 프랑스 전문 제과점에서 인턴십 과정으로 공부도 했지요.

참 신기하게도 아이들에게 기꺼이 도움을 주고 싶어 하는 어른들이 생각보다 많더라고요. 언젠가 예신이가 제게 "엄마, 진짜 좋은 선생님은 돈을 안 받아요. 그게 제일 비싼 레슨비래요. 나중에 커서 도움이 필요한 사람들에게 갚아야 한대요"라고 하더라고요. 제 생각엔, 뭔가 특별하고 의미 있는 삶을 살고 싶어 하는 아이들을 본 선생님들은 자진해서 '진짜 선생님'이 되고 싶어 하는 것 같아요. 저희가 선생님을 막 찾아다닌 게 아니라, 세상의 '큰 선생님'들이 먼저 저희 아이들을 눈에 담으시고는 적극적으로 선생이 되겠다고 자청하신 거예요. 서정홍 시인님도 "내가 예슬이의 선생이 되어서 정말 기쁘다"고 말씀하시고요. 수연이도 바이올린과 피아노를 교회 선생님께 배웠는데, 그 선생님도 가르쳐 주시면서 무척 뿌듯해하셨어요. 저희가 선생님을 바삐 찾아다니거나 교육비를 드리지도 않았는데, 좋은 뜻을 가진 선생님들이 저희 아

〈담쟁이 인문학교〉는 담쟁이처럼,
모두가 절망하는 땅에서도
서로 손을 잡고 희망을 이루어 가고자 하는 뜻을 담았다.
여러 지역주민들과 함께
삶의 이야기를 소담하게 풀어 가는 학교로 자리 잡고 있다.
오른쪽 위의 사진이 예슬이의 스승인 서정홍 시인님.

이들을 먼저 알아보시고 아이들이 걸어가는 길 속으로 기꺼이 들어와 주신 거예요. 정말 감사하게도요.

막내 수연이는 어떤가요? 시골로 내려와서 어떤 변화가 있었나요?

　　미영　아무래도 음악을 하고, 감수성이 풍부하다 보니 자연에서 지내는 게 좋나 봐요. 별이 밝은 밤에 카페에서 혼자 피아노를 몇 시간씩 치고 있거나, 지붕에 올라가서 기타를 치기도 해요. 추운 겨울에 카페 2층 다락에서 혼자서 별을 보면서 침낭에서 자겠다고 고집을 피우기도 하고요. 그러면 어쩔 수 없이 허락을 하죠. 요전 날에는 트럭 지붕 위에 누워서 기타를 치고 있었던 모양이에요. 그런데 마침 EBS 방송국 PD가 우연히 그 길을 지나다가 그 장면을 보게 된 거죠. 그날 저희에게 와서 "아이들을 찍고 싶다"고 하더군요. 아이들이 정해진 스토리를 따라야 하는 게 불편하다고 거절하긴 했지만요.

　　아무튼 수연이는 섬세한 감성으로 자연을 느낄 줄 아는 것 같아요. 한번은 엄마를 위쪽으로 초대한다기에 옥상인 줄 알고 따라갔는데 맙소사, 지붕 위인 거예요. "수연아, 엄마 너무 무서워" 하면서도 후들거리는 다리를 붙잡고 겨우 따라 올라갔죠. 저는 무서워서 지붕까지는 못 올라가고 사다리에 매달리고 수연이는 지붕 위에 누워서 함께 별을 봤어요. 누워서 기타를 쳐 주고 노래를 불러 주더라고요. 연주가 다 끝나고 조근조근 제게 이야기를 하는 거예요. "엄마, 사람들은 왜 명함 한 장에 자기를 담으려고 할까요? 나는 그러고 싶진 않은데, 사람들은 그 작은 카드 한 장에 자신을 담고 싶어서 한 번에 정리되는 이름을 가지려고 애쓰는 것 같아요. 어쩌면 그 이름을 통해 자신을 그럴듯하게 보일 수 있어서 편리하다고 생각하는 게 아닌가 해요. 누군가가 내게 당신은 어떤 사람이냐고 묻는다면 오랫동안 그 사람과 마주 보고 대화하면서 내 이야기도 하고 그 사람 이야기도 들으면서 적어도 하루쯤은 시간이 필요할 것 같은데…." 이런 이야기를 해요. 제가 감동을 받아서 "이야, 우리 아들 너무 멋지네"라고 말했던 적이 있어요.

이제 열아홉 살인데 그런 속 깊은 말을 하네요. 홈스쿨도 그렇고 시골 생활도 그렇고 사실 아이들이 또래 친구를 사귀기에는 어려운 환경 같은데요.

형태　맞아요. 사실 그게 홈스쿨을 상담하러 저희를 찾아오시는 분들이 가장 많이 하는 질문이에요. 친구가 없으면 아이가 사회성이 떨어져서 어떡하냐는 거죠. 전 '사회성'이라는 것을 어떻게 정의하느냐에 따라 다르게 볼 수 있다고 생각해요. 학교에서 서른 명씩 한 반으로 묶어도 사실 친구가 서른 명은 아니거든요. 그중에 네다섯 명과 친하게 지내는 것일 텐데, 그 네다섯 명과 잘 지내면서 학교라는 집단생활을 무리 없이 해내는 것이 과연 사회성을 잘 개발하는 것인지 생각해 볼 필요가 있어요.

홈스쿨러는 오히려 만나는 계층 자체가 어린아이부터 할아버지까지 다양해요. 학교에서 또래들이랑만 잘 지내는 사회성과, 사회에서 다양한 계층의 사람들을 만나 폭넓은 관계를 맺어 나가는 사회성, 그 두 가지를 비교해 봤을 때 어떤 사회성이 더 의미가 있을까요? 홈스쿨을 하거나 시골에 산다고 아이가 폐쇄적이 되고 사회성이 결여되어서 사회에 적응을 못하는, 적어도 그런 아이로 성장하지는 않아요. 저희 세 아이 중에서 막내 수연이가 가장 친구가 많고, 예슬이는 저를 닮아 내향적이라서 관계가 넓지는 않지만 작고 소소하게 사람을 감동시키는 면이 있어요. 둘째 예신이도 어딜 가든 두루두루 잘 지내고요. 사회성에 대해서 저희 부부가 특별히 고민한 적이 없어요.

부부가 함께 지킨 홈스쿨의 원칙들

이야기를 들을수록 홈스쿨을 하려면 부모가 참 지혜로워야겠다는 생각이 드네요. 아이를 키우시면서 꼭 지키고자 했던 원칙 같은 것들이 있으셨나요?

미영 저는 무엇보다 아이들과의 약속을 지키려고 최선을 다했어요. 한번 말한 것은 지키려고 정말 최선을 다한 것 같아요. 부모가 지혜롭다는 건 다른 의미가 아니라 허투루라도 약속한 것은 반드시 지키는 거예요. 그리고 또 하나는 아이가 하는 말을 귀담아 들으려고 노력하는 거고요.

형태 그리고 홈스쿨을 하기 위한 첫 번째 전제는 부부관계예요. 부부가 잘 지내야 해요. 엄마 아빠가 건강하게 잘 살고, 서로 사랑하는 모습, 자주 대화하고 더 아껴 주는 모습이 아이들에게 전해져야 해요. 그래야 자연스럽게 아이들이 그걸 보게 되고 또 전해지게 돼요.

실제로 홈스쿨을 섣불리 시작했다가 가정이 파탄 나는 경우도 있어요. 왜냐하면 아빠가 가진 홈스쿨에 대한 생각과 엄마의 생각이 달라서 서로 충돌하거든요. 생각의 차이가 있을 수는 있지만, 문제는 그 다름을 조율할 줄 모르는 데 있어요. 특히 아이들 앞에서 부모가 의견이 일치가 안 되면 아이들도 매우 불안해져요. 그럴 바엔 차라리 홈스쿨 안 하는 게 나아요. 그냥 공교육 기관에 보내야죠. 공교육도 좋은 교육이니까요.

계속 강조하게 되는데 공교육을 하든 대안교육을 하든 홈스쿨을 하든 중요한 건 가정, '홈'이에요. 가정을 통해서 진정한 교육이 일어나는 거예요. 아빠나 엄마가 소중하게 생각하는 가치관이나 세계관이 아이에게 자연스럽게 전수되어야 그게 참교육이라고 생각해요. 지금의 공교육 시스템에서 가장 아쉬운 것은 부모의 삶이 전수될 수 없는 구조라는 거예요. 모든 걸 다 위탁해야 하죠. 뭐를 하든 학교나 학원을 통해서 하지 않으면 못 배운다고 생각해요. 자발적이고 자율적으로 할 수 있는 힘 자체가 거의 없어요. 하버드생이 졸업식 날 "엄마, 나 이제 뭐 해?" 하고 묻는다는 우스개도 나오는 세상이잖아요. 어떤 교육과정을 거치든 가정이 중심이 되어서 아이들과 '밥상머리 교육'을 할 수 있어야 해요. 왜 옛날에는 다 그런 게 있었잖아요. "우리 아버지는 이것 만큼은 꼭 지키라고 하셨어. 그거 안 하면 혼나." 가정에서 전수되고 전달되어 아이들에게로 흘러가는 가치관이 꼭 있어야 해요.

두 분의 모습이 그걸 증명하고 있는 듯해요. 결혼생활 20년을 훌쩍 넘으셨을 텐데 서로 아껴 주시는 모습이 참 보기 좋아요.

미영 사실 남편은 한 번도 제게 "난 시골을 가야겠어" 하고 주장한 적이 없었어요. 단지 가끔씩 "시골이 좋다"고 이야기를 하곤 했죠. "나는 흙이 주는 영성이 있다고 믿어" 하는 식으로 계속 이야기했어요. 만약 의도하고 그렇게 했다면 고수일 텐데, 이 사람이 그 정도의 고수는 아니에요. 그냥 정말 진심으로 자신의 마음을 담아서 나한테 이야기를 한 거예요. 제 속에 그 생각이 충분이 담길 때까지 기다려 주었어요. 저는 결혼 전에 단 한 번도 시골에서 내가 살게 될 줄은 몰랐어요.(웃음)

형태 이 사람이 저를 너무 좋아해서 그러는 거예요.(하하) 저는 아무 생각 없이 "그렇게 살면 참 좋을 텐데…" 했던 거였어요. 사실 시골에 와서도 제가 적극적으로 뭔가를 해서 진행된 것은 별로 없어요. 아내가 굉장히 적극적이고 표현력도 좋고, 저보다 사람에 대한 이해도 깊고, 감정도 잘 보듬어 주면서 이끌어 나갔기에 이렇게 잘 적응하게 된 거죠.

미영 제 성향상 남편이 강행을 했으면 아마 안 따랐을 거예요. 그런데 남편이 단순히 "시골 가고 싶다"가 아니라 좀 더 본질적인 고민들을 이야기하는 거예요. "이 시대의 문제들을 풀려면 무언가 대안적인 삶이 필요하고, 누군가는 그 대안적인 삶을 살아 내야 한다"는 이야기를 했어요. 그런 식으로 제 마음에 은근히 불을 지피더라고요.(웃음) 그러니 의도하지 않은 고수인지도 모르겠네요.

평소에도 이 사람이 저를 정말 존중해 줘요. 제게 자기 생각을 억지로 담으려고 하지 않아요. 사실 제가 어렸을 적에 아주 강압적인 분위기에서 자랐어요. 그 상처로 인해 신혼 때 굉장히 예민했던 적이 있어요. 그때 남편을 통해서 '아, 사람이 사람을 치료할 수 있구나' 하는 걸 처음 느꼈어요. 남편이 돌봐 주어서 제가 극복한 것들이 여러 가지가 있었죠. 그때 남편을 통해 처음으로 '내가 이렇게 소중한 사람인가?' 하는 걸 느꼈어요. 누군가가 저를 너무 귀하고 소중하게 대해 주니까 제 존재가 너무 자랑스러워지더라고요. 그냥 남편하고 팔짱 끼고 나가면 제 자신이 너무 멋있어 보였어요. 그 역할을 남편이 해 주었죠. 그러다 보니 남편이 '홈스쿨'이라는 말 한마디 했을 뿐인데, 제가 자청해서 홈스쿨을 하고 있는 집에 탐방을 가기도 하고 책도 사 보았던 거예요.

오늘 가장 큰 울림을 주는 건 선생님들의 말씀보다 문득문득 보이는, 서로를 아껴 주는 모습이에요. 많이 배웠습니다. 마지막으로, 홈스쿨을 고려하고 있는 사람들에게 한마디만 해 주신다면요.

형태 많은 부모들이 저희 이야기를 듣고 알음알음으로 찾아와요. 홈스쿨을 하려는 동기는 다양하지만, 사실 질문은 비슷해요. 대부분 첫 번째로 묻는 게 커리큘럼이에요. "아이의 일일 하루 계획표를 당장 어떻게 짜야 할까요?" "아이의 학습을 도와주기에는 제가 가르칠 능력이 별로 없는데, 좋은 방법 없을까요?" 하는 방법론적인 질문들이에요. 그러면 저는 그것부터 스톱시켜요. 홈스쿨을 시작할 때 아이와 앉아서 큰 동그라미 그리고 부채꼴로 나눠서 하루 일과표 짜는 건 하지 말라고 해요. 열 명 중에 아홉 반은 그것부터 하려 하거든요. 아침 몇 시에 일어나서 뭐 하고, 그다음 뭐 하고… 사실 부모가 불안해서 그러는 거예요. 부모가 계속 불안해하면 아이에게 뭔가를 자꾸 요구하게 되니까 아이와 자주 마찰을 빚게 돼요. 그러다가 맘대로 잘 안되면 지

홈스쿨의 첫 번째 전제조건은 부부관계다.
엄마 아빠가 서로 사랑하고
아끼는 모습이 아이들에게 전해져야만 교육이 깊어진다.

금껏 부모에게 체득된 것들이 나올 수밖에 없죠. 대개는 '윽박'이나 '잔소리'예요. 어쩔 수 없이 아이를 호통치고 체벌을 하게 되죠. 우리가 기존에 그렇게 교육을 받았으니까요.

저희 가족이 만족하며 지낼 수 있었던 것은 '기다림'이 있었기 때문이에요. 아이가 한 살 되면 아빠도 '아빠 나이' 이제 한 살 된 거예요. 덜렁 애를 낳았다고 갑자기 아버지가 되는 게 아니니까요. 기다림 속에서 아이가 조금씩 사람이 되어 가고, 아빠도 진짜 성숙한 아빠가 되어 가는 거죠. 그 과정을 굉장히 리얼하게 함께 경험해 나가는 것, 저는 그게 홈스쿨의 가장 큰 장점이라 생각해요. 홈스쿨을 통해 아이를 잘 교육시키는 것도 좋지만 부모도 함께 성숙하고, 가족 전체가 '행복을 나누는 공동체'가 되어 가는 게 더 중요해요. 아이가 좋은 직업을 갖고 남들의 인정을 받아서가 아니라, 아무도 인정을 안 해 주더라도 저희 가족 안에서 행복하게 사는 것이죠.

그런 의미에서 저희 아이들이, 홈스쿨을 제안해 준 부모를 고맙게 여긴다는 그 고백이 정말 고마운 거예요. 저는 이 홈스쿨을 통해서 당대에는 제 가족들이 행복하게 지낼 수 있고, 다음 세대에는 이 아이들이 부모로서의 삶을 좀 더 잘 살아갈 수 있는 토대가 마련되지 않았나 생각해요. 저희 아이들이 부모가 건강하게 사랑하면서 아이들을 존중해 온 모습을 보고 자라 왔기 때문에요.

인터뷰를 마치고 녹음기의 종료 버튼을 누
르자, 잠시 후 막내 수연이가 카페 안으로 들어왔다. 살짝 그을린 피부의 미소
년이었다. 수줍은 듯 흘긋거리면서도 배시시 웃는 모습이 친근하게 느껴졌
다. 마침 카페에 기타가 놓여 있길래 기회를 놓칠세라 연주를 부탁했다. 머리
를 긁적이며 기타를 잡은 수연이는 〈Mellow sunshine(부드러운 햇살)〉이라는
제목의 곡을 경쾌한 리듬의 핑거스타일로 연주해 주었다.

맙소사, 기타를 배운 지 겨우 2년째라는데 리듬감이 예사롭지 않다. 여
느 기타 신동들 못지않은 실력이었다. 연이은 우리들의 강력한 요청으로 누
나들의 스무 살 생일에 선물한 자작곡 두 곡도 피아노로 연주해 주었다. 멜로
디 중심의 곡이 나올 거란 예상을 깨고 뉴에이지 스타일의 긴 연주곡이 흘러
나왔다. 아름다운 선율에 흠뻑 취해 눈을 감았다. 순간, 이것이야말로 제대로
된 인터뷰라는 생각이 들었다. 오랜 홈스쿨의 결과가 바로 눈앞에서 펼쳐지
고 있으니 말이다.

첫째 예슬이가 뒤늦게 카페로 들어왔다. 차를 덖고 왔다고 했다. 우리가
연신 "정말 맛있다"며 몇 번을 거듭 요청했던 그 쑥차가 예슬이가 직접 따고
덖은 것이란다. 예슬이가 쓴 시를 읽어 볼 수 있겠냐고 물었다. 아래는 내내
감탄하며 읽었던 시들 중 한 편이다. (수연이의 감미로운 피아노 연주를 들려주거나
예슬이의 상쾌한 쑥차를 맛보게 할 순 없지만, 이 시를 들려줄 수는 있으니 얼마나 다행스
러운지!)

〈꽃 한 송이〉

나 하나 눈물겹게 꽃 피워 낸다 하여
꽃밭이 되기야 하겠냐마는
외로운 꽃 한 송이 자리함으로
적어도 내가 사는 이 땅이 황무지 되지 않으니
꽃 한 송이의 몫으로 충분하지 않은가

그제야 나는 인터뷰에서 김형태 선생님이 좁디좁은 책상머리 교육을 벗어나 "공부의 범위를 넓히고 싶었다"고 말한 의미를 진심으로 이해할 수 있었다. 이들이 하고 있는 공부에 비해 우리가 책상에서 하는 공부는 얼마나 좁은가? 그 좁디좁은 공부에 또 얼마나 목을 매고들 사는가? 우리 어른들은 얼마나 쉽게 아이들이 '타고난 능력'을 모두 잃어버리게 만들어 버리고는, 그 상실을 '성숙'이라고 부르며 자위하곤 하는가. 박미영 선생님은 한 신문의 칼럼에 자신의 아이들이 하길 바랐던 공부를 이렇게 적었다.

"스스로 언제 자신의 가슴이 뛰는지를 알아차리고 그 길을 좇아 열정을 쏟는 모든 것이 아이들에게는 공부라고 생각했다. 사람을 편견 없이 대하며 존중하는 마음을 배우는 것, 자연을 함부로 대하지 않고 생명을 어떻게 사랑해야 하는지 알아 가는 것 또한 소중한 공부다. 매일 먹는 밥이지만 밥 한 숟갈을 뜰 때마다 농부의 땀을 생각하는 것 역시 빼놓을 수 없는 공부고, 오늘의 행복을 내일에 양보하지 않으며 풍족할 때나 궁핍할 때나 흔들리지 않는 단순한 자족함을 배우는 것, 그것은 너무도 큰 공부다. 나는 모두가 한길만 바라보고 달려가는 세상에서 세 아이들을 통해 다른 길도 있다는 사실을 말하고 싶었다."

자녀들을 이처럼 멋지게 키워 낸 것은 잘 짜인 커리큘럼이나 훌륭한 선생님이 아니었다. 오히려 우리가 당연히 교육에서 해야 한다고 생각한 것을 억지로 밀어넣지 않은 결과였다.

인터뷰의 진한 여운이 채 가시지 않은 그날 밤, 좋은 교육은 정직한 농사와 같은 것이 아닐까 하는 생각을 했다. 맘껏 뛰어놀 시간과 자유롭게 고민할 여유를 준다면 아이들은 자신의 길을 스스로 찾아간다. 타인의 손에만 맡겨 놓지 않고 부모가 지닌 삶의 결을 전수해 주려 노력한다면, 좋은 땅의 힘과 따뜻한 햇살의 기운을 빌려 어린 씨앗은 고유의 생명력으로 제 삶을 싹 틔울 것이다.

수연이의 연주와 예슬이의 자작시에 감탄을 연발하다가,
이 아이들(물론 이들은 더 이상 아이가 아니지만)을
인터뷰해야겠다는 생각이 들었다. 몇 년간 학교 밖 세상에서
마음껏 배웠던 아이들의 생각은 어떨까? 궁금함을 참지 못해
이미 밤이 늦었음에도 실례를 무릅쓰고 인터뷰를 요청했다.
눈이 맑은 두 청년은 꾸밈없이 솔직하고 진지하게 대답해 주었고,
두 부부는 보일 듯 말 듯한 미소로 이 광경을 지켜보았다.
(둘째 예신이는 서울의 뮤지컬 극단에서 일하며 공부하는 관계로
아쉽게도 인터뷰를 하지 못했다.)

음악가가 아닌 '음악인'으로 살아가기 • 수연이 이야기

(기타, 피아노 연주 후 수연에게) 와, 정말 놀랍네요. 누나들에게 선물한 곡이라고 했는데, 도리어 제가 감동을 받네요. 직접 쓴 곡들이죠? 작곡하는 방법은 뭐예요? 설마 대가들처럼 우주에서 불러 주는 대로 옮겨 적기만 하는 건 아니겠죠?(웃음)

(손사래를 치며) 아, 아뇨, 그런 거 절대 아니에요. 그냥 평소에도 악보 없이 치는 걸 좋아해요. 제가 즐겨서 하던 것들이… 피아노 악보 중에는 코드가 적혀 있는 게 있는데 그걸 코드만 참고해 편곡해서 다르게 쳐 보는 거예요. 그러다 보면 '이 부분 괜찮은데' 싶은 게 있어요. 그리고 곡이라는 게 잘 쓰려면 잘 외워져야 한다고 생각하거든요. 잘 안 외워지는 부분은 '아, 이건 좋은 멜로디가 아닌가 보다' 하면서 그냥 버려요. 그런데 어떤 멜로디는 노력을 별로 안 해도 잘 외워져요. 탁 느낌이 왔을 때 계속 칠 수 있죠. 그렇게 자연스럽게 기억에 남는 멜로디를 가지고 곡을 만들기 시작해요. 많이 애쓰지 않아도 귀

에 맴도는 멜로디들, 왠지 끌리는 멜로디들을 조금씩 확장해 가다 보면 한 곡이 만들어져요.

직업으로 해도 충분히 먹고살 만큼 음악에 재능과 실력이 있어 보여요. 앞으로 어떻게 음악을 하고 싶어요?

음악을 직업으로 하고 싶지는 않아요. 그렇다고 음악을 취미로만 하겠다는 것도 아니고요. 단순한 취미와는 달라요. 음악은 제게 꿈이니까. 예전에는 꿈이 장래 희망직업이라고 생각했어요. 그래서 처음에 음악을 해야겠다고 생각했을 때, 음악적인 직업에 대해 생각했어요. 피아니스트였다가, 바이올리니스트였다가, 지휘자였다가…. 그런데 아쉬움이 드는 거예요. 저는 좋아하는 악기가 많은데, 피아니스트가 되면 피아노만 쳐야 하잖아요.

게다가 불안함이 많았어요. 세상에는 음악을 잘하는 사람이 엄청나게 많은데, 음악을 직업으로 한다고 생각하니까 그런 사람들과 모두 경쟁해야 할 것처럼 느껴지더라고요. 제일 잘하지 않으면 아무것도 아닌 사람이 될 것 같은 거죠. 그런 생각 때문에 평소에 즐겁게 음악을 하다가도 엄청나게 잘하는 사람의 연주를 들으면 '야, 나는 이렇게 못하는데. 나는 이미 글러 먹은 게 아닐까' 그렇게 부담되는 게 있었어요. 분명 하고 싶어서 하는 건데 뭔가 마음이 편치 못한 거예요. 연주 안 하고 싶을 때에도 괜히 '해야 한다'는 생각이 들고, 그럴수록 흥미는 더 떨어지고요. 그래서 실제로 피아노를 중간에 1년 정도 안 치기도 했어요.

그러다가 〈위풍당당 행진곡〉을 들었는데 눈물이 나더라고요. 사실 저는 무서웠던 거거든요. '내가 잘할 수 있을까' 하는 두려움도 있지만, 돈에 대한 현실적인 두려움도 있었던 거예요. 〈위풍당당 행진곡〉의 그 당당한 음률을 들으면서 왠지 그걸 작곡한 사람도 저처럼 두려워하기도 하고 돈 때문에 고민도 하고 그랬을 것 같더라고요. 그런데도 그렇게 당당한 곡을 작곡한 걸 보니

까 저도 할 수 있겠다는 생각이 들었어요. 그래서 어머니께 "음악을 해야겠어
요" 하고 말씀드렸죠.

제 생각에 음악은 꼭 직업으로 하지 않아도 충분히 즐길 수 있는 것 같아
요. 비행기를 만들거나 조종하는 건 그 분야를 전공하고 자격증을 따야 할 수
있는 거지만 음악은 특별한 자격 없이도 누구든 할 수 있는 거니까요. 아티스
트 중에도 학교 안 나오고 독학한 사람이 많고요. 음악의 제일 좋은 점은 악기
하나만 있으면 언제 어디서든 연주할 수 있다는 점 같아요. 음악으로 돈을 벌
려고 하면 제가 많은 걸 잃어버릴 것 같아요. 음악을 하는 자세나 기쁨 같은 것
들요. 그래서 직업으로 하기보단, 무슨 일을 하든 음악과 함께 살아가려고요.

앞으로 직업적으로 무엇을 할지는 생각하지 않고 있는 거죠?

누군가 "꿈이 뭐냐?"고 물어봤을 때, "제 꿈은 이거예요"라고 할 만한 건
없어요. 사실 그렇게 대답하는 게 이상하다는 생각이 들어요. 꿈이라는 건 사
실 엄청 큰 거고, 그걸 이뤘다 못 이뤘다 말할 수 없는 것 같거든요. 그냥 내가
하고 싶은 걸 평생 하면서 죽을 때까지 안고 살아가는 게 꿈이라고 생각하는
데, 꿈을 한두 가지로 한정해서 말하는 게 전 좀 이상해요.

제 삶은 한 번밖에 없는데, 대충 어떤 틀 안에 구겨 넣어서 "이런 거예요"
라고 하면 제 인생이 그 틀을 벗어나지 못할 것 같거든요. 사람들은 자기를 명
함 한 장에 담아 두고 싶어 하는 것 같아요. 사람마다 살아온 이야기가 다양할
텐데, 명함은 그 이야기를 담는다기보다 내가 뭘 하는지를 보여 주는 것뿐이
니까요. 사실 그 사람이 어떻게 살아왔는지, 어떻게 살아가고 싶은지가 중요
한데 그건 그 사람이 이야기를 해 줘야 들을 수 있는 거잖아요. 저는 농사도
짓고 싶고, 집도 짓고 싶고, 음악도 하고 싶어요. 그걸 하나의 직업에 끼워 맞
추고 싶지는 않아요. 명함은 편리하긴 하지만 자기를 표현하기에는 너무 작
은 것 같아요. 저는 어떤 명함을 가질지에 대한 계획은 없어요.

　단지 제가 보고 싶은 그림이랄까, 그런 꿈은 하나 있어요. 많은 사람들이 시골에 오면 농사를 지어야 한다고 생각하잖아요. 그런데 어떤 사람은 농사를 짓는 것보다 자기가 잘하는 걸 하고 싶을 거란 말이에요. 그런 사람들, 특히 젊은 사람들이 '할 거리'가 있는 시골을 만들고 싶어요. 어떤 사람은 빵을 구울 줄 알아서 마을에 빵집을 차리는 거예요. 그럼 그 마을 사람들은 모두 그 빵집에서 빵을 사다 먹어요. 그럼 그 사람도 생계를 해결할 수 있죠. 누구는 미용실을 하고, 누구는 양식집을 하고, 저는 음악을 가르치고요. 그렇게 다양한 직업이 마을에 하나씩만 있으면 돼요. 그럼 시골은 더 풍성해질 거예요. 그 사람은 농사를 안 지어도 시골에서 살 수 있고요.

　그런 기술이 있는 사람들이 시골에 정착하려면, 농지는 필요 없으니 살 집이 제일 중요해요. 저희 카페랑 집을 지어 주신 분이 저한테 "나를 3년만 따라다니면 집 짓는 법을 가르쳐 줄 수 있다"고 하셨어요. 그래서 제 계획은 군대 다녀온 뒤 그분 따라다니면서 집 짓는 법을 배우는 거예요. 시골에서 살고 싶은 사람에게 최대한 합리적인 가격으로 집을 지어 주는 일을 하고 싶어요.

집 짓는 게 재미있다는 걸 언제 알게 됐나요?

　합천에 처음 와서 저희 카페 공사할 때 아버지랑 함께 도와드렸는데 너무 재밌더라고요. 농사일은 재밌는 것도 있지만, 개인적으로 너무 재미없는 부분도 있어요.(하하) 매일 반복적으로 해야 하고 오래 기다려야 하니까요. 그래서 농사지어야 하는 날에는 아침에 일어나기가 괜히 싫었던 적도 있었어요. 그런데 이상하게도 카페 지을 때에는 아침에 저절로 눈이 떠지는 거예요. 아버지보다 먼저 현장에 가 있기도 하고… 그렇게 재미있을 수가 없었어요. 건물 지어지는 과정을 뿌듯해하는 걸 보면서 '아, 내가 이걸 좋아하는구나' 하고 알게 됐어요. 물론 잘할 수 있을지는 별도의 문제지만요.

하하, 외우려고 노력하지 않아도 저절로 기억에 남는 멜로디로 작곡을 하는 것처럼, 노력하지 않아도 저절로 좋아하게 된 것을 꿈의 한 조각으로 삼게 되었군요.

건강한 먹거리를 알리는 농부이자 글쟁이 • 예슬이 이야기

예슬 씨 이야기도 궁금하네요. 예슬 씨는 아무래도 가족의 홈스쿨 스타터로서 부모님과 좌충우돌하면서 힘들었을 것 같은데요. 무엇이 제일 힘들던가요?

우선은 막막해서 힘들었어요. 홈스쿨을 자세히 알고 시작한 게 아니라 엄마 아빠를 통해 들은 게 전부였으니까요. 시작하고 나서 뭘 해야 좋을지 모르겠더라고요. 짜인 시간표 없이 제가 하나씩 채워 가야 하니까 당황스럽기도 하고요. 그래서 좀 멍하게 시간을 흘려보냈던 것 같아요. 갈피를 못 잡고 방황했던 거죠. 창밖을 내다보면서 학교나 학원으로 가는 친구들 보면 쟤들은 저렇게 열심히 사는데 싶어 불안한 마음이 들기도 했고요.

그런데 시간이 조금 지나고, 홈스쿨을 하는 다른 친구들도 만나면서 저에 대한 생각을 하게 되더라고요. 시간이 많으니까 '내가 뭘 하고 싶지? 뭘 할 수 있을까?' 이런 질문들을 곰곰이 하게 되었어요. 지금 와서 돌아보면 그런 생각들이 제 삶에 굉장히 중요한 질문이었고, 그렇게 방황하는 시기 역시 제게 꼭 필요한 시간이었다는 생각이 들어요. 아무것도 안 하고 있었기 때문에 오히려 온전히 저에 대한 생각에만 집중할 수 있었지 않나 싶고요. 돌아보니 그렇다는 거고, 사실 그때 당시에는 미래에 이렇게 헤매던 시간을 후회할 거라고 생각했어요. 지금은 그 시간이 제게 참 소중했다는 걸 아니까, 누구나 초기에는 그렇게 방황하고 헤매는 시기가 필요하다고 생각하게 되었죠.

시골은 예슬 씨에게 어떤 공간인가요. 경주보다 더 살기 좋은 공간인가요?

경주에서도 좋은 사람들이 있었고, 좋은 추억들이 있었어요. 그런데 제가 살아가고 싶은 삶의 방향성이랄까? 제가 살고 싶은 삶이 시골에 더 맞는 건 분명해요. 시골에 오기 전에는 농사를 지어 본 적이 없었으니 농사를 좋아하는지 아닌지도 몰랐어요. 농사를 지은 지 이제 3년이 되었는데, 제 친구들은 "힘든 일일 텐데 어떻게 농사가 좋다는 거야" 하면서 저를 신기하게 보기도 해요.

글은 어렸을 적부터 써 왔었는데, 농부가 되고서 글을 쓰는 방식이나 의미가 조금 달라지는 걸 스스로 느껴요. 책상 앞에 앉아서만 글을 쓸 때보다 조금 더 살아 있는 글을 쓰게 되었달까요. 서정홍 시인님이 "일하는 사람이 글을 써야 세상이 아름다워진다"고 하셨는데, 그 말이 마음에 깊게 남더라고요. 그 말을 들으면서 제가 농부가 되길 참 잘했다는 생각을 다시 한 번 했어요.

여기 계신 농부님들도 제가 젊은 농부라는 이유로 굉장히 마음을 많이 써 주시고 예뻐해 주세요. 특히 지켜야 할 토종 씨앗을 나누어 주시고 오래전부터 지켜 온 전통적인 농법들을 꼼꼼히 알려 주시며, 하나라도 더 물려주려고 하시죠. 그런 도움들을 받으면서 제가 좋아하는 이 일이 '굉장히 의미가 있고 누군가는 해야 하는 일이구나' 하는 생각이 드니까 마음에 힘이 돼요.

어떻게 '농부 시인'이라는 길을 찾게 된 건가요? 농부 시인으로 이미 살고 계신 서정홍 시인님을 만나기 전에 그렇게 살겠다고 생각했던 거죠?

네, 서정홍 시인님은 나중에 우연히 만나게 된 거예요. 사실 시인이 되고 싶었던 건 초등학교 때부터였어요. 그때 장래희망엔 꼭 시인이라고 썼어요. 크면서 역사학자, 선생님으로 바뀌기도 했는데 그때도 글 쓰는 선생님, 글 쓰는 역사학자가 되고 싶었어요. 그러다가 '공감 유랑'을 다니면서 농사를 조금 접했고, 시골로 내려오면서 농사를 직접 해 보게 된 거예요. 밭에 가서 있으면 시간 가는 줄 모르겠더라고요. 원래 시인이 되고 싶었고 나중에 농사를 좋아하게 되었으니, 그 두 단어가 함께 붙어 제 꼬리표가 된 건 저한테는 자연스러운 일인 것 같아요. 어떤 계기가 있었다기보다는 천천히 조금씩 그게 제가 살아야 할 삶이라는 걸 알게 된 거죠.

이 질문은 좀 무례하게 느낄 수도 있겠는데요… 홈스쿨이나 대안학교를 마친 사람들이 선택하는 직업이나 삶의 방식에도 일종의 패턴이 있는 것 같아요. 직업은 대부분 농사나 집 짓기, 예술활동 등으로 하게 되는 것 같고요. 일반 학교를 다닌 사람보다 선택의 폭이 좁아진 것이라 볼 수 있지 않을까요?

음… 그 말도 일리는 있어요. 제 주변 친구들 중 농사나 그림이나 음악을 하는 친구들이 많은 건 사실이에요. 그런데 그게 직업 선택의 폭이 좁아진 것이라고 보지는 않아요. 옆에서 지켜보면 그 친구들 모두 자기가 원하는 모습대로 살아가고 있거든요. 자기가 뭘 원하는지도 분명하게 알고 있고요. 저 역시도 제가 좋아하는 게 농사짓고 글 쓰는 일이라는 걸 발견한 건 홈스쿨 때문이라고 생각하고, 그래서 홈스쿨을 하길 참 잘했다고 생각하니까요. 가끔씩 사람들로부터 "홈스쿨 하더니 결국 너도 농사 짓냐"고 하는 말을 듣는데, 제가 어쩔 수 없어서 이 길을 선택한 게 아니니까 특별히 그 말에 상처받지 않아요.

게다가 함께 홈스쿨을 했던 제 친구 중에는 대학에 진학해서 한의학 공부하는 친구도 있고, 간호학과나 유아교육과에 진학해서 공부하는 친구들도 있어요. 오랜 시간 함께 공부하고 여행했던 친구들도 각자 다양한 직업들이 있고 자기 길을 가고 있어요. 그래서 특별히 홈스쿨을 해서 선택의 폭이 좁아졌다고 생각지는 않아요. 오히려 대학 졸업하고 대부분 대기업에 취업하거나 공무원이 되려는 게, 더 폭이 좁은 선택이 아닐까 싶고요.

진로 선택의 폭이 아니라 제 '질문의 폭'이 좁았네요.(웃음) 직업으로는 무슨 일을 하고 싶어요? 이제 스물셋이면 경제적 자립을 고민해야 하는 시기잖아요.

사실 그게 요즘 제 고민이에요. 부모님께서도 저희가 아주 어렸을 적부터 스무 살이면 독립해야 한다고 강조하셨고요. 여러 가지로 준비 중이에요. 일단은 농부니까 농사를 지어서 판매하는 걸로 경제적인 자립을 하려고요. 우리 먹을 건 텃밭으로도 해결되니까 나머지 필요한 수입을 어떻게 마련할지 구체적으로 고민하고 있어요. 여주나 쑥차를 시도하는 것도 경제적 자립을 위해서고요. 어떻게 돈을 벌든 땅을 살리는 농부가 되겠다는 마음은 잃지 않으려고 해요. 농사를 지은 걸로 끝나는 게 아니라 건강한 농산물을 사람들이 건강하게 먹을 수 있도록 하는 게 농부의 몫이라는 생각이 들거든요. 그래서 그냥 고구마 팔고 고추 파는 농부가 아니라, 건강한 먹거리의 중요성을 알리면서 판매하는 농부가 되고 싶어요.

그리고 글 쓰는 것으로 수입을 벌기도 해요. 지금까지 여러 대회에서 받은 상금이나 기고를 하면서 받은 돈도 꽤 되고요. 서정홍 시인님은 등단을 할 수 있도록 큰 대회를 나가 보라고 하세요. 제 스스로 부족해서 좀 이따가 한다고 말씀드렸는데…(웃음), 그래도 시도를 해 보라고 하셔서 노력해 보려고요. '시인'이라는 이름에 어울릴 만한 책을 써서 그걸로 돈을 벌 수 있다면 더 좋겠지요.

언젠가 예슬 씨가 부모가 되면 마찬가지로 홈스쿨을 하고 싶나요?

작년에 수연이와 이웃마을의 친구들을 데리고 제주도에 도보여행을 다녀왔어요. 원래는 제 또래의 친구들을 모아서 갈 생각이었는데, 대학 다니는 친구들은 학기 중이라 시간이 안 맞더라고요. 그래서 수연이를 비롯한 어린 친구들과 다녀왔어요.

저는 늘 배우는 입장이었지 누군가를 이끄는 입장은 아니었는데, 처음으로 아이들을 이끌게 된 거였어요. 그러다 보니 어떤 사건이 생기거나 다툼이 있을 때 제가 어떻게 해야 할지 잘 모르겠더라고요. 처음엔 갈팡질팡했는데 어느새 자연스럽게 엄마 아빠가 그런 상황에서 제게 어떻게 했었는지를 생각해 보게 됐어요. 꼭 비슷한 상황이 없었더라도 만약 엄마 아빠였다면 어떻게 하셨을까를 고민했죠. 그렇게 하니까 희한하게 길이 보이더라고요. 부모님 생각을 하니까 '아, 내가 이렇게 하면 이 친구에게 도움이 되겠구나. 이 일이 해결되겠구나' 하는 생각이 들면서 시도해 보게 되고 문제도 자연스럽게 풀렸어요.

사실 어제, 마을 이모랑 쑥을 같이 캐면서 이런저런 이야기를 나누다가 이 이야기를 했더니 이모가 "너네는 정말 복 받았다고 말할 수밖에 없겠다. 엄마 아빠를 떠올리면 길이 보인다는 게 얼마나 큰 유산이냐. 이모는 엄마 아빠를 생각하면 답이 안 나온다(하하)" 하시더라고요. 그 이야기를 들으면서 '아, 내가 특별하고 대단한 사람이라서가 아니라 엄마 아빠의 딸로 컸기 때문에 이렇게 잘 살 수 있는 거구나, 내가 정말 복 받고 행복한 사람이구나' 하고 생각했어요.

그래서 제가 엄마가 된다고 해도, 저 역시 부모님처럼 아이를 키울 거예요. 물론 제 부모님이 제게 물어봐 주신 것처럼, 저도 아이들에게 홈스쿨에 대한 설명을 해 주고 스스로 선택할 수 있도록 할 거예요. 아마도 이렇게 좋은 부모님 밑에서 자란 딸이니까 조금은 덜 어렵게, 시행착오를 줄이면서 갈 수 있을 것 같고요. 제가 엄마 아빠로부터 받은 사랑과 배움이 있으니까 그걸 떠올리면서 기꺼이 그 길을 갈 수 있지 않을까 싶어요.

학교 밖에서
꿈꾸는 아이들로
키우려면

1 홈스쿨의 초점은 스쿨이 아닌 '홈'이다. 좋은 학교가 아닌 좋은 가정을 세우는 데 힘을 다해야 한다. 가족이 행복할 때 아이도 행복하게 자란다.

2 아이에게 무엇을 가르치려고 하기보다 스스로 배울 때까지 기다려주자. 부모의 잦은 개입으로 '아이 스스로의 커리큘럼'을 깨지 않도록 해야 한다. ('믿음의 침묵'이 중요한 이유다.)

3 홈스쿨의 목표가 대학이 되면 의미가 없다. 공부 범위를 넓혀 많은 경험과 그 경험을 해석하는 능력에 초점을 맞추자. 독서, 글쓰기, 여행은 좋은 도구다.

4 시골에서 아이들은 더 큰 공부의 일부가 된다. 경쟁에서 벗어나 자유롭게 자신을 돌아보고 자연을 경험할 때 아이들은 가장 많이 배우고 느낀다.

5 홈스쿨은 부모와 자녀가 같이 자라는 것이다. 아이가 조금씩 자라면서 부모도 성숙해 가는 과정을 함께 겪어 나가는 것이 홈스쿨의 가장 큰 장점.

마을 공동체에서
함께 살아가기

김명진 강원 원주, 카페 들꽃이야기

"사심 없이,
한 발짝씩 천천히 다가가세요"

원주 외곽의 치악산 자락에 있는 카페 〈들꽃이야기〉에서 이 글을 쓰고 있다. 돌아보면 이 책을 처음으로 구상한 곳이 이 카페였다. 그러니까 2015년 가을 즈음, 너무 머리로만 사상을 더듬고 있는 것 같아 답답해하고 있던 터였다. 선(禪)을 가르쳐 주시는 김홍근 교수님이 우연히 이 카페를 알게 되었다며 소개해 주었다. 흙과 돌로 직접 집을 짓고 야생화 정원을 꾸며 놓았다는데, 카페 주인의 안목이 대단하다는 것이었다. 예술에 조예가 깊은 선생님의 추천이니 꼭 한번 가 보고 싶어 하다가 우연한 기회에 들르게 되었다.

처음 온 날, 정원과 집 그리고 돌담이 한데 어우러진 풍경에 연신 감탄했다. 늘 꿈꾸었던 시골집의 풍광이 눈앞에 펼쳐져 있었다. 조화롭게 쌓아 올린 돌담과 색색의 야생화들이 피어 있는 정원, 시골의 정취가 듬뿍 배어 있는 황토벽, 초록색 풀이 자라는 초가지붕까지. 구석구석을 한참 돌아보면서 내 안의 갖은 감정들이 포근히 위로받는 듯한 느낌을 받았다. 붙임성이 없는 성격임에도 불구하고 큰 감동을 받은 나는 카페의 주인장에게 말을 붙여 보지 않을 수 없었다.

깊게 패인 눈과 거뭇한 턱수염의 강인한 인상과는 대조적으로 그의 말은 부드럽고 따뜻했다. 귀촌에 관심 있다는 내게 시원한 효소차를 대접하며, 덤덤히 자신의 이야기를 들려주었다. 본래 그는 서울에서 〈달려라 하니〉, 〈날아라 슈퍼보드〉 등의 만화를 그리던 애니메이터였단다. 15년 가까이 경력을 이어 가다 보니 이름이 알려져서 여러 군데 감독 제의도 받은 상태였다는데,

한창 '잘나가던' 중 돌연 서른다섯의 나이에 두 살배기 딸을 데리고 귀촌을 결심한다. 성공에 대한 욕심보다도, 자신이 어릴 적에 그랬던 것처럼 아이도 시골에서 마음껏 뛰어놀며 자라게 하고 싶었던 마음이 더 컸기 때문이었다고.

한 시간 정도 이야기를 나누면서 카페 곳곳의 안목만큼이나 그의 내면이 깊다는 것을 느낄 수 있었다. 그는 웃으면서, 집을 19년째 짓고 있다고 했다. 집을 둘러싼 돌담은 산책 중에 주워 온 돌로 지금도 쌓고 있는 중이었다. 카페 건물과 집도 일꾼의 도움을 거의 받지 않고 사촌동생과 둘이서 지었단다. 시원한 등나무 그늘과 탁자, 한지 조명, 벽난로, 야외 공연장까지 대부분을 직접 만들었다는데 그 안목이 예사롭지가 않다. 정말 놀랐던 건 그가 집 짓기나 목공, 조경 등의 기술을 따로 배운 적이 없다는 사실이었다. 600여 종의 야생화들이 원래 자기 자리인 듯 자연스럽게 배치된 정원은 19년 동안 하나씩 심어 보면서 터득한 것이었고, 투박한 가구들 역시 아이들과 하나씩 만들어 보면서 자연스럽게 알게 된 것이라고 했다.

　어떻게 그럴 수 있었느냐는 물음에 그는 어깨를 으쓱하면서, 하나하나 천천히 하다 보니 알게 된 것이라고 대답했다. 돌담은 카페에서 바라다보이는 산등성을 따라 부드럽게 곡선으로 연결했고, 야생화가 만발한 정원의 배치는 숲을 거닐며 눈에 익은 모습을 그대로 옮겨 온 것일 뿐이라고. 어떤 자만이나 허세도 찾아볼 수 없는 담백한 답이었다. 그 대답에서, 나는 여느 사상가들의 책 못지않게 그의 삶 자체가 큰 가르침이 되겠다는 걸 직감했다. 막연히 마음속으로만 동경하던 삶이 눈앞의 구체적인 모습으로 확연히 다가왔던 것이다.

　인터뷰를 하는 오늘도 그는 부지런히 손님을 맞고, 커피를 내리고, 찾아온 손님들의 이야기를 묵묵히 들어 주고 있다. 조금이라도 짬이 나면 야외의 우리 테이블로 와서 질문에 성심껏 대답해 주었다. 초가을의 날씨에도 행여 우리가 추울까 장작을 올려 모닥불을 피워 주었는데, 내게는 모닥불의 온기보다 그 마음이 더 따뜻하게 느껴졌다.

김명진 선생님과는 인터뷰 전에도 자주 만난 관계로 현장감을 위해,
인터뷰 그대로 낮은말을 사용합니다.

가장 활력적일 때 결정한 귀촌

처음 귀촌을 결정하셨을 때 이야기를 해 볼게요. 서른다섯, 가장 활력적으로
일할 때 이곳으로 오셨잖아요. 대개는 나이 들어 은퇴하거나 도시에서 하는
일이 잘 안될 때 시골행을 결정하는데, 선생님은 제일 건강하고 직업적으로
도 한창일 때 오셨단 말이죠. 어떻게 그런 결정을 하실 수 있었나요?

어렸을 때 시골에서 자랐는데, 정말 신에게 감사할 정도로 좋았어. 초가
집에 살았는데 중학교 다닐 때까지 전기가 안 들어왔지. 학교 끝나면 친구들
과 소 하나씩 몰고 풀 먹이고, 냇가에서 수영하고, 콩 구워 먹고, 반딧불이 잡
고… 겨울이면 썰매 타고, 쥐불을 놓으면서 놀았지. 정말 원 없이 놀았어. 그
시절 기억들이 내게는 무엇과도 바꿀 수 없는, 굉장히 중요한 추억이야.

그런 추억들을 우리 애들도 갖게 해 주고 싶었어. 아이들은 에너지가 많
기 때문에 마음껏 뛰어놀아야 한다고 생각하거든. 뭐든지 때가 있는 것 같아.
나무를 키워 보니, 나무는 어릴 때 모양을 잘 잡아 주지 않으면 나중에는 교정
이 힘들어. 조금만 커도 금세 굳어 버리니까. 어릴 때 자연에 대한 감성을 많
이 키워 줘야 나이 들어서도 자연을 느낄 줄 알게 되는 것 같아. 은퇴하고 시
골로 내려와도 자연에 대한 감(感)이 없어서 느낄 줄 모르는 사람들이 꽤 많
거든. 나이 들어서 영어 배우려면 힘든 것과 똑같아. 어렸을 때 접하지 않으
면 '자연 불감증'이 돼. 어렸을 적에 모닥불에 콩 구워 먹고, 고구마 구워 먹은
아이들이 자라면 도시 사람들과는 감수성이 달라. 함께 길을 가다가 어디서
나무 타는 냄새라도 맡으면, 도시 아이들은 그 연기가 맵기만 하지. 그런데 시

골 친구들은 그 냄새를 맡는 순간 어릴 때 그 시절로 바로 돌아가. '아빠랑 콩 구워 먹던 시절'로 바로 순간이동 해 버리는 거지. 굉장한 차이야. 어릴 때 그런 추억이 있으면 나이가 들어서도 인생을 풍요롭게 살아가게 된다고 생각해.

우리 큰딸이 학교 파하고 집에 올 때마다 '숲 냄새'가 난다며 좋아해. 시골 특유의 냄새가 난다고. 이제 갓 스물인데 그걸 느낄 줄 아는 거야. 봄에 숲 안개 피고, 꽃 피면 특유의 숲 냄새가 있거든. 그걸 느끼는 사람은 조용히 차오르는 행복감을 스스로 맛볼 줄 알아. 그런 감성을 아이들에게 심어 주고 싶어서 내려온 거지.

당시에는 둘째도 안 태어났을 때인데 도시에서 몇 년 더 벌고 나서 내려왔어도 괜찮지 않았을까요?

숫자로 따지면 몇 년 더 벌고 내려왔어야 했겠지. 여기저기서 애니메이션 감독 제의가 들어왔을 때니까, 나 혼자서만 월 500~600만 원 벌었거든. 그런데 돈 때문에 좀 더 서울에 있었으면 아마 평생 못 내려왔을 거야. 애들도 자라고 돈 버는 재미에 빠져서 계속 눌러앉아 살았겠지. 다 포기하고 과감히 결단을 했던 게 내려올 수 있었던 이유라고 생각해. 그땐 젊었으니까 겁이 없었던 거지. 나는 제일 좋을 때 내려오고 싶었어. 젊어서 건강할 때 자연도 제대로 느낄 수 있으니까. 나이 들어서 내려오면, 집을 짓든 담을 쌓든 힘이 들기도 하고 잘 느끼지도 못할 것 같았거든. 결심하고 나서 주말이면 아내와 시골로 집을 보러 다녔어. 내려오기까지 1년이 채 안 걸렸고. 일단 저지르고 보자는 생각이었지.

원주는 원래 연고는 없었고 화가 선배가 동네에 있어서 왔다 갔다 하며 보게 되었는데, 난 왠지 이 집 터가 마음에 들더라고. 올 때마다 뭔가 마음을 울리는 게 있었어. 인연이 있는 것처럼 느껴졌다고 할까. 그런데 마침 이 집이 매물로 나왔다고 연락이 온 거야. 당시 터가 마음에 들어서 500만 원이면 사

262

는 건데, 2500만 원을 주고 샀어. 그러곤 곧장 내려온 거지.

당장에 수입이 없어서 어떡하셨어요? 처음에는 어떤 계획을 세우셨나요?

사실 수입에 대해서는 두려워하지 않았고, 그래서 큰 계획도 없었어. "일단 내려가자" 해서 내려온 거지. 여행도 그렇지 않나? 전부 계획하고 오면 계획하다가 지치기도 하고 계획에 없던 방해물이 나타나면 당황하기도 하잖아. 그런데 즉흥적으로 "가자!" 해서 훌쩍 떠나면 새로운 사건들에 대해서도 좀더 유연하게 대처하고 더 즐겁잖아. 그런 생각이었지. 일단 내려와서 시작하자. 조그만 찻집을 열고, 애니메이션 일을 프리랜서로 하든 다른 일을 새로 하든 어쨌든 내려가자.

5톤 트럭에 짐을 가득 싣고 왔는데 집이 너무 작고 형편없어서 대부분의 짐을 요 아래에 있는 비닐하우스에 넣어 놨어. 그런데 20년이 지난 지금도, 그 짐의 반 이상이 하우스에 여전히 남아 있어.(웃음) 단순하게 살려고 내려왔는데 당시에도 너무 많은 걸 가지고 온 거지.

별 계획이 없이 내려오셨으면, 불쑥불쑥 만나는 우연의 즐거움도 많았겠지만 예측 불허의 어려움도 만만치 않게 많았을 것 같아요.

아무래도 그랬지. 집이 너무 낡아서 수리를 해야 했는데, 집과 토지 주인이 달랐어. 그래서 내 집을 수리하는데도 땅 주인의 승락서를 얻어야 했어. 그런데 그 승락서를 안 써 주려고 하시는 거야. 그래서 몇 개월 동안 고생했지. 집사람은 울기도 많이 울었고.

그런데 입장을 바꿔 놓고 생각해 보니 땅 주인이 이해가 가긴 하더라고. 처음에 이 집을 짓게 된 게, 오갈 데 없는 사람 보기가 안타까워서 "땅 빌려줄 테니 집 짓고 살라"고 허락해 준 거래. 그런데 그 사람이 나중에 집 팔고 나가면서 땅 주인에게 고맙단 이야기도 없이 그냥 나간 거야. 그러니 땅 주인이 속

카페 〈들꽃이야기〉 내부 모습.

일꾼의 도움을 거의 받지 않고 스스로 짓고 꾸몄다.

곳곳에서 주인장의 깊은 안목을 느낄 수 있다.

이 안 상했겠어? 그 이야길 전해 들으니 심정은 이해가 가더라고. 그래서 몇 달간 조용히 그분을 설득했지. 요기 아래가 그분 밭인데 밭맬 때 고추도 심어 드리고, 막걸리도 대접하고, 가끔씩 찾아가서 이야기도 들어 드리고 했지. 4개월 정도 사심 없이 그렇게 하니까 나중에는 승락서를 써 주시더라고.

겨우 승락서 얻어서 집을 수리하고 있는데, 집이 너무 크다, 넓다 하시는 거야. 너무 크게 확장했다고 이렇게 줄여라 저렇게 줄여라 하셨지. 사실, 이미 승락서를 받은 터라 법적으로 대응할 수도 있었는데 그러지 않았어. 이웃으로 평생 보고 살 텐데 그래서는 안 되지. 그래서 요구하시는 대로 다 줄이고 맞춰서 지었지. 물론 공사 기간도 몇 개월 늦어지고. 그 일이 있고 5년 후에 내가 동네 이장을 보게 됐는데, 그분 집 앞으로 들어가는 길이랑 도수로 공사를 마을 사업으로 해 드렸어. 그 당시를 생각하면 안 해 드릴 수도 있었는데 더불어 살고 싶으니까 해 드린 거야. 지금은 되게 잘 지내지. 나중에 그분에게 땅을 사기도 했고. 노인회에서 관광 갈 때에도 내가 항상 모시고 가지. 인연이라는 게 무서워. '내가 설마 저 사람의 도움을 받을까' 해도 반드시 도움을 받게 돼 있거든.

텃세는 도시인들이 세운 자기만의 벽

많은 귀촌 희망자들이 걱정하는 게 그런 '텃세'인 것 같아요. 아무리 잘 살아 보려 해도 오래 사신 분들이 훼방을 놓으면 어떻게 할 수가 없잖아요. 어떻게 해야 그런 난감한 일이 벌어지지 않을 수 있을까요?

나는 그 텃세라는 말을 참 싫어해. '텃세'는 도시 사람들이 만든 말이야. 시골 사람이 도시에 살러 올라가도, 외부인이니까 도시 사람들로부터 경계를 받게 마련이야. 그래도 시골 사람들은 '도시 텃세'라는 말 안 쓰거든. 유독 도시 사람들이 시골 가면 텃세란 말을 써. 잘 보면 그건 도시 사람들 스스로 만든 '자기만의 벽'이지, 시골 사람들이 먼저 텃세를 부린 게 아닌 경우가 많아.

　　텃세라는 말의 진원지는 예전에 귀농했다가 잘 안돼서 도시로 다시 올라간 사람들일 거야. 그런 사람들이 가장 많이 하는 얘기가 "그 동네 인심이 험해서 안 되겠더라"지. 나는 그런 이야기 들을 때마다 '도대체 어떻게 행동했길래 인심이 돌아설 정도였나' 하는 생각부터 들어. 자기가 하는 만큼 받는 거야. 농촌 사람들은 매일매일 열심히 일하고 있어. 그런데 도시에서 돈 좀 벌었다고 놀면서 마을 일엔 신경도 안 쓰면 누가 좋아하겠어?

　　게다가 요즘 귀농하는 사람들은 대부분 오기 전에 "시골에 텃세 있다"는 이야길 듣고 와. 그러다 보니까 가식적으로 사람들을 대하지. 얼굴은 웃고 있어도 마음이나 진정성이 안 담겨 있어. 뭘 할 때에도 '분위기를 맞춰야 한다'고 생각하지. 그래서 직장생활처럼 아부를 하거나 오버를 해. 거기엔 진정성이 없어. 시골에는 대부분 노인 분들이 계신데, 그분들은 우리보다 인생을 훨씬 오래 살았기 때문에 가식으로 대하는지 아닌지 대번에 알아보신다고. 초등학생들이 거짓말하면 어른들이 단박에 알아채는 것과 꼭 같아. 시골 사람들은 모르는 사람이 오면 일단 진정성부터 봐. 가식으로 대하거나 위장을 하면 '아, 이 사람은 아니구나' 하고 그다음부터 무시를 해 버리지. 그건 오랜 경험에서 우러난 자연스러운 행동이야.

그러니까 도시에서의 이해관계처럼 가면 쓰고 가식적으로 행동하는 건 다 알아보고 경계한다는 말이군요?

　　그렇지. 시골은 있는 그대로 '자연'스럽게 살아왔어. 그러니 관계 역시도 자연스럽게 깊어져야 해. 친해지기까지 시간이 좀 걸리지만, 일단 친해지면 벽을 완전히 허물고 지내지. 시골 사람들이 초대도 안 했는데 불쑥 집에 찾아와서 참견을 하는 건 그런 이유야. 그런데 도시 사람들은 그걸 사생활 침해라고 느끼지. 서로 살아온 생활 패턴이 다를 뿐인데 말이야. 도시 사람들이 조금만 더 시골 입장에 서서 이해를 해 보려고 하면 충분히 이해할 만한 일인데….

시골 사람은 일단 한번 마음을 열고 나면 엄청 잘해 줘. 나만 해도 동네 할머니들이 우리 밭에 고추 심어 주고 감자 심어 주고, 급하게 모종을 찾을 때에도 할머니들이 여러 사람들에게 수소문해서 며칠 후에 가져다주시기도 했지. 매년 우리 카페에서 김장 300포기 정도 할 때마다 할머니 열 분씩 오셔서 배추 절이고 비벼 주시지. 그럼 난 또 고마우니까 끝나고 점심 대접하고 읍내 나가서 영화 한 편 보여 드리고 해. 그런 게 시골 사는 정이야.

오랫동안 살아온 방식이 달라서 생각 또한 다르다는 걸 이해해야겠네요. 처음 시골로 내려온 사람이 시골 분들과 친해지려면 어떻게 행동해야 할까요?

무리하지 말고, 그저 내가 할 수 있는 걸 마음을 담아서 하면 돼. 예를 들어 동네에 쓰레기 버리지 않기, 길 가다 불편한 게 보이면 니 거 내 거 따지지 않고 고치기, 이런 사소한 것부터 진정성을 가지고 시작하면 돼. 길 가다가 어르신 보면 인사 잘하고, 마을 경조사나 대소사에 참여하고, 참여할 때는 조건 없이, 사심 없이, 본인도 기분 좋게 하면 돼. 마을 사람들에게 잘 보이려고 할 필요도 없고, 뒷일을 생각할 필요도 없어. 있는 그대로 자연스럽게만 마음을 드러내면 돼. 그러다가 뒤에서 오해가 생길 수도 있는데, 차츰차츰 살면서 풀어 나가면 되고. 그렇게 1년, 2년 지나다 보면 '아, 이 사람은 믿을 수 있겠구나' 하게 되지. 그러면 마을의 일원으로 받아들여지는 거야.

그런데 많은 귀농인들이 멋들어진 전원주택 짓고, 집 둘레로 파란색 펜스를 치는 것부터 해. 마을 사람들 열심히 일하고 있을 때 개 끌고 왔다 갔다 산책하고. 외모도 튀어. 머리 기르고 헐렁한 민소매 티에 고무신 신고 털레털레 나다니지. 귀농했다고 도시 친구들 불러다가 삼겹살 파티 하고, 툭 하면 동네 시끄럽게 노래방 기계로 노래 부르지, 그러면 누가 마을의 일원이라고 보겠어? 사실 펜스를 친다는 것 자체가 '이건 내 거다' 하는 태도를 드러내는 거야.

"시골 사람들은 외부 사람이 오면 일단 진정성부터 봐.
가식으로 대하거나 위장을 하면
'아, 이 사람은 아니구나' 하고 가까이 하지 않으려 하지.
그건 오랜 경험에서 우러난 자연스러운 행동이야."

그런 모습을 보이니까 마을 사람들은 '아, 함께 살 생각이 없나 보다' 하고 무시를 하는 거야. 시골 사람들은 그런 사람에게는 돈을 수억 원 준다고 해도 땅을 잘 안 팔아. 조금이라도 문제 생기면 고소 고발부터 하려고 할 게 뻔하니까. 그렇게 무시를 하면 도시 사람은 "텃세 있네" 이러는 거야.

하지만 어떤 면에서는 텃세가 시골 사람들의 외지인에 대한 선입견 때문인 경우도 있지 않을까요? 특히 이전에 귀농한 사람들이 미움 살 짓을 많이 해서 다음에 내려온 사람들을 색안경 끼고 바라보는 경우 말이에요.

물론 그런 것도 있겠지. 시골 사람들이 가진 귀농인들에 대한 편견 같은 거 말이야. 그런데 그런 편견은 도시인들도 가지고 있는 거야. 시골 사람들은 그런 편견이나 각박함을 좀 가지면 안 되나? 아무래도 예전보단 시골이 살기 힘들어졌으니, 인심도 예전만 못하지.

땅값을 봐. 시골 땅값이 너무 많이 올랐어. 그건 도시 사람들이 땅을 재산가치로 생각해서 투기를 하니까 그런 거야. 여기 원주도 거의 70퍼센트 이상이 외지 사람 소유야. 사 놓고 돈 좀 될 때 팔려고 사 둔 거지. 정말 너무 많이 올랐어. 사실 평당 5만 원을 넘으면 농토로서 가치가 없는 거나 마찬가진데, 요즘은 어딜 가든 30~40만 원 이상 해. 사람들이 오해하는 게 시골 땅값 올라가니까 시골 사람들은 좋겠다 생각하지만, 여기 사람들은 투자 목적으로 땅을 가지고 있는 게 아니야. 부쳐서 먹고살려는 거지. 예전에 땅값이 쌀 때는 그때그때 필요한 만큼 이웃에게 땅을 사기도 하고 팔기도 하면서 유연하게 운영했는데 지금은 그게 어려워진 거야.

그렇게 시골 땅값이 올라가니까 자연히 인심도 나빠질 수밖에. 그런데 도시 사람들은 1960년대 시골 인심을 기대해. 나는 그것도 이기적이라고 봐. 도시는 그렇게 변했는데, 시골은 좀 변하면 안 되나? 땅값도 오르고 하니까 옛날 인심은 당연히 없지. 그런데 '시골 인심 좋다'는 환상만 가지고 와서 실

망들을 하지. 자기들 기대치가 높았던 건 생각 안 하고 시골 텃세 운운한다고. 옛날에 땅 일이천 원 하던 때에는 이것도 주고 저것도 퍼 줄 수 있었지만, 한 평에 몇십만 원씩 하는 지금은 작은 땅이나 길 문제로 싸울 수도 있는 거 아닌 가. 입장을 바꿔 놓고 생각해 보면 사실 서운할 것도 없어.

관계든 농사든 시간이 필요하다

시골 입장에서 생각해 보니 텃세가 도시 사람의 편견이라는 말씀이 이해가 가네요. 그러면 왜 도시인들이 시골 인심에 대해 환상을 가지거나, 텃세라는 편견으로 적당히 거리를 두는 일들이 벌어진 걸까요?

　요즘은 너무 많은 정보 때문에 오히려 해가 되고 있는 것 같아. 귀농 책을 보면 "집은 마을에서 적당히 떨어진 곳으로 하라"는 말까지 나오더라고. 그건 마을과 교류를 안 하겠다는 이야기야. 그러니 진정성은 사라지고, 치음부터 보호막 치고 다가가는 거지.

　처음부터 마음을 열고 다가가는 게 쉽지 않다는 건 알아. 도시에서의 습관에 익숙해졌으니까. 생각을 바꾸려면 누구나 시간이 걸리니 처음부터 바로 적응 못하는 건 당연해. 그런데 도시 사람들은 마음이 급해. 빨리 잘 보여서 단기간에 적응하려고 하지. 그래서 가면을 쓰고 과하게 친절하게 대하고 무리해서 사람을 사귀려고 해. 그럴수록 상대는 부담스러워하는 걸 모르고 말이야. 중요한 건 가식으로 대하면 나도 괴로워진다는 거야. 왜 한번 거짓말을 하면 그 거짓말을 감추려고 계속 거짓말을 하면서 방어를 해야 하잖아. 그거랑 똑같아. 그러니 괴롭지.

제가 참가했던 귀농 교육 중 지역주민과의 융화에 대한 과목이 있었는데 거기서도 텃세를 말하면서 인사 잘해라, 마을 행사 꼭 참석해라… 좀 뻔한 이야기를 하더군요. 귀촌인들의 가식성이나 조급증이 관계의 큰 걸림돌일 줄은 몰랐어요.

그런 게 사실 '실패하지 않으려는 마음' 때문인 것 같아. 사람 관계든 농사든 말이야. 그것도 나는 지나친 욕심이라고 생각해. 농촌에서 도시로 올라간 사람들은 애먼 일도 해 보고 이것저것 실패도 하면서 거기서 배워. 그런데 도시에서 시골로 내려온 귀농인들은 오기 전부터 실패 안 하려고 여러 가지 교육으로 중무장을 하지. 크고 작은 실패를 해 봐야 스스로 느끼고 배우며 겸손해지는 건데, 처음부터 실패 없이 연착하게 되면 교만해지게 돼. 그러다 나중에 가서 크게 넘어져서 회복 불능의 상태가 되는 경우를 많이 봤어.

요즘 블루베리나 아로니아 등이 귀농인들 사이에서 유행이야. 얼마 전까지 타조 농장이나 오가피, 버섯, 삼채가 붐이었어. 도시 사람들이 이런 특황 작물에 관심을 갖는 건 노동력 대비 수익이 좋다는 생각 때문이야. 그런데 그렇게 일반적이지 않은 식품은 생산을 해도 판매가 힘들어. 유행이 지나고 나면 관심받기는 더 어렵고. 결국 유통업자들만 돈을 벌지. 특황작물 운운해서 귀농인들에게 돈 빼먹는 사람들이 생각보다 많아.

관계든 농사든 시간이 필요해. 금방 성공할 수 없다는 걸 인정해야 해. 시골에서 평생 농사짓다가 서울로 올라가면 치킨집 하나 운영하기가 쉽지 않듯이, 시골에서 자리 잡는 데도 시행착오가 필요해. 그런 작은 실패들을 통해서 배울 수 있으니 실패가 그리 나쁜 것만도 아니고.

귀촌하신 지 20년 가까이 되셨으니 지금껏 많은 사람들을 보셨을 텐데, 귀촌한 사람들이 관계 면에서 흔히 저지르는 실수는 어떤 건가요?

일단 마음속에 '난 당신들과 달라'라는 마음이 있으면 그건 밖으로 투영되게 마련이야. 안 그런 척해도 '나는 이 사람들보다 우월해' 하는 마음은 결국 사소한 행동으로 다 드러나게 되어 있지. 제일 흔하게 저지르는 실수가, 아까 말했듯이 으리으리한 전원주택 짓고 집 주변으로 철책 두르는 것, 사람들일할 때 개 끌고 산책 다니는 것, 일단 '내 것'부터 챙기려는 것 등이지.

무슨 문제가 생기면 도시 사람들은 일단 면사무소에 민원 넣거나 고소해서 법으로 해결하려고 해. 시골 사람들끼리는 웬만하면 참고 넘어가는데. 같이 오랫동안 더불어 살아야 하고, 이 사람 아버지와도 알고, 내가 급할 때손도 빌려야 하니까. 그런데 도시 사람들은 고소부터 하지. 그러면 거기서 산다는 걸 포기하는 거나 마찬가지야. 시골에 살다 보면 다른 사람 도움받을 일이 정말 많아. 갑자기 보일러 기름이 떨어졌다든지, 차가 도랑에 빠진다든지, 여행을 가려고 키우는 개를 맡겨야 한다든지, 모종을 구하지 못해 농사 때를놓치게 될 것 같다든지 하는 상황들이 꼭 생기게 되어 있어. 그럴 때 다른 사람의 도움을 받지 못하면 살기가 힘들어. 그걸 모르고 도시 사람들은 자기 하고 싶은 대로만 살려고 하지. 그러면 오래 못 가서 올라가게 돼.

마을 사람들의 신뢰를 얻기까지

아까 이장을 맡으셨다고 하셨는데, 외부에서 온 사람이 동네 이장 되는 일은 참 드문 일 아닌가요? 출신도 다르고 연고도 없는데요.

드문 일이긴 하지. 어쩌다 보니 그렇게 됐어. 이장이 된 건 5년째 되었을 때야. 이장이 되려고 한 건 아닌데 어쩌다가 추천을 받아 하게 된 거야. 투표로 했는데 표 차이가 제법 났었지. 사실 당시가 카페가 바빠지기 시작하던 때였는데, 덜컥 이장이 되어서 걱정이 앞서긴 했어. 그런데 기분이 되게 좋더라고. 그건 마을 사람들이 나를 일원으로 인정해 주고, 그만큼 신뢰를 가지고 있다는 의미였으니까. 3년 정도 이장 일을 맡아서 했는데 그 기간 동안 마을 사람들과 너무 재밌게 지냈지.

마을 분들로부터 그런 신뢰를 얻기까지 선생님은 주로 무얼 하셨어요?

처음부터 억지로 뭔가를 하려고 하지는 않았어. 내려와서 제일 먼저는 내가 살 집과 카페부터 돌봤지. 일이 바빠서 뭐 마을 사람 챙길 여력은 없었어. 단지 마을에 경조사가 있으면 참석하는 정도였지. 누구 돌아가셨다고 하면 가서 이야기 좀 하고 밤도 같이 새워 주고, 상여도 많이 메 주었어. 사람이란 게 어려울 때 통하게 마련이더라고. 그런 자리에는 사심이 없어. 초상집에 가서 마을 사람들을 만나면 사람들이 넌지시 물어 와. "어디서 왔어?" 그러면서 이런 얘기 저런 얘기를 하게 돼. 나도 사심이 없고 물어보는 사람도 사심이 없지. 그러니까 말을 하다 보면 진정성이 통해. 그러면서 자연스럽게 '아, 이 사람 형편이 이렇구나' 하고 서로 알게 되었던 것 같아. 마을 돌아가는 것도 좀 알게 되고. 그렇게 안면을 텄다가 어느 날, 지나가는 길에 만나면 반갑잖아. 그럼 또 멈춰 서서 사는 이야기를 주고받지. 처음부터 사심 없이 대화를 텄으니까 계속 가식 없이 대하게 되더라고. 그래서 그런 경조사 자리에 참석하는 게 중요한 것 같아.

또 마을 공동 행사나 부역 있을 때 시간 되면 부담 없이 나가서 같이 풀도 베고, 정리도 하고, 내가 할 수 있는 것만 했어. 끝나고 막걸리 한잔하는 자리 역시 사심이 없는 자리지. 그럼 또 물으셔. "애들 학교는 어디 보내? 공부는 잘해?" "원래 하던 일은 뭐야?" 이런 이야기가 오고 가지. 그러면 나도 "할머니는 어디 사세요?" 이렇게 물어보는 거야. 그렇게 이런저런 사는 이야기 하면서 조금만 친해지면 속에 있는 이야기, 탄식들을 하시지. "휴, 아들놈은 잘 찾아오지도 않고," "젊은 사람도 없는데" 이렇게 속에 있는 이야기를 하면서 친해지는 거야. 뭐 특별할 게 있겠어.

그렇게 자연스럽게 가까워지면 지나가다 일 거들어 주시기도 하고, 맛

마을의 경조사는 사심이 끼어들지 않기에
마을 사람들과 조금씩 가까워지기 좋은 자리다.
김명진 씨는 처음 몇 년간 상여를 스무 번 넘게 멨다고.

있는 거 있으면 멀리서 부르기도 하시지. "두릅 땄으니까 막걸리 한잔하고 가." 그러면 앉아서 또 이런저런 이야기를 하게 되지. 내가 차 타고 갈 때 할머니들 정류장에 서 계시면 "할머니 타세요. 모셔다 드릴게요" 해서 태워 드리고. 그런 게 참 아무것도 아닌데도 중요한 것 같아. 내가 누구한테 잘 보이려고 그런 게 아니라, 진짜로 반가워서 기쁜 마음에 태워 드렸던 거 말이야. 차로 모셔다 드리면서 "고구마 심으셨어요?" "요즘 고추는 몇 월에 심으면 좋아요?" 이렇게 내가 필요한 것도 여쭤 보고 하면 나도 도움이 되고 할머니도 신나게 이야기하시지. 그런 식으로 할 수 있는 것들을 무리하지 않고 하면서 차츰차츰 한 걸음씩 가까워진 거야. 특별한 비법 같은 건 없어.

이장으로 마을 사람들과 즐겁게

확 와 닿네요. 억지로 관계를 만들려고 하지 말고 진심을 가지고 자연스럽게 제가 할 수 있는 일들을 해야겠어요. 이장을 맡고서는 무슨 일들을 하셨어요?

내가 이장할 때 캐치프레이즈가 "우리끼리 즐겁게 살자"였어. 보통은 이장 되면 동네 체험마을 꾸미고 무슨 사업 벌이고 하는데 난 그거 반대였어. 도시 사람들이 체험관광 오는데 우리가 왜 그 뒤치다꺼리를 해야 하나 싶었거든. 게다가 체험마을 자체도 컨설팅업체들이 너무 획일화해 놨지. 지역마다 고유의 문화가 다 있는데 그걸 한 가지 색깔로 만들어 버리니까 보기 싫더라고. 여기는 미꾸라지 잡기, 저기는 송어 잡기, 또 여기는 메기 잡기… 전 국토의 체험거리가 다 똑같잖아. 그런 행사 한번 하려면 동네 노인 분들이 상 날라야지 음식 준비해야지, 뒤치다꺼리 다 해야 해. 그래서 내가 이장 됐을 때 "우리 그런 거 하지 말고 그냥 우리끼리 재밌게 놉시다" 한 거야.

제일 처음에 '한글학교'를 했어. 할머니들이 노인회 투표하는데 글을 모

276

르시더라고. 아마 다른 시골도 마찬가지일 거야. 글자나 숫자를 모르는 분들이 많아. 그러니 버스 타기도 어렵고, 자녀들에게 전화하기도 어렵고, 시계 보기도 어려워들 하서. 그래서 시작한 거야. 여든이 넘은 할머니들 열 몇 분 정도가 모였지. 나랑 청년회장 둘이 선생이 되어서 매일 아침 9시부터 12시까지 석 달을 가르쳤어. 끝나면 점심 식사도 같이했고. 마을 공동자금 물려받은 게 75만 원이었는데, 그걸로는 한글학교 운영하기 부족하니까 후원을 받으러 다녔어. 여기저기서 5만 원, 10만 원씩 후원받으니까 100만 원이 모이더라고. 돈뿐만 아니라 수업 끝나고 식사를 해야 하니까 쌀도 후원해 주시고. 신림초등학교 교장선생님은 교과서도 복사해서 주셨지.

어르신들이 공부에 얼마나 한이 맺혔던지 정말 열심히 하시더라고. 그 짧은 기간에 빠르게 배우셨어. 한글학교 이후에 가장 크게 변한 건 할머니들께서 자신감을 얻으신 거야. 글을 모르셔서 스스로 '무식하다'고 생각하셨는데, 글을 알고부터는 자신감이 생기신 거지. 농협에 가서 본인 이름 또박또박 적어서 통장도 만드시고, 음식점 메뉴판이 보이니까 큰 소리로 음식을 주문해서 드셨다는 이야기를 들었지. 얼마나 기쁘셨겠어.

송수분 할머니라는 분은 달지 않은 두유를 좋아하시는데, 이전에는 글을 못 읽어서 그냥 드셨대. 그런데 어느 날 슈퍼에 갔더니 두유 곽에 적힌 '무설탕'이라는 글자가 보이더라는 거야. 그러니 더 신나서 열심히 하셨지. 점점 실력이 늘더니 읽는 걸 넘어서 쓰실 수도 있게 되셨어. 졸업할 땐 수료증도 만들어 액자에 넣어서 드렸지. 마지막 날 할머니들에게 편지를 써 오시라고 했더니, 송수분 할머니께서 이렇게 써 오신 거야. "호호 영감아 / 당신하고 나하고 만날 적에 / 당신은 말을 타고 나는 가마를 타고 / 이별 없이 살자더니 / 임자 당신 먼저 가서 북두칠성 되었으면 / 나는 밤중 샛별이 되어 / 이별 없이 만납시다" 이건 완전 시야. 그렇지 않아? 이 할머니께서 기역니은부터 또박또박 배워서 쓰신 글이라는 걸 아니까, 나는 너무 짠하지.

"어르신들께서 얼마나 공부에 한이 맺히셨던지,

정말 열심히 신나서 하시더라고.

점점 실력이 늘어 읽기를 마치고 쓰실 수도 있게 되었지.

그걸 보면서 어찌나 마음이 짠하던지…."

먼저 간 영감에게

호호 영감아
당신과 나하고
만날적에 당신온
말을타고 나는
가마을타고
이별 업시 살자더
니 임자 당신 먼저
가서 북두칠성
되였으면 나는
밤중 세별이 되여
이별업이 만낫시다

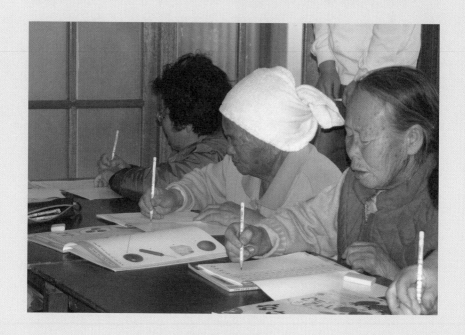

송수분 할머니가 당시에 83세셨는데 3월에 한글학교 졸업하시고 6월에 돌아가셨어. 본인이 지은 시처럼 떠나셨지. 황달기가 있어서 병원을 가 보니 암이라고 하더래. 그 진단을 받으시곤 마음을 딱 접으시더라고. "난 여한이 없다. 한글도 다 뗐고" 하셨어. 그러곤 곡기를 딱 끊으신 거야. 자식들 고생 안 시킨다고. 결국 열흘 만에 돌아가셨지. 돌아가시는 걸 보면서 만감이 교차하더라고. 나도 죽을 때 저렇게 해야겠다 싶기도 하고. 송수분 할머니 상여도 마을 사람들과 함께 내가 멨어.

마음이 아프기도 하고 감동적이기도 하네요…. 한글학교가 끝난 후에는 무엇을 하셨어요?

한글학교가 끝나고 할머니들께 "해 보고 싶은 게 뭐세요" 하고 여쭈었더니 소풍 가고 싶다, 극장도 가 보고 싶다 하시는 거야. 학교 마치고 결산해 보니까 후원이 많이 들어와서 70만 원이 그대로 남았더라고. 그래서 그 돈으로 영월, 장릉, 고시동굴 등을 돌면서 졸업여행을 갔어. 그러고도 돈이 남아서 극장에도 모시고 갔고. 그때 우리 마을에서 〈신기전〉이라는 영화를 촬영했었는데, 그거 보러 갔어. 너무들 좋아하시는 거야. 할머니들 그때 현대식 극장을 처음 가 보셨대. 자식들은 부모님 모시고 극장 잘 안 가잖아.

그러고 나서 할머니들이 주축이 되어 마을 사람들과 함께 그림 그려서 작품 전시도 하고, 한글학교에서 직접 쓰고 그리신 편지와 그림을 전시하기도 했어. 동네 '산골음악회'에서 할머니들께서 그린 그림을 확대해서 무대를 꾸몄는데, 오신 분들께서 화가가 그린 그림 같다며 너무 좋아하셨지. 함께 교육도 받으러 많이 다녔어. 컴퓨터 교육도 받고, '흙살림'에서 교육도 받고… 여러 가지를 함께했어. 그 와중에 〈6시 내고향〉에도 두 번이나 나가면서, 서울 방송국 스튜디오도 가 보고, 청계천, 덕수궁에도 모시고 가고 그랬지. 그 외에도 좋은 일들이 많았어. 할머니들이 무척 좋아하시더라고.

산골음악회의 '할머니 합창단' 모습.
할머니들께서 직접 그리신 그림을 무대 뒤와 옆으로 설치했다.
행사 중 가장 많은 이들의 눈물을 훔치게 했던 시간이었다.

할머니들이 한복 입고 계신 이 사진은 뭔가요? 공연처럼 보이는데요.

이게 산골음악회 모습이야. 내가 이장으로 있는 동안 매년 개최했었지. 우리 카페의 야외 공연장에서 시작했지. 음악회의 하이라이트가 이 '할머니 합창단'이었어. 할머니들께 합창단을 하자고 제안했더니, 처음에는 반신반의 하시더라고. 첫날은 차를 몰고 일일이 찾아다니면서 한 분씩 모시러 갔었어. 그날 연습하고 헤어졌는데 다음 날 길가에 나와서 다 모여 계신 거야. 〈나의 살던 고향〉하고 〈오빠 생각〉을 연습했는데, 오랜만에 모여서 손뼉 치고 노래 하고 이야기 나누며 깔깔거리니 너무 즐거우셨다고.

이 산골음악회는 성남교회 목사님 내외분과 함께 기획해서 한 건데, 처 음엔 여러 음악인들이 재능기부를 해 주셔서 시작되었어. 우리 카페가 크지 않은데도 첫 회에 500명이 넘게 와서 야외뿐 아니라 카페 안까지 가득 찼었 어. 할머니 합창단은 2회부터 시작했는데, 그땐 관객이 천 명이 넘게 몰려서 마을에 있는 성림초등학교를 빌려서 할 수밖에 없었지. 할머니들께서 무대 위에서 노래를 부르시는데 많은 사람들이 눈물을 훔치더라고. 정말 감동적이 었어. 전통처럼 계속해서 이어지길 바랐는데 아쉽게도 내가 이장을 그만둔 뒤로 음악회가 중단됐어. 계속했으면 이문세나 이은미처럼 유명한 사람들에 게 편지 띄워서 초청해 볼 생각이었는데, "우리가 출연료를 드리진 못하지만 매년 철마다 나는 농산물을 보내드리겠다" 하면 될 것 같았거든. 아쉽지.

여기 허수아비 사진은 뭔가요? 허수아비치곤 좀 색다르네요.

'새농촌 건설운동'이라고 마침 강원도청에서 공모해서 선정되면 돈을 지원해 주는 사업이 있었어. 그걸 준비했는데 1년간 사진 찍고, 글을 쓰고, 꽃 길도 만들고, 함께 교육도 받으면서 재미있었지. 그때 잡곡밭에 할머니들이 허수아비 작품을 만들어서 마을 볼거리로 세워 놓은 거야. 그걸 2년간 함께 즐겁게 하니까 '도 우수마을'에 선정되어서 5억 원을 받았어. 또 농촌체험마을 공모전에도 지원해서 2억 원 상금도 받았으니까 총 7억 원 정도를 받은 거야.

마을 분들 중에 비행기를 못 타 본 분들이 많아서, 5억 원 받은 것 중에서 일부 쓸 수 있는 계정으로 함께 제주도에도 다녀왔어. 여미지 식물원도 가고, 오설록 차밭도 가고. 그렇게 이장을 3년 하고 내려놨지.

이장을 그만두신 후에는 마을 사람들과 더 허물없이 지내셨겠어요. 따로 뭘 하고 계신 건 없나요?

지금은 봄가을로 마을 어른들 모시고 관광하는 걸 기획해서 하고 있어. 내가 코스를 짜고 예약도 하고 해서 어르신들 모시고 가는 거야. 여행 갈 때마다 단체 사진을 직접 찍어서 커다란 액자에 넣어서 드리는데, 해가 거듭될수록 얼굴이 한분 한분 빠지는 게 보여. 벌써 많이 돌아가셨어.

사라진 시골의 놀이문화

동네 분들 모시고 다양한 행사를 하셨던 건 선생님도 즐거웠기 때문이죠?

당연하지. 내가 재미있으니까 꾸준히 해 왔던 거야. 조그만 극단을 초청해서 마을회관에서 마당놀이를 열어 드린 적이 있는데, 할머니들이 내 손을 꼭 붙잡으면서 "너무 좋았어. 내가 이런 걸 또 언제 보겠냐" 하시더라고. 그렇게 기뻐하는 모습을 보는 게 참 좋았어.

내가 해 보니까, 시골 사람들은 돈이 필요한 게 아니야. 옛날 우리 어렸을 적에는 시골마다 고유의 놀이문화가 있었어. 농악을 하거나 마당놀이를 하거나 강강술래를 하거나 동네마다 특색 있는 놀이가 있었지. 그런데 요즘에는 그런 놀이문화가 사라져 버렸어. 사실 지금 시골에는 TV를 보는 것 말고는 문화생활이랄 게 없어. 그렇다고 자식들이 내려와서 음악회를 데려가겠어, 영화를 보여 드리겠어.

　도시 사람들은 시골에 지원 사업이네 뭐네 해서 돈으로 주려고 하지만, 시골에 정말 필요한 건 그런 게 아닌 것 같아. 어떤 의미에서 사람들은 다 비슷해. 무언가 즐겁거나 가슴 뭉클한 걸 '느끼길' 원하지. 내가 천리포 수목원이나 서천 국립생태원 같은 곳을 모시고 간 것도 그런 걸 보면 어르신들이 좋아하고 즐거워하셔서야. 그렇게 느끼고 감동받는 걸 바라시는 거지 거창하게 돈을 쏟아부어서 체험관광하고 축제하는 걸 원하시는 게 아냐. 체험마을 하느라고 어르신들이 상 나르고 음식 장만하고 그래서야 되겠어.

시골에 놀이문화가 사라지는 건 마을에 젊은 사람들이 없기 때문일까요?

　그렇지. 아무래도 젊은 사람들이 그런 문화들을 주도하니까. 그런 문화를 복원하면 시골은 재밌고 즐겁게 살 수 있는 공간이 될 텐데 말이야. 행복감이 넘칠 테고. 내 생각에 만족감과 행복감은 다른 것 같아. 만족감은 가짐으로써 얻는 건데, 예를 들어 새 차를 사서 기분이 좋아지는 게 만족감이지. 그런데 현대인들은 그걸 행복감으로 착각하는 것 같아. 둘은 다른 건데 말이지. 만족감은 오래 못 가. 채워지고 나면 금세 또 더 큰 만족을 원하게 되잖아. 더 좋은 차를 타고 싶고, 더 큰 집을 갖고 싶고.

　그런데 행복감은 사람 간의 '교감'에서 오는 거야. 된장국 좋아하는 남편에게 봄나물을 넣어서 끓여 주면 나도 행복하고 남편도 행복한 것처럼. 시골에서 오고 가는 정 또한 행복감이지. 그런 걸 회복해야 하는데, 도시에서 오는 사람들은 행복감보다는 여전히 만족감을 추구하는 것 같아 안타까워. 말로는 화합을 외치지만 실제로는 자기만족을 위해서만 살려고 해. 그러니 인위적으로 돈을 쓰거나 사업을 벌여서 사람들을 즐겁게 하려는 건 좋지 않다고 생각해. 그보다는 자기가 할 수 있는 것들을 소박하게 하는 게 나아. 할머니들 짐들어 드리고, 태워 드리기도 하고, 말벗 되어 드리고, 가끔씩 식사 대접하는 것 정도. 그거면 됐지 큰돈을 써 가면서 모두를 다 행복하게 하겠다, 그런 건 항상 잡음이 생기게 마련이야.

귀촌인들이 그런 시골의 놀이문화를 위해서, 또 사람들과 가까워지기 위해서 한글학교를 열고 영화 보여 드리는 건 어떨까요? 컴퓨터나 인터넷을 잘 다룰 테니 프로젝터 같은 걸 가져다가 마을회관에서 틀어 드려도 좋을 테고요.

물론 그런 것도 괜찮아. 그런데 그것도 서둘지 말고 신뢰가 쌓인 다음에 하는 게 좋아. 섣불리 하면 상대는 부담스러워해. 가장 중요한 건 조금씩 시간을 함께 보내서 신뢰를 쌓는 거야. 시간이 걸리는 일이지. 내가 상여를 멨던 것도 그래. 세어 보니까 초창기에 상여를 스물대여섯 번 멨더라고. 상여를 메면 전체 과정이 허심탄회한 자리야. 중간중간 쉬었다 가면서 막걸리도 한잔하면서 이야기를 많이 나누지. 그러면서 조금씩 가까워져. 《어린 왕자》에 보면 '길들인다'는 표현이 나오잖아? 그거랑 꼭 같아. 한 발짝 다가가고 조금 친해지고 다시 한 발짝 다가가고… 이렇게 서서히 다가가야 신뢰감이 생기는 거야.

귀촌은 장소의 문제가 아니라는 걸 새삼 깨닫게 됩니다.

시골에 내려온 사람들은 대부분 도시에서 뭔가가 마음에 안 들어서 다른 삶을 살려고 내려온 거 아닐까? 도시에서 사람에 지치고, 일에 지치고, 환경에 지치고 해서 뭔가 바꿔 보려고, 제대로 살아 보려고 내려온 걸 거야. 그렇게 다른 인생을 살려면 생각도 바꾸어야 해. 아무리 환경이 바뀌어도 마음이 안 바뀌면 인생은 똑같거든. 내 생각을 바꿀 수 있다면 시골은 더없이 좋은 곳이고, 이게 안 바뀌면 더없이 괴로운 곳이야. 이건 정말 종이 한 장 정도의 차이일 뿐이고.

앞으로 점점 카페 일은 줄이고 목공 쪽으로 전환하려고 하신다면서요? 지금 카페도 잘되고 있는데 왜 다시 한 번 삶을 뒤엎으려고 하시는 건가요?

　　처음에는 단순하게 살려고 내려왔는데, 〈들꽃이야기〉 카페가 인터넷을
타고 알려지면서 점점 바빠지고 있거든. 사실 감사한 일이긴 하지. 장사가 안
돼서 문 닫는 데가 얼마나 많은데 말이야. 요즘 TV나 잡지 인터뷰 제의가 제
법 들어오는데 많이 거절하고 있어. 인터뷰해서 더 알려지면 우리가 할 수 있
는 것 이상이 되어서 삶이 복잡해질까 봐서. 목공은 예전부터 관심이 많았어.
나는 가구를 만들 때 제일 마음이 편하고 좋아. 돌담을 쌓을 때처럼 무념무상
이 되면서 마음이 정화되거든. 나는 커피를 볶을 때랑 목공으로 뭔가를 만들
때 행복한 것 같아. 그래서 그 일을 해 보려고 하는 거야.

삶을 미루지 않고 '지금, 여기'에서 행복하다는 게 뭔지 힌트를 얻은 것 같습
니다. 마을 사람들과 잘 지내는 것도 아이들과 자연 속에서 허물없이 노는 것
도 결국 지금 이 자리에서 함께 행복하자는 말씀 같아요. 오늘 말씀 정말 감사
합니다.

　　　　　　관계라는 게 참 재미있다. 우연히 들른 카페 공간의 아름다움에 반해 주인장에게 말을 걸었고, 그의 삶 한 자락을 엿보았고, 그걸 계기로 책을 쓰게 되었으며, 이제 다시 그를 인터뷰하고 있다. 게다가 그 인터뷰 주제가 '관계'라니. 만약 그날 카페에 들르지 않았다면, 말을 걸지 않았다면, 헤어지고 한 통의 메일을 보내지 않았다면⋯ 이렇게 꼬리를 물어 질문하다 보니 정말 '인연'이란 게 있구나 싶다.

　　무엇보다 '시간이 필요하다'는 그의 말에 공감했다. 관계라는 건 억지로 노력한다고 되는 게 아닐 거다. 인연을 만든답시고 무리하게 손을 뻗어서는 고양이처럼 상처만 남기고 달아나 버릴 테니까. 반대로 인연이 필연(必然)이라 해서, 다가올 때까지 마냥 기다리기만 해서도 절묘한 때는 지나쳐 버릴 것이다. 인연을 필연으로 만드는 것은, 그가 강조했듯 결국 '진정성'이라는 생각이 들었다. 자연스럽게 시간을 함께 보내는 가운데 진심을 담는다면, 두 영혼이 서로에게 손짓하며 부드럽게 당기듯 서로를 길들여 가게 되지 않을까.

　　사실, 귀농·귀촌종합센터에서 들었던 두 달간의 교육에도 지역주민들과의 관계에 대한 수업이 있었다. 기대를 하고 들었지만 특별한 게 없었다. "만나는 사람마다 인사 잘해라. 마을 행사에 빠지지 마라"는 식의 기본적인 방법에 관한 내용뿐이었다. 그러나 그중에서도 마음을 파고드는 한마디가 있었는데 "조용히 살고 싶다면 시골에 가지 말라"는 것이었다. 각자의 테두리 안에서 서로를 침범하지 않은 채 혼자 즐기는 것은, 옆집에 누가 사는지조차 관심 없는 도시적인 삶이라는 이야기였다. 시골은 옆집의 밥숟가락 개수를 훤히

알고 있을 정도로 허물이 없고, 니 거 내 거 구분 없이 가깝게 다가서는 곳이
니 삶이 결코 조용할 수 없다는 것이었다.

이 말에 고개가 끄덕여지면서도, 사실 걱정이 앞섰다. 내가 꿈꾼 시골의
그림 어디에도 집 안으로 불쑥 들이닥치는 이웃이나, 담 너머 잔소리를 늘어
놓는 할머니나, 지겨운 마을 행사와 대낮의 막걸리 한 사발은 들어 있지 않았
던 것이다. 그래서 그 수업 이후로 고민이 깊었다. 마을과 외떨어진 곳에 살아
야 하나 시골 읍내의 아파트에 살까, 그러면 시골 사는 의미가 대체 뭔가… 여
러 생각들이 교차할수록 시골행이 두려웠다. 그런데 오늘 인터뷰에서 "행복
감은 사람 간의 교감에서 온다"는 말에 용기를 얻는다. 맞다, 삶을 돌아보면
가장 기뻤던 순간에 혼자였던 적은 없었다. 기쁨을 나눌 수 있을 때 행복감은
늘 더 크게 다가왔다. 오늘 인터뷰에서 시골 할머니들과의 일화를 들으면서,
나도 무언가를 함께 나누면서 즐겁게 살고 싶다는 생각이 들었다. 우연의 힘을
빌려 그를 만나 이렇게 인터뷰까지 하게 되었듯이, 담장을 허물고 예상 못한
우연의 마주침에 마음을 여는 것 또한 시골 사는 즐거움이 될 수 있을 것이다.

공동체를 뜻하는 코뮌(commune)이라는 말은 '함께', '서로'를 뜻하는
cum과 '선물'을 뜻하는 munus란 라틴어가 결합된 것이라 한다. 그러니 공동
체란 '함께 선물을 나누는 것', 대가를 바라지 않고 주고받는 관계를 뜻한다. '마
음'이야말로 가장 부담 없이, 누구나 주고받을 수 있는 선물이 아닐까. 마음은
나눈다고 줄어들지 않으며, 오히려 나눌수록 증폭되고 확장되니까 말이다.
모든 것이 돈으로 환산되는 도시에서 외딴 섬으로 존재했던 우리가 시골에서
함께 마음을 나누며 한 덩어리가 될 수 있다는 것, 이것이야말로 파편화된 도
시의 대안으로서 시골이 지닌 희망이 아닐까. 단절된 낱낱의 개인들이 진심 어
린 마음으로 함께 연결될 때, 시골은 비로소 '살기 딱 좋은 마을'이 될 것이다.

앞선 김형태·박미영 부부의 인터뷰에서 자녀 교육을 주제로
홈스쿨을 다루었다. 그러나 홈스쿨은 누구나 따라 할 수 있는 보편적인 방법은
아니기에 고민이 깊었다. 그러다 우연히 김명진 선생님의 인터뷰 중
시골에서의 자녀 교육에 관한 새로운 관점을 엿볼 수 있었기에
인터뷰 일부를 추가한다. 그는 시골의 공교육 학교를 보내는 것도
좋은 대안이 될 수 있다고 말한다. 앞선 김형태·박미영 부부의 '홈스쿨'과
김명진 선생님의 '시골 학교'의 차이를 비교하고 또한 공통점을 발견함으로써
자녀 교육에 대한 좋은 통찰을 얻을 수 있을 듯하다.

시골에서 펼쳐지는 대안적 교육 환경

처음 귀촌 결심을 아이들 교육 때문에 하셨다고 했는데, 이제 20년이 지나 돌아보면 아이들은 어떻게 달라졌나요? 시골 생활을 아이들은 어떻게 생각하고요?

지금도 아이들이 "시골로 내려와 줘서 고맙다"고 이야기해. 나야말로 고마운 일이지. 큰애도 작은애도 모두 저녁때 집에 오면 "숲 냄새가 좋다"고 하고. 도시에서는 아이들이 공부에만 집중하잖아. 반면에 시골에서는 다양한 경험들이 중첩되는 것 같아. 숲을 거닐고, 농사를 짓고, 뭔가를 뚝딱뚝딱 만들어 보기도 하고… 그런 경험들은 나이가 들수록 빛을 발한다고 생각해. 여러 가지가 축적되어 있으니까 느끼는 게 많아지고 감성도 풍부해지고, 인생의 다양한 결들을 더 느끼며 행복하게 살게 되지.

몇 년 전에 도시에 사는 초등학생 사촌 아이들이 놀러왔길래, 이 근처 영월에 유명한 곤충박물관에 데려간 적이 있어. 도시 애들이니까 그런 걸 신기해할 줄 알았거든. 그런데 오히려 도시 아이들은 한 바퀴 쓱 돌아보고는 금세

나오더라고. 곤충에 대한 개념이 없으니까 관심도 없는 거야. 오히려 우리 아이들이 아무리 기다려도 안 나오는 거야. 매일 보던 것들이 자세히 설명되어 있으니까 좋았던 거지. 이름을 아는 것들도 많고. 그러니까 같은 걸 봐도 요리조리 살펴보며 느끼고 즐길 줄 알지.

시골에서 아이들을 키우면서 뭐가 제일 좋으셨어요?
　　도시에서는 가족들의 생활공간이 흩어지게 마련인데 우리는 항상 붙어 있으니까 이야기를 많이 나눴어. 자연을 거닐면서, 농사를 지으면서, 자기 전에, 꽃을 심거나 목공으로 의자를 만들면서 자주 이야길 했지. 아이와의 관계든 이웃과의 관계든 시골에는 '관계를 깊어지게 하는 힘'이 있는 것 같아.
　　지금은 카페가 알려져서 바빠졌지만, 초기에는 카페에 손님들이 많지 않아서 아이들과 보낼 시간이 많았어. 커피 내려 놓고 요 앞 개울가에서 함께 수영하고, 카페 문 잠깐 닫아 놓고 산으로 들로 놀러 다녔지. 그래서인지 우리 아이들은 사춘기를 겪지 않았어. 반항하거나 엇나간 적도 없고…. 우리 네 가족은 지금도 황토방에서 모두 함께 자. 넷이 불 끄고 나란히 누워서 도란도란 이런 얘기 저런 얘기 하다가 잠이 들지. 그런 게 아이들한테도 참 좋았던 것 같아. 물론 나도 행복했고. 그래서 가족 간에 신뢰가 있어. 사실 나 어렸을 적에는 다들 그렇게 자랐거든.
　　도시 사람들은 네 가족이 한 방에서 자는 상황을 이해 못하기도 하더라고. 다 큰 딸인데 부모랑 같이 잔다니까 '프라이버시' 이야기부터 하더라고. 그런데 잘 보면 그런 친구들은 딸이랑 대화가 없다고 불평이지. 아이가 학교 다녀오면 자기 방에 들어가서 컴퓨터 하고 스마트폰 하니까 아빠랑 이야기할 거리가 없을 수밖에. 서로 무슨 생각을 하는지 모르고 사는 것 같아. 우리 가족은 항상 저녁에 불 끄고 누워서 이런저런 이야기를 하면서 아이들이 하루 동안 지냈던 이야기도 듣고 생각도 듣고, 가끔씩 내 경험을 이야기하기도 하지.

신기하기도 하고 부럽기도 한 생활이네요. 그런데 시골은 아이들과 문화생활을 함께 즐기기에는 한계가 있지 않나요?

그건 편견인 것 같아. 차로 30분만 달리면 원주 시내인데 뭘. 지금도 자주 네 가족이 시내 나가서 함께 영화도 보고 콘서트나 뮤지컬도 봐. 많은 사람들의 고정관념이, 시골에 있으면 교육도 못 받고 문화도 못 접할 줄 아는데 전혀 그렇지 않아. 보고 싶을 땐 잠시 도시로 나가면 돼. 도시 사람이라고 해서 문화생활을 매일 하는 건 아니잖아. 도시 사람들이 시골을 접하긴 힘들어도 시골 사람이 도시를 접하는 건 의외로 쉬워. 그러니 시골이 더 살기에 낫지. 도시 아이들은 일상을 자연에서 보내진 못하니까 말이야. 우리 애들은 365일 개울에서, 산에서, 들에서, 하루에 다섯 번씩도 놀았어. 단지 시골이라는 이유로 아이들이 교육이나 문화에서 멀어질까 봐 걱정할 필요는 없을 것 같아. 지금 돌아보면 우리 아이들은 정말 원 없이 즐기면서 큰 것 같거든.

나는 가능하면 아이들에게 문화생활을 자주 접하게 해 주려고 했어. 아이들이 '멋'을 느꼈으면 좋겠다고 생각하거든. 예쁘진 않지만 멋있는 사람이 있잖아. '예쁨'은 외적인 거지만 '멋'은 내적인 거야. 그 멋을 알려면 내면이 풍성해야 되고, 그런 내면의 풍성함을 깨워 주는 것이 문화라고 생각했어. 그래서 시골에 살면서도 그건 놓치지 않으려고 애썼던 거고.

시골이라고 문화생활이 어려운 건 아니군요. 아이들 공부는 어떻게 시키셨나요? 체계적으로 학과 공부를 하기에는 도시보다 불리한 상황이었을 텐데요.

우린 공부하란 소린 안 해 봤어. 서울 사람들은 아이들이 공부 못하면 큰일 난다고 생각하던데, 우리는 별로 신경을 안 썼어. 학교도 마을 어귀에 있는 조그만 시골 학교를 보냈고. 사실 여기도 원주 시내의 학교로 가면 야간자율학습 끝나면 11시까지 학원 다니고 하는데, 우리 아이들은 시골 학교를 다녀서 야자나 학원은 전혀 안 했지.

우리 부부는 그저 아이들이 하고 싶다는 거 있으면 그거 하게 해 주려고 했어. 특별히 위험하거나 남에게 피해 주는 게 아니라면 하지 말라는 말도 안 했고. 사실 내가 자라 오면서 제일 싫어했던 말이 "하지 마"였거든. 우리 아버지께서 개척교회 목사님이셨는데 워낙 바쁘셔서 거의 방치되다시피 컸어. 그런데 나는 그게 참 좋았어. 정말 원 없이 놀았고 원 없이 하고 싶은 것 했지. 내가 "이거 해라, 저거 해라" 요구를 안 받으면서 자랐기 때문인지 나도 아이들에게 요구를 잘 안 하는 것 같아. 그런데도 신기하게 아이들이 스스로 찾아서 잘해. 첫째는 워낙 범생이라 스스로 계획을 세워서 주도적으로 공부하는 편이었고, 둘째도 다른 과목은 곧잘 하는데 수학을 싫어하길래 그냥 하기 싫으면 하지 말라고 했지. 수학은 못해도 다른 과목은 잘해. 영어도 아주 잘하고.

사실 영어만 해도 요즘에는 인터넷 강의 같은 게 잘되어 있어서, 본인이 원하기만 하면 시골에서도 얼마든지 공부할 수 있어. 하루는 아이들이 인터넷으로 외국인과 20분씩 대화하는 거 끊어 달라기에 끊어 줬더니, 둘 다 신나하면서 즐겁게 하더라고. 디즈니 같은 만화영화도 언제부턴가 자막 없이 보면서 놀더라고. 그래서 두 아이 모두 영어는 수준급으로 잘해. 큰애는 교육청에 선발되어서 러시아 환경포럼에 다녀왔고, 둘째는 영어 말하기대회에서 2등상 받고 뉴질랜드에 한 달 다녀왔고. 물론 도시만큼은 아니지만 학과 공부도 본인이 하고 싶으면 배울 수 있는 방법은 많은 것 같아.

다들 말은 쉽게 잘하지만 '의도적으로 방치'한다는 게 쉬운 일은 아니잖아요. 주위 분위기에 휩쓸리기도 하고요.

어렸을 적에 소 풀을 먹이러 다니다가 우연히 재밌는 걸 알게 됐어. 소를 억지로 끌고 가면 안 끌려가려고 힘껏 버텨. 그런데 뒤에서 막대기 하나 들고 "너네들이 먹어" 하고 내버려 두면 소들이 알아서 잘 가는 거야. 오히려 자기들이 맛있는 풀을 더 잘 찾지. 나는 소들이 위험한 데 가려고 하면 툭 한번 쳐

서 방향을 돌리는 정도만 개입하는 거야. 그 정도만 해도 자기들이 알아서 다 찾아서 먹고 행복하게 지내. 그렇게 키우면 소도 행복하고 나도 행복하지. 아이들 교육도 마찬가지였어. 나는 끌고 가지 않고 '몰고' 가려고 했어. 그런데 도시는 대부분 '끌고 가는' 마인드더라고. 아이들을 학원 뺑뺑이 돌리면서 뭐 배우게 하고, 다음엔 또 뭐 배우게 하고 이런 식이야. 아이들은 자기 의지와 상관없이 끌려다니니까 행복하지도 않은 것 같고.

유명한 대통령이나 예술가들을 잘 봐. 대부분 시골에서 막 컸어. 나는 아이들에게 가끔 "세상을 넓고 멀리 보라"고 이야기해. 교육도 마찬가지 아닐까. 공부를 책에서만 하는 게 아니잖아. 뭐든 공부거리가 될 수 있어. 본인이 원하기만 하면.

야자 안 하고 학원을 안 갔으면, 아이들은 학교 끝나고 주로 무얼 했나요?

시골 초등학교는 무료 교육 기회가 많아. 방과후수업으로 외부강사 불러서 가르쳐 주는 것들이 다양하지. 우리 딸들 바이올린도 사물놀이도 방과후학교에서 배웠어. 또 여기 교회 사모님 중 피아노 전공하신 분이 계셔서 피아노를 배우기도 했지. 여러 가지 활동을 많이 접할 수 있었어. 커서는 악기에 관심을 보이더라고. 둘째아이가 초등학생 때 기타를 배우고 싶대서 3개월 동안 기타 배우는 곳을 보내 줬더니 그다음부턴 독학으로 새벽 3~4시까지 혼자서 연습을 하더라고. 지금은 시골 중학교에서 그룹사운드 밴드를 해. 기타도 치고 노래도 부르는데 수준이 꽤 높은 편이야. 옆에서 봐도 이 아이는 참 행복하게 잘 살아.

시골 학교는 도시 학교에 비해 어떤가요?

적어도 초등학교는 시골 학교가 도시보다 좋은 것 같아. 도시에 비해서 방과후학습 등의 지원도 많고, 아이들도 덜 영악하지. 또 학원이 없으니까 아이들이 치이지도 않고, 경쟁도 덜하니 스트레스도 별로 없고. 마음대로 뛰어놀 수도 있고 자연 속에 머물 수도 있으니 좋지.

닭을 키울 때 양계장에 빽빽하게 모아 놓으면 스트레스 받아서 옆의 닭들을 막 쪼잖아. 그래서 부리를 자르고, 발톱도 자르는 거고. 스트레스 때문에 털도 많이 빠지지. 학교도 똑같은 것 같아. 도시 학교는 시골에 비해 아이들도 많고 경쟁도 심하니 아이들 스트레스가 높은 것 같아. 반면 시골 학교는 아이들이 많지 않아서 경쟁에 대한 스트레스도 적지. 게다가 아이들도 대체로 좀 순한 편이고, 유치원 때부터 졸업할 때까지 한 반이니까 유대감도 크지. 오랫동안 같은 친구를 만나니까 서로 끈끈한 게 있더라고. 배려도 더 하는 것 같고. 도시처럼 왕따 문제나 폭력 등의 문제가 심하지 않아.

대신 학과 공부는 도시보다 덜할 수도 있지. 아무래도 학원도 없고 선생도 부족하니까. 그런데 공부라는 말의 의미를 넓혀서 보면 시골이 폭이 훨씬 더 넓다고 할 수 있어. 나는 "지식은 칼집 속에 든 칼과 같고 지혜는 뽑았을 때 날카로운 칼과 같다"는 말을 좋아하는데, 칼은 칼집에 들이 있으면 쓸모가 없잖아. 삶의 경험으로 뒷받침될 때 그게 지혜가 되고 삶에서 쓸 수 있는 거지. 시골은 지식보다는 지혜를 가르치기 더 좋은 곳인 것 같아.

두 아이 모두 일반 학교에 보내셨는데 공교육에 대한 불만은 없으셨나요? 대안교육을 생각해 보셨을 수도 있었을 텐데요.

사실 나도 고민을 많이 했었어. 그런데 아이를 내가 만년 끼고 살 수도 없지 않나 싶더라고. 사회에 나오면 어쨌든 사회와 부딪히며 살아야 하니까. 아이들은 학교에서 친구들과 부딪히면서 사회를 배워. 그걸 나쁘다고 볼 수만은 없는 것 같아. 친구랑 다투기도 하고 서로 협력하기도 하고, 때론 왕따를 당해서 마음의 상처를 입기도 하지만 그걸 극복하기도 하면서 사회를 하나씩 배우는 거지. 물론 선진국에 비해서는 열악하지만, 또 후진국에 비해서는 우리나라 교육도 좋잖아.

주변에 홈스쿨을 하거나 대안학교에 보낸 사람들이 많은데, 아이들이 원하지 않는데도 부모가 공교육을 못 믿어서 보내는 경우가 제법 있더라고. 더 잘 키워 보겠다는 부모 욕심 때문이지. 도시의 학교는 왕따 문제나 학업 스트레스 때문에 부작용이 많지만, 시골의 경우는 그런 문제가 덜하니까 나는 시골 학교도 충분히 대안적이라고 봐. 어차피 내가 다 못 가르치니까. 시골에 오는 선생님들도 다 사범대학 나온 분들이고 교육에 대해서는 나보다 전문가잖아. 믿고 맡겨도 좋다고 생각해.

작가 우치다 타츠루가 좋은 선생이 꼭 필요한 게 아니라 부모와는 다른 시선으로 아이를 바라봐 주는 사람이 필요하고, 그런 역할을 하는 사람이 선생이다, 라고 한 말이 떠오르네요.

정확히 짚은 것 같아. 나도 선생이 꼭 좋을 필요가 없다고 봐. 선생은 부모와 아이 사이에서 제3자의 역할을 해 주면 되는 것 같아. 식물도 자기 유전자만 물려받으면 열성이 튀어나오잖아. 근친교배로는 수정이 잘 안되고 멀리 가야 되지. 다양성이 있어야 좋은 종자들이 나오는 거야. 개체수가 얼마 이상 안 되면 자꾸 축소되어서 결국 멸종하고 말아.

홈스쿨을 하면 자칫 자기 부모 생각에만 휘둘릴 가능성이 있는 것 같아. 그런데 제3자인 선생님이 그 사이에 있으면 아무래도 아이에게 다양한 생각들이 들어가지. 부모 것만 물려받으면 생각이 점점 좁아질 텐데 다양한 생각들을 받아들이면 생각의 폭이 넓어져. 나는 교육이란 결국 그렇게 다양한 것들을 받아들이는 과정이라고 생각해. 설령 그게 나쁜 것이라 할지라도 아이들이 선택할 수 있는 힘을 가지게 되는 거고. 교육은 '새로운 공기'를 넣어 주는 게 핵심인 것 같아. 여기 말고 다른 세상이 있다는 걸 보여 주는 거지.

1   도시에서의 가면과 위장은 시골에서는 처세가 아닌 가식일 뿐이다. 억지로 잘 보이려고 하지 말고 자연스럽게 할 수 있는 만큼만 하자. 무엇보다 중요한 것은 진정성이다.

2   관계에는 시간이 필요하다. 한 번에 한 발짝씩만 다가서며 서로를 자연스럽게 길들이자. 그래야 신뢰가 두터워진다.

3   경조사 자리는 사심이 끼어들지 않는 자리다. 마을 행사나 부역 등의 자리도 마찬가지다. 사람 사는 이야기를 하면서 조금씩 마을의 일원이 될 수 있다.

4   1~2년간 마을 사람들의 신뢰를 얻었다면 공동체의 놀이문화에 기여해 보자. 한글을 가르치고, 작은 음악회를 열고, 함께하는 여행을 계획해 보자. 하지만 그것도 사심 없이 천천히!

5   시골학교는 경쟁이 덜하고 마음껏 뛰놀 수 있다는 점에서 충분히 대안적일 수 있다. 자연을 느끼고 지혜를 기르는 공간으로서 시골은 아이들을 더 행복하고 풍요로운 삶으로 이끌 것이다.

따뜻한 삶을 위한
내 공간 만들기

김석균·이민선 전북 순창, 흙건축연구소 살림

따뜻한
세상을 위한
건축

흙건축연

마을건축학교

흙건축 | 흙다짐 | 흙미장
스트로베일 | 공동체건축
생태 단열 | 동네 목수

시골로 가려는 사람이라면 누구나 품고 있을 로망 하나가 있다. 저 푸른 초원 위의 그림 같은 집. 귀촌을 계획할 때 가장 먼저 고민하는 것 또한 '집'이 아닐까. 귀농·귀촌 박람회장을 둘러봐도 집 짓기 관련 부스는 늘 사람들로 북적인다. 그런데 이처럼 높은 관심에도 불구하고 우리의 안목은 그에 미치지 못하는 듯하다. 여전히 '평당 얼마'로 계산하는 건축비나 '좋은 소재·외관·인테리어'로 대변되는 일반인들의 좋은 집 기준만 보더라도 말이다.

이번 인터뷰의 주인공인 김석균, 이민선 부부는 평당 얼마라는 건축비는 집 짓기의 시작이 아닌 그저 결과일 뿐임을 강조한다. 비슷한 평수를 똑같이 찍어 내는 아파트나 대규모 빌라 업자가 아닌 이상 평당 얼마가 드는지는 어떤 재료로, 어떻게 짓는가에 따라 천차만별이기 때문이다. 게다가 아무리 잘 지은 집이라도 자신의 라이프스타일과 맞지 않는다면 그건 좋은 집이라고 할 수 없기 때문이라고.

좋은 집은 어떤 집일까? 이 부부는 '보이지 않는 부분이 잘 갖춰진 집'이라고 강조한다. 눈에 잘 보이는 집의 소재와 외관, 인테리어는 부차적인 문제라는 것이다. 무엇보다 땅속에 묻힌 기초, 벽과 천장의 단열, 배관과 배선 등이 잘되어 있어야 생활이 편안해진다. 겉으로 드러나지 않는 곳까지 얼마나 신경 썼는지가 중요하다면, 결국 좋은 집을 짓는 것은 짓는 사람의 '기술'보다는 '마음'이라 할 수 있다. 실제로 집에서 살게 될 이들의 삶을 보듬을 줄 아는, 생각이 바른 건축업자를 만나야 하는 이유이기도 하다.

현재 이 부부는 흙을 중심으로 집을 짓는 예비 사회적기업 〈흙건축연구소 살림〉을 운영하고 있다. "야, 술 왜 안 마셔? 마셔!" 하며 비민주적으로 강요하는 남편보다는, 민주적으로 의사결정을 하는 부인이 대표로 더 적합하다고 판단해서 이민선 씨가 대표를 맡았단다. 이 연구소는 생태단열을 일반인에게 교육하고 보급하는 〈마을건축학교〉를 운영하는 동시에, 참가자들이 힘을 합쳐 어르신들의 집을 고쳐 주는 〈동네목수 양성 프로그램〉도 함께 진행하고 있다. 마침 우리가 인터뷰를 요청했을 때엔 순창 인근의 빈 농협 창고를 개조하여 '청년공유주택'으로 만드는 작업이 한창이었다. 시골에 정착하고 싶지만 집 얻을 형편이 안되는 도시의 청춘들이, 시골에서 마음껏 삶을 실험해 볼 수 있는 멍석 하나 깔아 줄 생각에 이들은 사뭇 들떠 있었다.

시중에는 집 짓는 방법과 절차에 대한 책들이 많이 있으니, 이들 부부에게는 집 짓기가 아닌 "어떻게 시골집을 고르고 또 고칠 것인가"를 주제로 인터뷰하기로 했다. 갓 귀촌한 사람이 처음부터 새로운 집을 짓기보다는 기존의 시골집을 임대하거나 지렴하게 사서 수리하는 경우가 더 많으리라는 판단에서다. 시골집을 고르고 또 고치는 방법에 대한 그들의 오랜 경험을 들어 보자. 이에 곁들여 급격한 노령화로 생명력을 잃어 가는 농촌을 되살리기 위해 노력하고 있는 그들의 구수하고 아름다운 이야기에도 귀를 기울여 보자. 따뜻한 삶을 위한 공간을 짓는 그들의 이야기는 우리의 집 보는 안목을 한 뼘 키워 줄 것이다.

김석균, 이민선 선생님의 찰진(?) 호흡으로 인해
화자를 따로 구분하여 표기하지 않았습니다.

따뜻한 시골집 만들기

두 분 다 순창 분이 아니신데, 어떻게 여기 순창에 터를 잡게 되셨나요?

여기 오기 전에 무주-장수-진안-공주 등을 무진장 돌았어요. 그동안 폐교에도 여러 번 살았고요. (아, 아무리 청소해도 티도 안 나는 폐교들!) 건축 교육을 할 공간이 필요해서 폐교를 구한 건데 1~2년 준비해서 교육 환경 갖추고 교육 좀 해 볼만 하면 주인이 나가라 하고, 또 옮겨서 준비하면 나가라고 하고 그런 식으로 10년이 휙 가 버렸어요. 순창에 내려올 때는 하도 화가 나서 '농협 창고라도 있으면 차라리 거기서라도 한다. 절대로 남의 공간 빌려서는 안한다' 이런 마음이었어요. 때마침 운 좋게도 이 창고가 매물로 나와서 무조건 사서 들어왔어요. 2013년도 7월에 고치고 9월에 입주했어요. 막 달렸죠.

현재 〈흙건축연구소 살림〉에서 진행하는 교육 중 가장 기본이 되는 게 '자연 재료로 시골집 단열하기'라고 들었습니다. 이건 어떻게 시작하게 되셨나요?

저희 부부의 경험 때문에 시작한 거예요. 처음 귀농해서 시골집에서 살때, 아무래도 단열이 잘 안되니까 겨울이면 한 달에 70~80만 원어치 불을 땠어요. 그런데 그렇게 기름값을 쓰고도 두 아이가 독감과 기관지염에 걸린 거예요. 그때 제가 울컥했죠. 명색이 집 짓는 사람인데 우리 가족 하나 못 지켰다는 자괴감도 들고요. 그래서 일단 하던 일을 잠시 미루고 우리 집 단열부터 했어요. 볏짚이랑 왕겨 같은 천연재료로 단열을 했더니 다음 달 난방비가 절반도 안 나오더라고요. 아이들 건강도 좋아졌고요. 단열 전에는 보일러를 틀어도 엉덩이는 따끈하지만 어깨가 추웠는데, 단열을 한 후에는 바닥에서 열이 훅 하고 올라와서 옷을 한 꺼풀씩 벗게 됐어요.

그때 이 생각을 했죠. 원래 하던 흙건축으로 새로운 집을 지어 공급하는 것도 필요하지만 지금 살고 있는 시골집을 따뜻하게 단열하는 방법을 알려주는 게 더 중요한 일이 아닐까? 방 한 칸이라도 따뜻하게 만들어 두면 겨울을 '견디는' 게 아니라 '살게' 되니까요. 그래서 〈시골집 따숩게 만들기〉라는 교육 프로그램을 시작한 거예요. 누구라도 3박 4일 동안 와서 배우면, 자기가 살고 있는 집 방 한 칸이라도 직접 단열할 수 있도록요.

정말 그게 3박 4일 만에 가능한가요? 흙미장은 왠지 오래 경험해야 할 수 있는 전문적인 기술 같은데요.

저희한테 배우면 가능해요.(하하) 심지어 중학생들도 할 수 있을 정도인 걸요. 우리 동네 마을회관은 중학교 2학년 아이들에게 가르쳐 주면서 같이 미장한 건데, 동네 할아버지들이 "어유, 미장 솜씨 좋은 사람 붙였네" 그러세요.

사실 단열은 농촌에서는 삶의 질과 밀접하게 연결돼요. 가슴 아픈 이야기지만 지금 시골에서 할머니들 사시는 곳 중에 겨울에 보일러를 때는 집이 거의 없어요. 낮에는 마을회관에 모여 계시다가, 밤에는 전기장판 켜고 두꺼운 이불 덮고 겨우 버티시죠. 연로하셔서 경제활동을 못하시고 자식들에게 손 벌리기는 미안하니까요. 그리고 심지어 보일러를 돌려도 별로 따뜻하지도 않아요. 문틈과 창틀 사이로 냉기가 쏟아져 들어오니 따뜻할 수가 없죠. 그래서 단열 교육하면서 교육생들이랑 하는 실습을 경로당이나 할머니 집을 고쳐 드리는 걸로 하고 있어요. 작은 힘이지만 미약하게라도 보태 드리고 싶어서. 제가 돈이 더 생기면 어르신들을 위한 공유주택을 짓고 싶어요. 노인이 노인을 돌봐야지, 젊은이들이 노인들 못 돌봐요. 돌봐 주는 사람과 돌봄을 받는 사람이 같이 살아야 제대로 돕죠. 그런 분들이 서로 도울 수 있는, 함께 사는 집

흙건축연구소에서 진행하는
〈시골집 따숩게 만들기〉 수업 모습.
3박 4일 동안 방 한 칸을 스스로 단열하고
미장할 수 있도록 훈련한다.
실습은 주로 마을 경로당이나 어르신들의 집을
무료로 고쳐 드리며 진행한다.

이 필요하고요.

할머니들뿐만 아니라 갓 귀촌한 사람들에게도 단열은 중요한 문제죠. 대부분의 시골집이 안고 있는 가장 큰 문제점이 단열이 안된다는 거예요. 비가 새거나 바람이 들어올 때 대비책은 대충 아는데, 추울 때는 어찌할 줄 몰라서 망연자실하죠. 지금 구할 수 있는 시골집들 중에는 멀쩡한 집이 별로 없어요. 빌리려고 보면 심각한 손상을 입은 집들도 많고요. 인구가 노령화되듯이 집들도 워낙 낡아서 30년 이상 된 집이 전체 시골집 중의 3분의 2에 가까워요. 30년 전에는 '단열'이라는 개념이 없었거든요. 1979년에 처음 만들어진 기준이 2.5센티미터 스티로폼이었고요. 요즘은 12센티미터 정도의 스티로폼이 들어가야 건축 허가가 나는데 과거에는 이런 기준이 아예 없었으니까 그냥 눈비만 안 들어오게 벽을 세우면 끝났어요. 그때는 물론 기름값이 싸기도 했고요. 그런데 기름값이 올라가면서 단열이 중요한 이슈가 된 거죠.

주택 위주의 시골에서 단열이 특히 중요한 문제겠군요.

아무래도 '생존'과 관련된 문제니까요. 단열을 한 곳과 안 한 곳은 자 보면 차이를 알아요. 냉기를 온몸으로 느끼죠. 게다가 기름값 차이도 확 나고요. 단열이 잘 안되면 거의 배 이상 들죠. 단열이 잘되어 있으면 보일러를 살짝만 돌려도 열이 훅 하고 올라오면서 금세 훈훈하게 따뜻해지는데, 보통 시골집은 보일러를 아무리 돌려도 잘 안 따뜻해져요. 단열재가 거의 안 들어가 있거나 대충 들어가 있어서요. 이 건물(흙건축연구소 살림)도 단열이 된 방과 안된 방이 있는데, 단열이 된 방에서 자다가 코를 골아서 쫓겨난 친구가 다음 날 "거기는 시베리아고 여긴 하와이"라고 이야기하더라고요.(웃음)

교육과정에 있는, 방 한 칸짜리 단열은 어떻게 하는 건가요?

일단, 단열은 외벽이 아닌 내벽에 시공해야 합니다. 요즘 새집을 지을 땐 310

외단열을 많이 하는 추세지만 이미 지어진 집은 외벽에 하면 방수, 강도, 화재 다 고민해야 해서 일이 복잡해져요. 특히 방수는 한번 실패하면 돌이키기 어렵고요. 그런데 내벽에 단열을 하면 그런 문제들이 없어요. 실제로 난방을 했을 때 효과를 극대화하는 것도 내단열이고요. 빨리 따뜻해지게 도와주고 열이 도망가지 못하게 막아 주니까요. 간단하게 말해서 아이스박스처럼 만든다고 생각하면 됩니다. 그렇다고 내단열이 외단열보다 우수하다는 뜻은 아니고, 짧은 기간 내에 방 한 칸을 작업해야 하기 때문에 내단열로 진행한다는 말입니다.

건강한 마을 공동체를 꿈꾸며

⟨동네목수 양성 프로그램⟩이란 교육명에서 '동네목수'라는 표현이 인상적이었어요. 구체적으로 무슨 의미인가요?

요즘 집 지을 때 사람들이 건축업자에게 제일 먼저 물어보는 게 뭔 줄 아세요? "평당 얼마예요?" 이거예요. 사실 이건 좀 말이 안 되는 이야기입니다. 집의 형태, 재료, 마감 수준 등에 따라 비용이 천차만별인데, 평당 얼마냐고 물으면 "당신 맘대로 짓고 돈은 당신이 달라는 대로 줄게" 하는 거나 마찬가지예요. 1980년대에 주택 수요가 급증하면서 도시에 똑같은 집들을 마구 짓기 시작했어요. 그때 평당 얼마 하는 식의 계산법이 나온 거죠.

도시화가 진행되기 이전에 농촌에서는 집을 어떻게, 얼마나 주고 지었을 것 같아요? 사실 돈을 안 주고 지었습니다. 돈 주고 일꾼을 고용하는 게 아니라 한마을 사람들이 힘을 합쳐 함께 지었으니까요. 당시에는 누군가 집을 짓는다고 하면 '집 짓기 반, 밥 짓기 반'이었어요. 아버지는 집을 짓고, 엄마는 밥을 짓고, 아이들은 연 날리며 놀다가 집 짓는 걸 구경하곤 했어요. 불과

"다른 사람 집을 함께 고쳐 주면,
집뿐만 아니라 관계도 따뜻해지죠.
그러면서 살기 좋은 마을이 되는 거예요."
이들 부부의 건축 철학은 기술이 아닌 '관계'에 있다.

40~50년 전 이야기예요. 집 짓는 거 구경하다가 눈썰미가 있는 아이는 크면서 자연스럽게 건축 기술들을 익히게 되는데, 이런 사람이 '동네목수'가 되었어요. 전문적인 목수가 아니라 농사를 지으면서 동네에서 집을 지을 때 진두지휘할 수 있는 사람이죠. 그런데 시골이 무너지면서 돈을 안 받고 서로 집을 지어 주는 우리의 전통이 사라져 버렸어요. 동네목수도 자취를 감췄고요.

그래서 교육생들에게 이렇게 말하죠. "우리 시대의 동네목수가 돼 보면 어떠냐?" 집 짓는 걸 전업으로 하는 게 아니라 자기 하고 싶은 일 하면서 집 짓는 기술로 내 집도 직접 고치고, 이웃집도 고쳐 주고 하자는 뜻이죠. 다른 사람 집을 고쳐 주면 집뿐만 아니라 관계도 따뜻해지죠. 마을에 새로운 사람이 오면 함께 고쳐 주기도 하고… 그러면서 살기 좋은 마을이 되는 거예요.

귀농·귀촌은 넓은 모래밭에 콩을 뿌린 것과 같아요. 같은 곳에서 교육을 받아도 결국 전국으로 뿔뿔이 흩어지니까 어려울 때 돕기 어렵죠. 도시에서는 외로울 때 친구를 만나면 되지만, 시골에 내려오면 처음엔 그것도 어려워요. 하지만 품앗이로 서로 방 한 칸씩 따뜻하게 해 주다 보면 친구들이 생기고, 그렇게 관계가 만들어지면 서울로 다시 올라가는 사람도 줄지 않을까요. 힘든 게 다 해결되지는 않겠지만 그래도 힘든 걸 함께 이겨 내는 친구들이 생기니까요. 그런 역할을 주도적으로 할 사람이 제가 말하는 동네목수예요.

그런 깊은 뜻이 있었군요. 앞으로도 이 교육을 계속 진행하실 건가요?

저희가 시골에 들어와서 '시골집 단열하기' 같은 폼 나지 않는 교육을 계속하는 이유는, 지금 시골에서 훨씬 시급하고 중요한 문제가 그것이라는 생각 때문이에요. 많은 사람들이 시골로 오고 있는데 집을 어떻게 고쳐서 살지에 대해서는 전혀 모르고 오세요. 당장에 생활해야 할 공간인데 그 공간을 어떻게 활용할지에 대한 감이 없어요. 건축가들은 우아한 건축, 기념비적인 건축, 이른바 '작가 건축'만 이야기하고 있죠. 누군가는 그 둘 사이의 간격을 메꿔야 하는데 건축에서 내가 할 몫은 이거구나 하는 작은 깨달음이 있었어요. 살다 보면 여러 갈림길이 있는데 집이 좋아서 우연히 이 길로 들어서게 됐고, 좋아서 오래 하다 보니 해야 될 일도 자연스럽게 보이는 것 같아요.

또 다른 프로젝트로 '청년공유주택'을 준비하고 계신다고요? 어떤 취지에서 시작하셨고, 무엇을 기대하고 계신가요?

농협 창고를 하나 구해서 이층집으로 개조했어요. 도시의 청년들이 시골에 내려오기 쉽지 않잖아요. 오려고 마음을 먹어도 집을 구하는 게 어렵고, 집을 구해도 겨울에 난방비가 한 달에 30만 원이 넘게 들어가고, 그래도 춥고요. 청년들이 집 부담 없이 가볍게 엠티 가듯이 시골로 올 수 있으면 좋겠다 싶었어요. 게다가 혼자 시골 오면 외롭기 마련인데 그때 함께 술도 마시면서 어떤 주제에 대해 진지하게 이야기를 나눌 수 있는 친구들이 있으면 도움이 될 것 같아서요. 도시의 셰어하우스가 집세를 나눠서 낸다는 경제적인 목적이 강하다면, 여기의 공유주택은 같이 생활한다는 정서적인 목적이 더 크죠.

조금 있다 같이 가 보면 알겠지만, 시설은 일반적인 시골집보다 훨씬 좋아요. 적어도 양변기가 있고,(하하) 공동 주방도 있고 휴게실을 겸한 세탁실과 가족들을 위한 게스트룸도 있어요. 방이 총 다섯 개인데 제법 넓어요. 그래도 일단은 네 가구를 모집할 생각이에요. 완공이 되고 청년들이 모이면 처음 몇 개월간은 아무 일 없이 평화롭게 합숙할 수 있도록 하고 싶어요. 자기들끼리 매일 술만 퍼먹더라도 친밀함을 쌓는 시간을 가질 수 있게 하려고요.

방금 말씀 중에 "엠티 가듯 가볍게 귀농한다"는 표현이 인상적이네요.

귀농을 준비하는 청년 모임에 강의하러 간 적이 있는데, 얼굴에 웃음기 하나 없이 다들 너무 진지한 거예요. 그래서 제가 얘기했죠. "야, 너무 어렵거나 진지하게 생각지 마라. 그냥 엠티 가듯이 귀농하자. 느네들이 시골로 와서

314

좀 지내보다가 '살 만하네' 싶으면 사는 거고, '아직 아닌 것 같은데' 하면 서울로 다시 올라가면 되는 거야. 다시 올라간다고 귀농에 실패한 걸까? 잘 생각해 봐, 느네가 현대아파트에 살다가 롯데아파트로 이사 가면 현대아파트에서 실패한 거냐?" 이렇게요. 사실 실패가 아니잖아요. 살아 봤는데 아니다 싶으면 '아직 내가 준비가 덜 됐나?' 하면서 다른 데 가서 사는 거고, 살다가 '그래도 예전에 거기 괜찮았던 것 같은데' 하면 다시 오기도 하고 그러면 되죠. 그렇게 가벼운 마음으로 다양하게 실험해 볼 수 있다는 게 젊음의 특권 아닌가요? 맘이 동하면 가고 맘에 안 들면 떠나고요. 그런 짓거리를 수십 번 반복하면서 다양한 경험들이 쌓이고 그러다가 어느 순간 "내가 뭐 하지?" 했을 때 "어, 나 이거!"라고 자신 있게 얘기할 수 있는 거죠. 꿈이 확실한 건 많은 실패의 경험들이 쌓였기 때문이라고 생각해요.

　　그렇게 좀 편하게 왔다 갈 수 있는 공간이 있었으면 좋겠다 싶어서 공유주택을 만든 거예요. 한 석 달에서 여섯 달 정도 지내보면서 시골에서 자기도 재미있고 지역에도 도움이 되는 게 뭐가 있는지 살펴보는 거죠. 처음엔 그냥 밤늦게 술도 마시고 늦잠도 자고 아침에 배 득득 긁으면서 일어나는 자유를 마음껏 누려요. 막상 노는 것도 한 석 달 하면 지쳐요. 어느 날 오후에 늦잠 자고 나왔는데, 밭에서 할매들이 하는 거 보다가 "농사는 잘 지었는데 팔 데가 없어 걱정이다"는 소리를 듣고 "어? 저거 이렇게 하면 되지 않을까?" 하고 인터넷을 통해서 할머니의 이야기를 얹어서 팔아 보는 거죠. 이렇게 젊은 사람들만이 잘할 수 있는 것이 시골에 분명 있을 거라 생각해요. 적어도 그걸 알게 될 때까지는 젊은이들에게 시간과 기회를 줘야 하지 않을까요. 복지 뭐 이런 거창한 사명감 같은 게 아니라 최소한의 비빌 언덕이 생기면 청년들도 여기에서 좀 더 생산적인 뭔가를 할 수 있지 않을까, 이렇게 생각한 거예요. 우리 부부도 함께 놀 젊은 친구들이 있으면 더 좋고요.

(가)

(나)

길가에 버려져 있던
농협 창고(가)를
2층으로 리모델링하여(나)
청년들이 시골 삶을
마음껏 실험할 수 있는
청년공유주택(다)으로 만들었다.
현재 그곳에 청년들이
입주해 살고 있다(라).

(다)

(라)

청년공유주택 예산 중 3분의 2는 자비로 하셨다면서요? 공과금을 제외한 임대비도 최소한으로만 받으신다고 하셨는데, 그 이유가 궁금해요.

저도 젊었을 때 선배들한데 말빚, 글빚 많이 신세지고 살았어요. 한 15년, 20년 전에 선배들을 통해 제 속에 뿌려진 씨앗이 저도 모르게 조금씩 자라다가 어느 날 "어, 이거 해 봐야지" 했던 거예요. 제가 하는 게 건축 일이고 또 시골에 살다 보니까 그런 프로젝트가 생각난 거고, 아내가 고맙게 동의를 해 주니 사고를 친 거죠 뭐. 청년공유주택에 오는 친구들도 지금 당장 결과를 내지는 않더라도 가슴속에 씨앗 하나가 던져져서 한 20년쯤 후에 언제 어떤 형태로든 나타날 거라고 믿어요. 그걸 지금 바로 열매로 따 먹으려고 하면 욕심인 거고요.

몇 년 전에 홍성에 귀농했다가 접고 나온 젊은 친구들을 만난 적이 있어요. 홍성은 '귀농 1번지'라 불릴 정도로, 풀무학교를 중심으로 기반이 잘되어 있는 곳이거든요. 왜 나왔느냐고 물어보니까 자기들은 꼭 하고 싶은 게 있었는데 지역 사람들은 별로 관심도 없고 뭔가를 빌려주지도 않더라는 거예요. 그 이야길 들으면서 좀 안쓰럽더라고요. "처음에는 어렵지만 그 힘든 걸 몇 년쯤 견뎌 내야 자리를 잡는 거"라며 따끔하게 꾸짖는 사람도 필요하지만, 지나가다가 "막걸리나 한잔하자" 하면서 고민도 들어 주고 걱정도 해 주는 사람이 필요하겠더라고요. 그래서 이 공간을 만들고 있어요. 그냥 좋은 사람들이 와서 함께 재미지게 살았으면 하는 바람이 가장 크죠.(웃음)

좋은 집과 건강한 집

이제부터는 귀촌하는 사람들 입장에서 집에 대해 좀 여쭤 볼게요. 처음 시골에 와서 집을 고를 때, 무엇을 보고 골라야 할까요?

우선 좋은 집이 무엇인지부터 생각해 봐야 합니다. '좋은 집' 하면 보통은 좋은 자재, 멋진 외관을 떠올려요. 집을 고친다고 해도 보통 인테리어를 생각하고요. 그런데 살아 보면 그런 외형이 중요한 게 아니에요. 집을 카페로 쓸 건 아니잖아요. 눈에 보이는 것은 보이지 않는 것의 작은 부분입니다. 기초만 봐도 흙 위로 올라와 있는 부분은 30~40센티미터 될까 말까 하죠. 중요한 건 그 아래의 보이지 않는 부분이에요. 거기에 상수도, 하수도, 오수관 등이 다 지나갑니다. 이런 기본적인 게 잘 안되어 있으면 사는 게 아주 힘들어져요. 그러니까 보이지 않는 부분이 훨씬 더 중요합니다.

가령 시골집은 창 주변으로 곰팡이가 쫙 끼어 있는 경우가 많아요. 왜냐면 벽에 뚫은 구멍에 창틀을 끼워 넣고 나면 그 사이에 틈이 생기는데, 옛날에는 보통 그 틈을 비료 포대 같은 걸 넣고 미장으로 발라 버렸어요. 그러면 그곳에 온도 차로 생기는 습기 때문에 결로가 생기거든요. 이런 문제는 집이 일단 지어진 이상, 해결하기 까다롭죠. 창틀, 기초, 천장도 다 마찬가지예요.

보이지 않는 부분 중에서 어떤 것들을 고려해서 집을 선택해야 하나요?

건강한 집에는 물, 불, 바람, 햇빛이 중요합니다. 아주 단순하게 말하면 '불은 위로, 물은 아래로, 바람은 통하게, 빛은 골고루' 된 집이 좋은 집이에요. 지수화풍(地水火風)과 연관 지어 생각해도 좋아요. 집을 고를 때에는 배수와 통풍이 잘되며, 온기가 잘 보존되고, 채광이 좋은지 점검해 보면 됩니다.

물, 불, 바람, 햇빛이라니, 아주 명쾌하네요. 하나하나 설명해 주세요. 물(水)은 배수를 의미하는 건가요? 처음 가 본 집에 물이 잘 빠지는지 어떻게 알 수 있죠?

배수도 중요하지만 더 중요한 건 습(濕), 즉 습기의 문제예요. 집의 중요한 역할은 내가 살고 있는 곳에 습이 달려들지 않도록 하는 거예요. 대부분의 시골집은 뒤가 높고 앞은 트여 있는 곳에 지어요. 문제는 보통 언덕 밑으로 흘러가는 물이 집 아래를 지나면서 생겨요. 얼마나 습한 집인지는 벽을 살펴보면 돼요. 습한 집은 현관문을 열면 퀴퀴한 냄새가 나면서, 보통 벽 아래쪽 10~20센티미터가 축축하게 젖어 있어요. 이건 습기가 올라온다는 겁니다. 비가 오면 물이 집 아래로 흐르면서 기초를 타고 벽면까지 올라오는 거죠.

이런 경우 어떻게 하면 집 안 습기를 말릴 수 있냐, 가장 간단한 방법은 집 뒤쪽에 배수로를 파는 겁니다. 처마 낙숫물 떨어지는 즈음의 위치에 무릎 깊이로 물길을 파면, 물이 언덕 밑으로 내려오다가 이 배수로에서 스며 나와서 물길을 따라 옆으로 흘러가 버려요. 배수로를 판 뒤에, 집 문을 열어 놓고 일주일에서 열흘을 두면 집이 바짝 말라요. 집이 젖어 있으면 보일러를 때도 수분을 날려 보내느라 금세 안 따뜻해져요. 집이 마르면 단열이 잘되니까 금세 따뜻해지고요. 그래서 배수로를 확보하는 건 시골집에서 가장 중요한 일 중 하나예요. 눅눅한 곳에서 살면 병이 생기고, 고슬고슬하게 마른 곳에 살아야 건강합니다. 바닥으로 물이 지나가면 사람에게 좋을 게 하나도 없어요.

예전의 집들은 당연히 집 뒤에 이런 물길이 다 있었는데, 요즘은 시골 분들이 나이가 많아지고, 해마다 토사가 내려와서 물길이 막히는 게 귀찮고 번잡하니까 시멘트로 확 덮어 버렸어요. 그런데 시멘트에도 습기가 똑같이 스며들어요. 그래서 기초를 타고 올라와서 벽체 아래쪽에 곰팡이가 핍니다.

습기가 중요한 건 건강 때문이기도 하지만 쾌적함과도 직결되기 때문이겠죠? 같은 온도라도 습도에 따라 불쾌지수가 확 올라가니까요.

맞아요. 똑같은 35도라도 습한 동남아와 건조한 지중해는 느낌이 다르듯, 주거에 있어서 쾌적함을 좌우하는 건 습도예요. 시골은 도시보다 습한 환경이기 때문에 습도를 잘 잡아 줘야 합니다. 도시는 주변이 다 콘크리트라서 바깥 공기가 건조하지만, 시골은 나무와 물이 많아서 기본적으로 습할 수밖에 없어요. 습도를 대략 50퍼센트 내외로 유지하는 게 가장 쾌적하죠. 너무 건조

해도 바이러스가 빨리 퍼져서 병이 생기니까 적정한 습도를 유지하는 건 건강에도 중요해요.

요즘은 집 지을 때 편하니까 건식 공법을 많이 씁니다. 합판 같은 걸로 짓는 건데 그러면 집이 건조해져요. 제가 추천하는 건 흙을 이용하는 거예요. 흙으로만 집을 지으라는 건 아니고(흙은 단열이 잘 안되는 재료거든요) 다만 내벽에 흙미장을 하면 습기나 공기의 질 면에서 쾌적해져요. 무엇보다 흙은 습도를 알맞게 맞춰 주는 데 대단히 훌륭한 재료입니다. 흙은 입자들 사이에 간극이 크기 때문에 습도가 높으면 공기 중에 있는 물기를 자기가 빨아들이고, 습도가 낮으면 공기로 수분을 뿜어내서 일정한 습도를 유지해 줍니다. 또 공기의 질도 확실히 달라져요. 아토피가 없어지기도 하고요. 서울의 아파트 공기질을 측정해 봤더니 기준치보다 나빴는데, 벽에 흙미장을 하고 측정했더니 유해물질 농도가 4분의 1로 떨어지더라고요. 흙이 그만큼 나쁜 먼지를 걸러주는 필터 역할을 하는 거죠. 요즘은 흙 말고도 규조토 같은 재료들로 건축물 마감을 하는데 그것도 적절한 습도 유지에 도움이 됩니다.

정말 유용하네요. 물과 관련해서는 두 가지, 배수로와 흙미장을 기억해 두어야겠네요. 불(火)은 어떤가요? 단열과 난방에 관련된 거겠죠?

네, 단열이 잘되어서 적은 난방비로도 따뜻하게 살 수 있는가 하는 것이죠. 시골집은 오래된 집이 많고 단열재도 없는 데다가, 대부분 4면이 외벽이에요. 그래서 '여름에 따땃~하고, 겨울에 시원~'하죠.(하하) 특히 겨울에는 단열이 생존과 직결되어 있어요. 그래서 빈틈을 잘 메우고 내가 잘 공간 한 칸만이라도 꼼꼼하게 단열을 하면 겨울이 따뜻해집니다.

앞서도 말했듯이 시골집 고칠 때에는 '내단열'이 효과적이에요. 방을 아이스박스처럼 만드는 거죠. 그러려면 무엇보다도 빈틈이 없어야 해요. 창틀이나 천장과 외벽 사이 등을 확인해서 꼼꼼하게 메워 주어야 합니다. 단열이 잘 안되어서 열이 빠져나가는 전체를 100이라고 했을 때, 시골집은 벽을 통해 45, 창문은 25, 천장을 통해서는 20 정도가 빠져나갑니다. 벽과 천장은 단열로 보강하고, 창문은 벽과 창틀 사이를 뜯어서 빈 공간에 우레탄 폼을 쏴 주면 그게 찐빵처럼 부풀어 올라 틈이 메꿔져요.

난방보다 단열이 훨씬 중요한 것 같네요. 그럼 '햇빛'은 무엇인가요? 단순히 채광만을 의미하지는 않을 것 같은데요.

우선은 채광이 중요하고요, 집의 향도 중요합니다. 요즘 집들은 처마를 거의 내지 않고 짓는 경우가 많은데, 그건 집을 잘 모르는 거예요. 지붕 서까래의 길이가 아무런 근거 없이 잡힌 게 아니거든요. 여름철과 겨울철의 태양 높이가 다릅니다. 여름철은 태양이 높이 있으니까 처마에 가려 빛이 마루까지밖에 안 들어와요. 겨울철은 태양이 낮게 있으니 처마에 걸려도 집 안으로 따뜻한 빛이 들어와요. 집에 골고루 빛이 들어와야 집을 잘 말려 주어서 습기가 잡힙니다. 그래서 향이 중요한 거고요. 집은 보통 남향이 좋다고 생각하는데, 사실 정남향으로 지으면 집의 북쪽은 아예 햇빛을 못 받으니까 그쪽은 항상 습하게 돼요. 남동향이나 남서향으로 지어야 해가 넘어가면서 집의 모든 면에 골고루 햇빛이 들어와서 집이 고루 잘 마릅니다.

창문도 중요하죠. 요즘은 대부분 유리창을 쓰는데, 아침에 너무 직접적인 햇빛이 들어오면 눈이 부시죠. 적절하게 산란된 빛이 눈에 가장 편안하고 좋아요. 미술관이나 박물관처럼 땅을 때려서 반사되어 들어오는 빛, 한번 깨져서 들어오는 빛 말이에요. 창호지가 좋은 게 그런 이유예요. 닫으면 빛이 은은하게 비쳐 들어오니까요. 별것 아닌 듯해도 아침에 눈뜨자마자 맞는 빛이 중요합니다. 아침에 정신 사나우면 하루가 사나워지기 십상이니까요.

그렇군요. 생각하지 못했던 부분이네요. 마지막으로 바람(風)은요?

청년공유주택의 거실과, 거실에서 바라본 앞마당의 모습.
볏짚과 왕겨 등의 자연재료로 단열을 하고
적정 습도 유지를 위해 황토로 미장했다.
남동향으로 적절히 채광을 조절하고 앞마당엔 자갈을,
뒷마당엔 나무를 심어 대류를 통해
자연스럽게 통풍이 되도록 설계했다.

통풍이 잘되어야 기운이 삽니다. 예전 한옥집을 자세히 보면 바람이 집 안으로 들어왔다가 빠져나가는 '바람길'을 반드시 확보해 두었어요. 앞마당엔 하얀 백토를 뿌려 놓고, 집 뒤에는 대나무나 감나무를 심었죠. 낮에 햇빛을 받으면 앞마당의 뜨거운 열이 위로 올라갑니다. 공기가 올라가니까 어디선가 와야죠. 그러면 집 뒤에서 차가운 공기들이 들어오는 거예요. 여름에 바람 한 점 없는 날에도 대청마루에 누워 있으면 시원한 것은 이렇게 자연스럽게 대류가 일어나도록 했기 때문이에요.

그런데 이런 한옥집들을 증축하면서 바람길이 다 막혔어요. 옛날의 집들은 보통 세 칸, 네 칸 집이었어요. 그런데 살다 보면 좁으니까 조금씩 확장을 하는 거죠. 원래 있던 구조에서 사랑채, 창고, 보일러실, 화장실 등을 하나씩 달아내서 짓다 보니 원래 있던 바람길이 막히는 거죠. 그래서 이런 시골집을 들어가면 눅눅한 느낌이 들어요. 바람이 안 통하니까 습기가 빠져나가질 못하는 거예요. 해결책은 벽에 창을 내는 겁니다. 그런데 시골집은 대개 벽돌을 쌓아서 짓기 때문에, 망치로 때려서 창을 뚫으면 구조적으로 문제가 될 수도 있어요. 그럴 때에는 그라인더 같은 걸로 따 버리면 됩니다. 구조 보강을 위해 목재나 철재로 하중을 받을 수 있도록 헤더를 대는 등의 조치를 하면 되고요.

물, 불, 바람, 햇빛이 잘되어 있는지는 무얼 보면 알 수 있죠?

곰팡이가 의외로 유용합니다. 특히 습기와 관련된 건 곰팡이 위치로 바로 알 수 있어요. 벽 아래쪽에 곰팡이가 피어 있으면 이건 아래 물길이 기초를 타고 올라온 것 때문이에요. 위쪽에 피어 있으면 천장과 벽 틈 사이로 내려오는 한기 때문이죠. 전체 벽면에 골고루 곰팡이가 피었으면 벽의 단열이 워낙 안되어 있는 거고, 모서리에만 곰팡이가 있다면 기둥과 벽 사이가 뜨면서 냉기가 훅 밀고 들어와서 생기는 거죠. 창틀 주변에 생기는 곰팡이는 틈이 제대로 메워지지 않은 거고요. 집 뒤편의 기둥 밑이 시커멓게 곰팡이 핀 경우가 많은데 그건 햇빛이 그쪽으로 잘 안 든다는 거예요. 향 문제죠. 이렇게 곰팡이 위치만 봐도 뭐가 문제인지 바로 알 수가 있어요.

건강한 시골집을 고르는 법

네 가지(물, 불, 햇빛, 바람)를 꼭 기억해 두어야겠어요. 그런데 많은 사람들이 헌 집을 고치는 게 공수도 많이 들고 만족할 만한 결과가 안 나온다고 이야기하던 데요. 헌 집을 고칠 바엔 새로 짓는 게 낫다고요.

기대치의 문제인 것 같아요. 헌 집을 가지고 자기 마음대로 모든 걸 하려고 하면 안 돼요. 내 생각대로 집을 다 바꾸려고 하니까 부수고 새로 지으려고 하는 거예요. 원래 집이 가지고 있는 기본을 인정해 주고 내 필요성을 보태야겠다고 생각하면 고쳐 사는 게 백번 낫다는 게 제 생각입니다. 단지 비용 때문만이 아니라 부수고, 폐기물 처리하고, 새로 짓는 데는 시간과 에너지가 훨씬 많이 들어가기 때문이에요. 비용으로만 따져도, 시골에 처음 오는 사람이 적응하려면 하다 못해 단돈 천만 원이라도 아껴야 해요.

귀농은 삶의 방식 전체가 바뀌는 것이기 때문에 당연히 생각도 바뀌어야 해요. 생각은 안 바꾸고 예전 집에 대한 기준으로 바라보면 자꾸 문제가 생겨요. 예를 들어 도시에서 쓰던 침대나 소파가 시골집에는 안 들어가는 경우가 많아요. 그럼 "이거 여기 안 맞아, 버려" 하고 짐을 버릴 줄 알아야 하는데, 굳이 넣으려고 안달하는 겁니다. 그런 사람은 집을 새로 지어야 해요. 라이프 스타일을 바꾸지 않은 채 시골집을 고쳐서 사는 것은 쉽지 않습니다. 삶의 방식을 바꾸든지, 아니면 공간을 새로 짓든지 둘 중 하나예요. 그런데 단순히 '고치면 싸니까'라는 마음으로 접근하면 반드시 후회해요. 억지로 집을 고치면, 나중에 이러지도 저러지도 못하게 되어 난감해져요.

청년공유주택 〈더불어 집〉의 2층 복도와 방의 모습.
건물의 기본 골격은 그대로 둔 채 창을 내고 흙미장을 하고
창호를 발라 생활의 질을 높였다.

그렇군요. 그럼 앞에서 말씀하신 네 가지(물, 불, 햇빛, 바람)를 염두에 두고 시골 집을 고를 때 꼭 체크해 봐야 할 건 무엇인가요?

일단 구조적으로 안정되어 있어야 해요. 집이 기울어져 있는지, 벽에 금이 많이 가 있는지를 체크해 보면 되죠. 기둥이나 서까래가 썩었는지도 봐야 하고. 옆에서 서까래를 보았을 때 부드럽게 곡선을 이루는 게 정상인데, 갑자기 획 올라왔거나 쑥 내려가 있으면 문제가 있는 겁니다. 어쨌든 집이 무너지지 않아야 하니까 구조, 즉 뼈대가 가장 중요하다고 볼 수 있어요. 두 번째, 비가 새는 집은 피해야 합니다. 비 새는 곳은 찾기도 어렵고 부분 수리가 어려워 돈이 많이 들기 때문이에요. 만약 어쩔 수 없이 비 새는 집을 얻어서 지붕을 수리해야 한다면 낡은 지붕을 그대로 두고 함석지붕이나 함석기와를 얹는 게 좋습니다. 낡은 지붕을 철거하는 데만도 비용이 많이 드니까요.

구조와 누수를 살피는 게 우선이군요. 그다음은 뭘 챙겨야 하나요?

그러고 나서 그 집에서 직접 사는 모습을 그려 봐야죠. 생활이 뭐겠어요. 먹고, 자고, 싸고, 세 가지를 먼저 챙겨야 합니다. 우선 물과 전기가 가장 중요해요. 그다음이 화장실이고요. 적어도 이런 것들에 대한 '체크리스트'를 만들어 놓고 집을 보러 다녀야 해요. 많은 사람들이 집을 보러 다녀온 후에, 가서 무엇을 보고 왔는지 물어보면 별로 대답을 못해요. "거기 전기 들어와?" 하면 "뭐 들어오겠지," "그럼 수도는 나와?" "에이, 설마 물이 안 나올까…," "거기 화장실 수세식이야 푸세식이야?" "글쎄…" 이런 식이에요. 시골에는 오래 비워 둔 집이 많아서 처음부터 꼼꼼하게 챙기지 않으면 나중에 낭패를 봐요.

전기가 들어오는지 알 수 있는 가장 간단한 방법은 전기계량기를 보는 거예요. 물은 상수도계량기를 보면 되죠. 계량기가 붙어 있으면 일단 들어오는 거예요. 전기가 끊기면 한전에서 계량기를 가져가거든요. 만약 수도계량기가 없으면 관정(우물)이 있는지 확인해야 합니다. 모터가 있어서 지하수를 끌어다 쓸 수도 있으니까요. 화장실은 수세식인지 푸세식인지 어떻게 알 수 있을까요? 예의상 남의 집 화장실을 들여다보기 어렵잖아요. 이건 정화조를 보면 돼요. 정화조는 보통 마당 땅속에 있으니까 마당에 정화조 뚜껑이 있는지를 보면 알 수 있어요. '오폐수 정화조'라는 식으로 써 있는데, 이게 있으면 수세식입니다.

시골집 살기 좋게 고치기

와, 정말 신기하네요. 그렇게 해서 괜찮은 시골집을 얻었다고 하면 그때부터 보수를 시작해야 할 텐데요. 곰팡이 핀 집은 어떻게 고치면 되나요.

벽 위쪽이 곰팡이가 피어 있다면 벽과 천장 사이의 틈을 메우고 천장 단열을 해야죠. 틈은 우레탄 폼으로 간단히 메울 수 있어요. 우레탄은 가장 쉽게 틈을 메울 수 있는 방법입니다. 틈 사이로 쏴 주면 금세 부풀어 올라요. 만약 벽 아래쪽이 젖어 있으면 앞서 말한 대로 배수로를 파면 돼요. 배수로는 정말 중요한데, 보기에는 땅이 말라 있는 것 같아도 땅을 파 놓고 한두 시간 기다리면 물이 고여요. 도랑만 파 두면 나중에 비가 오거나 하면 무너지니까, 뻥뻥 구멍이 뚫려 있는 유공관에 자갈을 채워서 배수로에 넣고, 모래가 안 들어가도록 부직포를 뱅뱅 돌려서 막아 주면 오래 쓸 수 있어요. 이걸 '자갈도랑기초', 외국말로 '프렌치 드레인(French drain, 프랑스식 배수로)'이라 불러요. 인터넷으로 찾아보면 간단한 시공방법이 나와 있을 거예요.

참, 물이 집 아래로 지나는지는 아궁이를 보아도 알 수 있어요. 집에서 가장 깊은 곳이 아궁이니까요. 아궁이에 물이 고여 있으면 집 아래로 물길이 지나간다는 뜻이에요. 그래도 습은 물길을 파면 금세 잡히니까 아주 크게 고민할 건 아니에요. 비가 새거나 구조적으로 위험한 게 아니라면 습기는 다 잡을 수 있습니다.

전기 배선은 어떤가요?

오래된 시골집은 전선을 가는 걸 써서 위험한 경우가 많아요. 옛날에는 전기 소비가 많지 않아 가는 전선을 사용했지만 요즘엔 전기제품을 많이 사용해서 부하가 많이 걸려요. 전기선 하나에서 전기가 들어왔는데 살면서 전선을 계속 늘려 나가서 과부하가 걸리기도 쉬우니까, 전선 굵기와 용량을 확인해 보고 너무 가늘면 교체해야 해요. 또, 전선이 외부에 노출되면 딱딱하게 굳어서 깨지기 쉬워집니다. 우선 깨진 곳이 없는지 확인해야 해요. 전선이 깨져서 피복이 벗겨져 있는 곳이 있다면 화재의 위험이 있으니, 부분만 교체하지 말고 전체를 다 교체해야 합니다. 전기 배선은 웬만하면 기술자를 부르세요. 전기 기술자 불러서 전기 점검해 달라고 해서 가능하면 전선 전체를 싹 교체하는 게 좋습니다. 스스로 하기는 조금 힘들어요.

상하수도 배관에 문제가 생기면 어떻게 고쳐야 할까요?

물이 잘 안 나오면 어쩔 수 없는 거죠.(하하) 시골집 상하수도 배관은 복잡하지 않고 매우 단순해요. 물이 새는 배관은 오래되어서 그런 것이니 고치려 하기보다는 새로 교체하는 것이 경제적이고 안전합니다. 하수구가 자주 막히면 긴 철사를 이용해서 막힌 곳을 뚫거나 청소하면 보통은 해결되죠. '스프링 하수관 청소기'라고 끝이 스프링처럼 생겨서 뱅뱅 돌리면 스프링이 움직이면서 들어가는데 15미터까지 들어가는 도구가 있어요. 그걸로 밀어 넣어서 안에 있는 머리카락과 오물들을 제거하면 됩니다. 스프링 하수관 청소기는 하루 빌리는 데 만 5천 원이면 되고요.

또 집 안에 퀴퀴한 하수도 냄새가 나는 경우도 많은데, 이건 중간에 '집수정'이라는 곳에 늘 차 있는 물이 썩어서 그렇습니다. 집수정을 찾아서 청소해 주면 악취가 없어집니다.

난방은 어떤가요? 보일러도 종류가 많던데요.

시골집 보일러 중에는 고장이 나 있거나, 하도 오래되어서 바닥에 깔린 난방 배관이 삭은 경우가 많아요. 집 고를 때 보일러가 제대로 작동하거나 구들이 온전하다면 아주 운이 좋은 거죠.

기름보일러는 보통 100만 원이면 갈 수 있어요. 화목보일러는 나무를 해야 하니 일이 너무 많고, 지열보일러는 초기 설치비가 많이 들어요. 저는 기름보일러를 추천합니다. 보일러를 새로 설치하고 바닥 난방 배관을 다시 깔면 난방과 온수 문제는 해결돼요. 구들은 오래 사용을 안 하면 막히기 때문에 불이 잘 드는지 확인을 해야 해요. 불을 땠을 때 연기가 잘 들어가는지, 두세 시간 불을 넣어서 밑바닥이 고루 따뜻해지는지 점검하면 됩니다. 구들방이 있다면 가능하면 살리고, 보일러 선이 안 들어가 있는 마루 같은 곳은 라디에이터로 공간 난방을 하면 됩니다.

화장실은 어떤가요? 수세식이 아닌 경우가 많던데, 조금 깨끗하게 쓰고 싶을 때 대안이 없을까요?

시골집도 요즘은 수세식으로 많이 개조했어요. 만일 수세식이 아니라면, 푸세식보다는 오히려 '골프식'이 훨씬 더 깔끔할 수 있어요. 대변을 본 뒤 재에 돌돌 굴려서 툭 쳐서 구석에 넣어 두는 건데, 오줌과 똥이 섞이지 않게 하는 게 중요합니다. 직사각형으로 뚫린 구멍을 통해 일단 사람이 배설을 하면 소변은 앞쪽 경사면 고무호스를 따라 화장실 밖으로 배출되고 대변은 판자의 뒤쪽 경사면에 놓이는데, 이때 사람이 옆에 준비된 흙이나 왕겨, 재를 삽으로 떠서 부은 다음 아래쪽으로 툭 골프 치듯이 밀어내는 거예요. 흙과 재로 코팅된 대변은 냄새가 별로 안 나거든요. 큰 플라스틱 통에 골프공이 모이면 그걸 거름으로 활용하면 되고요. 이게 사실 우리나라 전통 방법이에요. 완전한 순환 농법인데, 요즘은 외국 사람들이 이걸 배워 가서는 '퍼머 컬쳐'라면서 쓰고 있어요. 지금은 거꾸로 우리가 외국에 가서 배워 오고 있는 실정이고요.

설명만 들으면 좀 부담스럽지만, 이런 방식을 응용해서 현대식으로 깔끔하게 나온 변기들이 있어요. '생태 변기'라고 검색하면 많이 나옵니다. 이런 변기들은 실내에서 쓸 수도 있고, 심지어 아파트에서도 쓰기도 해요. 아예 변기 모양으로 나온 것도 있고요. 서양식 시스템으로 벽에 구멍 뚫어서 냄새는 따로 빠져나가게 설계되어 있는 것도 있고요.

이론을 안다고 해도 경험이 없는 초보자들이 막상 집을 고치기는 쉽지 않을 것 같아요. 혹시 일반인들이 배우기에 어렵지 않은 기술들이 있을까요?

시골 생활에서 최고는 뭐니 뭐니 해도 목공 기술입니다. 막상 해 보면 개집 하나 짓는 것도 쉽지가 않아요. 기초적인 연장 사용법 등의 기본 목공 기술만 조금 배워 두면 이것저것 고치거나 뚝딱 만들어 낼 수가 있어요. 시골집은 흙벽이나 시멘트 블럭으로 지어진 집이 많기 때문에 흙미장도 아주 유용한 기술이에요. 이건 저희에게 두세 시간만 배우면 쉽게 할 수 있어요. 재료의 성질과 배합비를 알고 조금만 배워 몸에 익혀 두면 어렵지 않게 할 수 있어요.

제 경험상, 목공이든 미장이든 처음부터 너무 잘하려고 하면 아예 시작을 안 하게 돼요. "조금 못 만들어도 된다"라고 편하게 생각하고 시작하면 어떻게든 만들어 쓰게 되죠. '내가 만들었다'는 성취감을 한번 맛보면 자꾸 하게 되고, 자꾸 하다 보면 자연스럽게 늘게 됩니다. 얼마나 소질이 있느냐보다 얼마나 끝까지 해 보느냐가 훨씬 중요한 것 같아요. 저희처럼 재주 없는 사람들이 집 지어 벌어먹고 사는데요. 영화 〈짝패〉에 명대사가 하나 나오죠. "센 놈이 오래가는 줄 알았더니, 오래가는 놈이 센 놈이더라."(웃음)

"자기의 터전을 짓고 고치는 건 인간으로서 본능적인 행동이에요.
자신의 DNA 속에 있는 '원시적 건강함'을 자꾸 끄집어내야 해요.
'내가 만들었다'는 성취감을 한번 맛보면
자꾸 하게 되고, 자꾸 하다 보면 자연스럽게 늘게 됩니다."

해 보신 분들이 집을 고치는 일이 참 재미있다고 하시더라고요.

정말이에요. 내 집을 내 손으로 고친다는 건 굉장히 행복한 일이에요. 전 그렇게 재밌는 걸 자꾸 돈하고 바꿀 필요가 뭐 있나 싶어요. 똑같은 돈이 들어도 내가 직접 하는 게 더 의미가 있죠. 재미는 말할 것도 없고요. 그런 생각 때문에 제가 교육에 더 집중하게 되는 것 같아요.

수원의 아파트에 흙미장을 해 준 적이 있어요. 방 두 개를 해 주었더니 집주인이 너무 좋아하는 거예요. 나중에 다른 방도 해 달라고 전화가 왔어요. 그래서 "그때 내가 미장하는 거 옆에서 다 보지 않았나, 방법을 알려 줄 테니 당신이 직접 한번 해 봐" 그랬죠. 그랬더니 그 친구가 한 달 있다가 전화를 해서는 "형님 올라오세요. 제가 회에 소주 한잔 살게요" 하더라고요. 자기가 남은 방을 직접 다 발랐는데 아이들이 너무 좋아하더라는 거예요. "야, 아빠가 니네들을 위해서 직접 발랐어" 이렇게 말하면서 너무 행복했다고요. 바로 그런 거거든요. 특히 내 가족들이 있을 공간을 내가 직접 손봤다는 건 엄청난 자부심이고 기쁨이에요. 집의 구조까지 고치는 건 위험하고 어려운 일이지만, 단열하고 미장하는 정도는 얼마든지 할 수 있고, 또 결과가 나왔을 때 기대 이상으로 뿌듯합니다.

자기의 터전을 짓고 고치는 건 인간으로서 본능적인 행동이에요. 그래서 저는 자주 "당신의 DNA 속에 있는 '원시적 건강함'을 자꾸 끄집어내라"고 권해요. 흙 만지면서 놀다 보면 재밌거든요. 결과가 딱 나왔을 때 무척 행복하고요. 흙미장을 사람들이 대단한 기술인 양 이야기하는데 절대 그렇지 않아요. 오죽하면 대안학교 다닌 제 큰아들의 중학교 3학년 졸업논문이 "흙미장 할 때 금이 가지 않도록 하는 법"이었을까요. 중학생도 조금만 배우면 다 할 수 있어요. 제 큰아들은 요즘 완전 집 짓기에 빠져 있어요. 자꾸 제가 일하는 곳 따라다니면서 일 배우려고 하고요.

마음을 나누며 시골에서 집 짓기

고쳐 살기 방법을 배웠으니 이제는 직접 짓는 방법을 여쭤 볼게요. 무엇보다 어디에 짓느냐가 중요할 텐데, 터를 볼 때는 무엇을 고려해야 할까요?

첫 번째는 볕이 잘 들어야 하고, 두 번째는 바람길을 피해야 해요. 바람이 지나는 길목에 집이 있으면 온종일 바람 우는 소리를 듣게 되죠. 가능하면 산과 산이 만나는 골짜기는 피해서 짓는 게 좋습니다. 창문이 조금만 열려 있어도 바람이 종일 소리를 냅니다. 게다가 바람 때문에 땅의 수분이 자꾸 말라서 텃밭 하기에도 좋지 않아요. 그래서 옛 어르신들은 바람 드는 곳에는 기운이 빠져나간다고 하셨죠. 그 밖에도 여러 풍수적인 기준들이 많은데, 저는 그 두 가지가 제일 기본인 것 같아요.

사실 집을 짓기 좋은 장소인지 아는 가장 쉽고도 좋은 방법은, 그 장소에 아침부터 밤까지 종일 있어 보는 겁니다. 아침에는 볕이 어디서 들어오고, 바람은 어디서 얼마나 불고, 생활 소음은 얼마나 되고, 벌레는 얼마나 있고 하는 것들을 대략 알 수 있죠. 더불어 인터넷 항공지도를 보면서 산의 위치와 물의 위치를 확인하면서, 볕이나 골짜기를 살펴보면 바람이 얼마나 불지 예측할 수도 있어요.

직접 가서 종일 있어 보는 실질적인 방법이 있었군요. 아무래도 집을 직접 짓는 것은 어려운 일일 테고 건축업자의 도움을 받아야 할 텐데요. 건축업자와 이야기할 때 주의할 사항이 있을까요?

보통은 "집 고치는 데 얼마나 들어요?" 하고 물어봅니다. 그건 아파트에서나 통하는 이야기인데, 마치 슈퍼 가서 물건 사듯이 고르지요. 나도 가난했기 때문에 이해는 가요. '과연 내 예산으로 될까?' 하고 확인해 보는 것이겠죠. 그럴 때는 차라리 "내가 얼마를 가지고 있는데, 이런저런 용도로 지을 수 있겠나"라고 물어보는 게 나아요.

그리고 평수나 용도가 아니라, 내가 그 집에서 어떻게 살고 싶은지를 이야기하는 게 좋아요. "저는요, 안방은 4평 정도에 창문은 이 정도 크기면 좋겠고요" 하면 저희도 힘들어요. 그것보다는 자신이 살고 싶은 모습이 뭔지 구체적으로 묘사해 주는 게 훨씬 도움이 돼요. 예를 들어 "저는 안방에서는 잠도 자면서 밥도 먹고 싶어요"나, "거실에서 하늘을 보고 싶어요"라거나, "술 마시고 다음 날 아침 마루로 뻑뻑 기어 나왔을 때 바람이 시원하게 불었으면 좋겠어요" 하는 식으로요. 그런 살고 싶은 모습과 자신의 집에 대한 꿈을 말해 주면, 저희가 넘겨받아서 그걸 '건축적 언어'로 다시 표현해 주는 거예요. 그게 저희 일이죠.

건축업자를 선택할 때는 무엇을 봐야 하나요?

이건 좀 오만하게 들릴 수 있는데 저희는 집을 지으려는 사람, 곧 건축주를 가려서 받아요. 돈이 있건 없건, 생각 없는 사람과는 일 안 합니다. 집 한 채를 지으면 석 달 가까이 함께 고민해야 하는데, 상대방이 유쾌하지 않을 짓을 저희가 왜 하고 있겠어요? 주변 후배들이 "그만 좀 가려라"라고 하는데 개의치 않아요. 돈 없으면 굶으면 되죠. 그래서인지 저희에겐 주로 돈은 없고 좋은 생각을 가진 분들이 오세요. 돈도 좀 많으면 좋겠는데.(하하) 마찬가지로 귀촌인이 건축업자와 계약할 때도 잘 가려서 선택해야 해요. 싸다고 덜컥 계약하지 말고요.

집은 거래가 아니라 '관계'로 짓는 겁니다. 오랫동안 대화를 통해 서로의 요구사항을 맞춰 가는 일이니 관계가 제일 중요해요. 그러니 집 짓기 전에 서로 최소한 서너 번은 만나야 해요. 최소한이라도 '믿음'이 생겼을 때 그 사람과 건축 행위를 진행해야 합니다. 그리고 일단 진행하기로 결정했으면 믿고 맡기는 게 좋아요. 못 미더우면 맡기지를 말고, 맡겼으면 믿어야 해요.

저희 같은 경우 예산을 매우 빠듯하게 잡아 놓고는, 조명을 좀 더 예쁜 걸로 하고 싶은데 예산이 부족하니까 "아, 5천 원만 더 싼 거 없나" 하고 인터넷 쇼핑몰을 밤새 찾곤 해요. 그런데 건축주가 자꾸 돈 이야기를 하거나 쓸데없는 참견을 하면 '이거 참, 저 사람이랑 계속 일해야 해?' 하는 생각이 절로 들어요. 도시에서 오래 산 사람들 중에는 모든 걸 흥정으로 해결하려는 분들이 계신데, 저희는 그런 사람들에게는 정중하게 "저희가 좋은 시공 팀을 소개해 드리겠습니다" 하고 거절하는 편이에요. 정말로, 집은 관계로 짓는 거예요.

어느 TV 프로그램에서 선생님께서 "집 짓는 게 동전 넣으면 커피 나오는 자판기는 아니지 않는가"라고 말씀하시는 걸 들은 적이 있어요.

공사 딱 맡겨 놓고 집 다 지은 뒤에 현관 열쇠 받으러 오시려는 분들에게 하는 얘기예요. 보통 시공업체에서는 건축주가 자꾸 오면 귀찮으니까 집 짓는 데 오지 말라고 하는데, 저는 건축주가 집 짓는 현장에 자주 와야 한다고 생각합니다. 자기 집을 짓는데 최소 일주일에 한 번씩은 와서 봐야 합니다. 그래야 집과 인연이 생기고, 정도 들게 되지요. 와서 라면을 끓이든 청소를 하든, 물론 공사에 큰 보탬은 안 되겠지만 그러면서 천천히 집과 관계를 맺게 돼요. 현장에 자꾸 와서 보고, 궁금한 것도 묻고, 서툴더라도 옆에서 조금씩 거들면서 손도 대어 보고 하면 집에 이야기할 거리가 생기고 정도 붙어요. 그때에 비로소 '내 집'이 되는 겁니다.

집을 지을 때 중요한 건 빈틈없이 작업하는 거예요. 그런데 사실 이건 기술이 아니라 '마음가짐'의 문제죠. 집은 기술이 30이면 마음이 70입니다. 벽돌을 쌓을 때도 마찬가지예요. 몰타르를 쌓을 때 빈틈없이 꼼꼼하게 채워 넣는 게 기술일까요, 마음일까요? 앞에서도 말했지만 집은 보이지 않는 부분이 훨씬 중요해요. 특히 한번 덮어 버리고 나면 다시 뜯기 힘든 곳은 두 번, 세 번 확인하고 작업해야 합니다. 그러니까 집은 더더욱 거래가 아니라 관계로 지어야 합니다. 그래서 집 짓는 사람을 만날 때에도 관계를 먼저 맺고 서로 마음을 주고받아야 해요. 그래서 집주인이 자주 현장을 와서 보고 집 짓는 사람과 자주 소통하면, 틀림없이 좋은 집이 나옵니다. 건축 잡지 기사 인터뷰에서 종종 집주인은 "좋은 건축가를 만나서", 건축가는 "좋은 건축주를 만나서" 좋은 집을 지을 수 있었다고 하는 이유가 여기에 있어요.

좋은 건축가와 건축주는 만들어진다는 걸 알겠습니다. 마지막으로, 혹시 집을 지을 때 중요하게 고려해야 하는데 많이들 놓치는 게 있을까요?

잘 고려 못하는 것 중 하나가 나한테는 내 집이지만, 동네 사람들에게는 동네 풍경이라는 사실이에요. 새로 짓는다고 해서 내 마음대로 지으면 안 됩니다. 돈 자랑하느라고 서양 저택 흉내 내 가면서 짓는 귀촌인들이 꽤 많아요. 조형물로는 멋있지만, 그게 과연 유용한 걸까요? 자칫 위화감을 조성할 수도 있어요. 그러면 한동네에서 같이 살기 어렵죠.

지금 짓고 있는 청년공유주택은 원래 있던 창고를 리모델링해서 만들고 있어요. 처음에 동네 분들은 저희가 대충 고칠 줄로 생각하셨나 봐요. 원목을 통으로 집어넣고 자재도 쌓아 두니까 "이럴 거면 부수고 새로 짓지, 왜 고치냐?" 하시더라고요. 그런데 저희는 장소가 가지고 있는 동네 사람들의 기억들을 무시해서는 안 된다고 생각했어요. 아주 오래전부터 동네 분들이 "어, 여기 동네 창고인데" 했던 곳이자 직접 농사지었던 쌀과 비료가 가득했던, 매일같이 드나들던 익숙한 공간인데 그 추억을 확 무너뜨리면 어떻겠어요. 아직 구조물이 멀쩡하니 그 공간의 쓰임새만 바꾸는 것도 나쁘지 않잖아요. 이곳에 축적돼 있던 시간들 위에 새로운 시간을 얹는 것과, 완전히 부수고 처음부터 다시 시간을 쌓는 것은 확실히 다르다고 생각했던 거예요. 좋은 것은 지켜야죠.

집은 거래가 아닌 '관계'로 짓는 것임을 강조하는 이 부부.
'건강한 마을 공동체'는 무엇보다 중요한 그들의 화두다.
〈흙건축연구소 살림〉 직원들과 함께 마을 어르신들을 초청,
풍물놀이 공연을 하고 음식을 나누는 것은 이들의 기쁨이다.

인터뷰를 마치고 청년공유주택 〈더불어 집
(더집)〉으로 향했다. 연구소에서는 차로 10분 정도 거리의 개울가에 자리하고
있었다. 무엇보다 풍광이 아름다웠다. '더집'과 마주 보는 두 개의 산에는 벚꽃
이 만발했고, 그 아래 폭이 제법 넓고 맑은 개울이 흐르고 있었다. 개천 위를 지
나는 작은 다리를 건너 저편 언덕의 좁은 길을 따라가면, 갈림길들이 한데 모
이는 양지바른 곳에 수명을 가늠하기 힘든 아름드리 느티나무 두 그루가 마주
보고 서 있다. 어찌나 크고 높은지 보는 내내 감탄하지 않을 수 없었다.

문득 이들 부부의 삶이 이 두 그루의 나무를 닮았다는 생각이 들었다. 가
지 많은 나무에 바람 잘 날이 있겠냐마는, 그 안에 많은 생명들이 깃들고 사람
들이 모여들어 자신의 이야기를 하나둘 써 나갈 것이다. 그 아래 드리워진 시
원한 그늘과 바람의 청량함을 경험한 이들이라면 오래도록 그들을 기억할 것
이다. 인터뷰를 하면서 나 역시 이 부부의 따뜻하고 뿌리 깊은 철학을 마음 깊
이 새겼다. 머지않아 그들의 바람처럼 도시의 청년들이 벌이는 다양한 실험
을 통해 활기가 넘쳐 나고, 마을 곳곳의 동네목수들이 서로의 집을 함께 짓고
고쳐 주는 따뜻한 전통이 되살아난 시골을 만나게 되면 좋겠다.

좋은 집은 결국 '보이지 않는 곳'이 잘 정비된 집이라는 그들의 말이 내
게는 우리 인생의 보이지 않는 중요한 가치들을 소중히 하라는 말처럼 들렸
다. 나아가 집을 고치는 것은 '틈새를 잡는 일'이라는 말은 우리 삶의 어두운
균열들, 예컨대 목표 이면의 헛된 욕망, 관계 뒤편의 이기심과 질투심, 낯선 모
험으로의 두려움 등을 돌아보고 그 틈을 메우라는 말인 듯했다. "저 푸른 초원

에 그림 같은 집"을 짓는 꿈도 중요하지만, 우리의 정신적 기초를 튼튼하게 재
정비하는 일 역시 소홀히 하지 말아야겠다. 과다처방된 약물과 달콤한 조미
료 맛에 길든 우리의 눈먼 안목을 회복하고, 낡고 정든 옛것보다는 깨끗한 새
것이 좋다며 무조건 부수고 보는 몰지각한 감수성을 회복하는 것이 그 출발점

청년공유주택 앞의
아름다운 풍광과
시냇물 건너편 두 그루의
아름드리 느티나무.

이 될 것이다. 아마도 시골의 자연이 이러한 마음의 회복을 도와주리라.

무엇보다 "내 집을 내 손으로 짓고 고친다는 건 굳이 돈하고 바꿀 필요가 없는 굉장히 행복한 일"이란 두 분의 말이 마음에 남는다. 실제로 많은 이들이 자연 속에 자신의 보금자리를 직접 가꾸면서 즐거움과 창조성을 맛보았으며, 나아가 인생 전체를 바꿔 냈다. 헨리 데이비드 소로는 월든 호숫가에 직접 작은 통나무집을 지었고, 스코트와 헬렌 니어링 부부는 매일 산책길에 주워 온 돌을 분류해서 돌집을 짓고 돌담을 쌓았다. 정약용의 제자였던 황상은 자연 속에 일속산방(一粟山房)을 수십 년간 직접 지었으며, 칼 융 역시 30년 넘게 볼링겐 호숫가에 돌로 성탑을 세웠다. 그리고 이런 창조의 과정에서 맛본 기쁨이 삶을 전환하는 자양분이 되었다.

모든 것을 스스로 할 필요는 없다. 보다 중요한 건 한번 시도해 보는 것이다. 굳이 잘할 필요도 없다. '조금 못 만들어도 된다'는 편안한 마음으로 하다 보면 차츰 '내가 만들었다'는 성취감을 느끼게 된다. 일단 성취의 기쁨을 맛보면 자꾸 하게 되고, 자연히 실력이 늘게 된다. 이처럼 시골에서 작지만 소박한 내 공간 하나를 얻고 고치고 짓고 나누며 삶의 보금자리를 가꾸고 이웃과의 관계를 만들어 가다 보면, 언젠가 우리의 삶도 저 산 아래 멋진 느티나무들처럼, 그리고 두 어른처럼 자신만의 세상을 펼쳐 보일 수 있으리라. 언젠가 나도 그들처럼 낡은 집 한 채를 얻어 정성스레 고치고 또 지으며 더불어 살고 싶다.

1   집을 새로 짓기보다는 고치는 게 시간과 비용 면에서 유리하다. 단,
    모든 걸 다 바꾸려고 욕심내기보다는 원래의 집이 지닌 기본 틀을
    바탕으로 자신의 필요성을 보탠다는 생각으로 고쳐 보자.

2   집 고치기의 핵심은 현 상태를 차분하게 진단하고, 보이지 않는 틈
    새를 잡는 것. 눈에 보이는 인테리어보다 더욱 중요한 것은 물과 바
    람이 새는 틈을 찾고 메꾸는 일이다.

3   시골집을 고를 때는 우선 전체 구조의 안정성과 지붕의 누수를 살펴
    보자. 그런 다음 자신이 기본적인 생활을 영위하기 위해 꼭 필요한
    것들, 즉 수도, 전기, 화장실 등을 확인하면 된다.

4   내가 사는 집을 직접 고친다는 것은 돈으로 바꿀 수 없는 큰 기쁨이
    다. 처음부터 잘하려 하기보다는 '좀 못 만들면 어때!'라는 편안한 마
    음가짐이 이 즐거움을 오래 누리는 비결이다.

5   소중한 것은 보이지 않기에 집 짓기에선 기술보다는 마음이, 돈보다
    는 관계가 더욱 중요하다. 건축업자는 신중하게 고르되, 일단 선택
    했으면 서로 믿고 소통하면서 함께 만들어 나가자.

삶은
지금 여기에

primum vivere, deinde philosophari.

삶이 먼저, 철학은 그다음.

— 라틴어 격언

마흔이 되었다. 공자는 이 나이쯤 되면 세상 범사에 흔들리지 않는다 했다는데, 내 삶은 여전히 바람에 나부끼는 깃대처럼 흔들리고 있었다. 자신의 길을 찾겠다고 직장을 그만둔 지 어느덧 3년이 지났지만, 아직 명확한 실마리는 잡히지 않았다. 안개 속의 삶에 조금씩 지쳐 갈 무렵 문득, 삶이 내게 말을 걸어 왔다.

이태 전 가을 승오와 함께 〈들꽃이야기〉를 들르게 된 것은, 그저 하루쯤 가을 바람이라도 쏘이고 싶다는 소박한 바람 때문이었다. 갑자기 떠나게 된 짧은 여행에서 평소라면 무심코 지나쳤을, 이름 모를 들꽃처럼 작고 소소한 것들이 마음을 사로잡았다. 무언가가 내 안에서 나지막이 속삭였다. "높은 곳에서 눈부시게 반짝이는 것들만이 소중한 것이 아니다. 보잘것없는 풀꽃들도 자신에게 맞는 자리를 찾으니 이토록 아름답지 않은가. 우리의 삶 또한 그러하리." 시골에서 이 들꽃들처럼 소박하지만 자신에게 맞는 자리를 찾고, 묵묵히 자신의 길을 걸어가는 진짜 인생 이야기를 듣고 싶다는 생각을 품게 된 건 그때였다. 어쩌면 바람결에 작은 꽃씨 하나가 내 가슴속으로 날아든 건지도 모르겠다.

이후 서툰 운전 솜씨로 전국을 돌아다녔다. 우연한 마주침과 소중한 인연으로 여러 좋은 분들을 만났고, 여기저기 마음의 빚을 졌다. 시골의 '숨은 고수'들은 어설픈 도시 촌놈들을 따뜻하게 반겨 주었고, 기꺼이 소중한 시간을 나누어 주었다. 우리가 인터뷰한 가장 젊은, 그러나 우리보다 한층 성숙했던 청춘의 한마디처럼 세상의 "진짜 선생님들의 가르침은 공짜"였다. 이 책으로 우리가 진 빚-공짜 밥과 잠자리, 삶의 이야기와 우리가 뺏은 시간들-의 일부나마 덜어지길 바랄 뿐이다.

"모든 경계에는 꽃이 핀다"는 말처럼, 그들은 도시에서 시골로 떠나 꿈과 현실의 경계에서 자신의 아름다운 세상을 만들어 낸 이들이었다. 무엇보다 머리가 아닌 가슴의 소리를 따르는 이들이었으며, 번지르르한 허튼 말로 다른 이들을 현혹하는 도시의 전문가가 아닌, 튼튼한 손과 발로 삶의 텃밭을 일궈 낸 우직한 시골 사람들이었다. 그분들의 구릿빛 건강한 삶에 비춰 보니, 여태껏 책과 이론으로 삶을 배워 온 우리의 야윈 손발이 더욱 창백하게 보였다.

도시에 사는 우리들은 아직 오지 않은 미래에 현재의 행복을 저당 잡힌 채 살아간다. 어제의 술이 채 깨지 않아 지끈거리는 머리를 부여잡고 만원 전철의 낯선 이들에게 몸을 부딪혀 가며 출근한다. 자신의 소중한 아이는 타인에게 맡겨 둔 채 익명의 고객들의 삶을 보살피느라 온종일 분주하다. 바쁜 업무에 쫓겨 끼니는 대충 때우고, 짧은 휴가를 위해 더 오랜 시간 일한다. 그렇게 겨우 맞이한 소중한 휴가는 다른 이들이 제공하는 '레디메이드'와 '레크리에이션'으로 쉽게 채워진다. 하지만 은퇴를 하고 겨우 일에서 벗어난 이들도 노후와 자식에 대한 걱정으로 어두운 표정인 걸 보면, 우리는 '삶은 누구에게나 힘든 것'이라 자위하며 현재의 불행을 당연한 듯 여기며 살고 있는 듯하다.

이제, 잠시 멈춰 보자. 분주한 발걸음을 멈추고 자신의 삶을 들여다보자. 아니, 그게 너무 거창한 말이라면 그저 자신이 먹는 것부터 한번 생각해 보자. 지금 우리가 먹고 있는 음식들은 대체 어디에서 온 것인가? 도시의 우리는 이 모든 고기와 야채, 온갖 다양한 식재료들이 어떤 땅에서, 어떤 방식으로 재배되고, 또 어떤 과정을 거쳐 식탁에 오르는지도 모른 채 그저 소비할 뿐이다. 우리의 삶이 다른 소중한 생명의 죽음 위에서 영위되고 있음을 잊어버린 지 오래다. 점차 생명의 기반인 자연과의 연결고리를 잃어 가고 있는 것이다.

물론 모두가 시골로 가야 한다거나, 농사를 지어야 한다는 것은 아니다. 핵심은 삶의 균형을 되찾는 것이다. 무릇 생명은 뿌리를 내릴 수 없는 곳에서 건강하게 자랄 수 없듯이 우리가 두 발을 딛고 서 있는 이 땅과 관계를 회복하지 못한다면, 우리 안의 생명력은 메마르고 존재 역시 사그라지고 말 것이다. 결국 우리가 해야 할 일은 나와 땅, 우리와 자연 사이의 교감을 회복하는 것이다. 아마도 귀촌이 삶의 균형을 되찾는 하나의 출발점이 될 수 있을 것이다.

도시의 편리한 생활에 익숙해진 우리에게 귀촌은 하나의 모험이다. 낯선 곳으로의 모험이 어찌 두렵지 않겠는가. 그러나 귀촌은 우리의 '마음 속 고향'으로 되돌아가는 귀향(歸鄕)의 길이기도 하다. '오래된 미래'와 같은 그곳에서 우리는, 생각지 못했던 새로운 인연을 만나고, 새로운 사건과 마주하며, 새로운 삶을 시작하게 될 것이다. 이 책에서 만난 이들의 삶이 보여 주듯, 일단 길을 나서면 가능성으로 가득 찬 새로운 삶이 시작될 것이다. 릴케가 표현한 하나의 명징한 이미지처럼 말이다.

> 그대가 누구이든
> 어느 날 저녁
> 집 밖으로 그 익숙한 곳을 떠나, 한 걸음만 나서면,
> 바로 옆에 광대무변한 공간

그러니 더 이상 우리의 삶을 내일로 미루지 말자. 지금 떠나지 못하는 많은 이유들은 결국 이들의 삶으로 인해 아무런 변명거리도 되지 못한다. 그들의 삶이 우리에게 들려준 가장 큰 교훈은 귀촌은 어떤 위대한 결단이 아닌 가벼운 실험과도 같은 것이며, 우리의 인생은 풀어야 할 숙제가 아니라 '경험해야 할 신비'라는 사실이다. 그들과의 인터뷰를 진행하면서 조금씩 두려움의 안개가 걷히고, '지금 여기'에 오롯이 집중하고 있는 자신을 발견하게 되었다. 부디 이 책의 숨은 고수들의 이야기가 길 앞에서 망설이고 있는 당신에게도 약간의 용기와 흥분을 전해 주었기를 바란다.

2017년 봄볕이 따사로운 통영에서

김도윤

갈림길에서 듣는
시골 수업
한 번쯤 귀촌을 꿈꾼 당신에게

초판 1쇄 인쇄 2017년 5월 18일
초판 1쇄 발행 2017년 5월 25일

엮은이 박승오·김도윤
펴낸이 홍석 전무 김명희
책임편집 김재실 디자인 신병근·이혜원 일러스트 신병근
마케팅 홍성우·이가은·김정혜·김정선 관리 최우리

펴낸 곳 도서출판 풀빛 등록 1979년 3월 6일 제8-24호
주소 03762 서울특별시 서대문구 북아현로 11가길 12 3층
전화 02-363-5995(영업), 02-362-8900(편집) 팩스 02-393-3858
홈페이지 www.pulbit.co.kr 전자우편 inmun@pulbit.co.kr

ISBN 978-89-7474-000-9 03190

이 도서의 국립중앙도서관 출판예정도서목록(CIP)은 서지정보유통지원시스템
홈페이지(seoji.nl.go.kr)와 국가자료공동목록시스템(www.nl.go.kr/kolisnet)에서
이용하실 수 있습니다.(CIP제어번호 : CIP2017010428)